AUTOBIOGRAPHIE DE BENJAMIN FRANKLIN

AVEC ILLUSTRATIONS

INTRODUCTION

BENJAMIN FRANKLIN

INTRODUCTION

Les Américains dévorent avidement tous les écrits qui prétendent nous révéler le secret de la réussite dans la vie ; pourtant, combien de fois sommes-nous déçus de ne trouver que des déclarations banales ou des recettes que nous connaissons par cœur, mais que nous ne suivons jamais. La plupart des récits de vie de nos hommes célèbres et qui ont réussi ne nous inspirent pas parce qu'il leur manque l'élément humain qui rend le récit réel et le met à notre portée. Pendant que nous cherchons de loin et de près la lampe d'Aladin qui nous donnera la fortune tant convoitée, elle est à notre portée si nous voulons seulement l'atteindre et la prendre, comme le charme dans le Comus de Milton, "Méconnue, bien qu'estimée, et pourtant le rustre la piétine tous les jours avec ses galoches ; " L'histoire intéressante, humaine et vivante de l'une des vies les plus sages et les plus utiles de notre propre histoire, et peut-être de toute histoire. L'Autobiographie de Franklin ne propose pas tant une formule toute faite pour réussir que la compagnie d'un homme en chair et en os, d'un esprit et d'une qualité extraordinaires, dont la marche et la conversation quotidiennes nous aideront à faire face à nos propres difficultés, tout comme le fait l'exemple d'un ami sage et fort. Tout en étant fascinés par l'histoire, nous absorbons l'expérience humaine à travers laquelle se construit un caractère fort et utile. Ce qui différencie l'Autobiographie de Franklin de tout autre récit de vie d'un grand homme ayant réussi, c'est justement cet aspect humain du récit. Franklin a raconté l'histoire de sa vie, comme il le dit lui-même, pour le bénéfice de sa postérité. Il voulait les aider en leur racontant comment il était passé de l'obscurité et de la pauvreté à l'éminence et à la richesse. Il n'est pas indifférent à l'importance de ses services publics et à leur reconnaissance, mais le récit de ces réalisations n'est qu'une partie de l'histoire, et la vanité affichée est

accessoire et conforme à l'honnêteté du récit. Il n'y a rien d'impossible dans la méthode et la pratique de Franklin telles qu'il les expose. Le jeune qui lit cette histoire fascinante est étonné de découvrir que Franklin, dans ses premières années, a lutté contre les mêmes passions et difficultés quotidiennes que lui-même, et il perd le sentiment de découragement qui vient de la prise de conscience de ses propres lacunes et de son incapacité à atteindre ses objectifs. Il y a d'autres raisons pour lesquelles l'Autobiographie devrait être une amie intime des jeunes Américains. Ils peuvent y établir une relation étroite avec l'un des plus grands Américains et l'un des hommes les plus sages de son époque. La vie de Benjamin Franklin est importante pour chaque Américain, principalement en raison du rôle qu'il a joué dans l'obtention de l'indépendance des États-Unis et dans leur établissement en tant que nation. Franklin partage avec Washington les honneurs de la Révolution, et des événements qui ont conduit à la naissance de la nouvelle nation. Alors que Washington était l'esprit qui animait la lutte dans les colonies, Franklin en était le plus habile champion à l'étranger. C'est aux raisonnements convaincants et à la satire acérée de Franklin que nous devons la présentation claire et percutante de la cause américaine en Angleterre et en France, tandis que c'est à sa personnalité et à sa diplomatie, ainsi qu'à sa plume facile, que nous devons l'alliance étrangère et les fonds sans lesquels l'œuvre de Washington aurait échoué. Sa patience, sa force d'âme et sa sagesse pratique, associées à son dévouement désintéressé à la cause de son pays, ne sont guère moins remarquables que les qualités similaires dont a fait preuve Washington. En fait, Franklin, en tant qu'homme public, ressemblait beaucoup à Washington, notamment par le désintéressement total de son service public. Franklin nous intéresse aussi parce que, par sa vie et ses enseignements, il a fait plus que tout autre Américain pour faire progresser la prospérité matérielle de ses compatriotes. On dit que ses maximes, largement et fidèlement lues, ont fait la richesse de Philadelphie et de la Pennsylvanie, tandis que les dictons du pauvre Richard, traduits dans de nombreuses langues, ont eu une influence mondiale. Franklin est un bon exemple de notre virilité américaine. Bien qu'il ne soit pas le plus riche ou le plus puissant, il est sans aucun doute, par la polyvalence de son génie et de ses réalisations, le plus grand de nos self-made men. L'histoire simple, mais imagée de l'Autobiographie de son ascension régulière depuis son humble enfance dans un magasin de suif, par l'industrie, l'économie et la persévérance dans l'amélioration de soi, jusqu'à l'éminence, est la plus remarquable de toutes les histoires remarquables de nos self-made-men. Elle est en soi une merveilleuse illustration des résultats que l'on peut obtenir dans un pays aux possibilités inégalées en suivant les maximes de Franklin. La renommée de Franklin ne s'est toutefois pas limitée à son propre pays. Bien qu'il ait vécu au cours d'un siècle marqué par l'évolution rapide de la pensée et de l'activité scientifiques et politiques, un juge et critique aussi avisé que Lord Jeffrey, le célèbre rédacteur en chef de l'Edinburgh Review, a déclaré il y a un siècle que "d'un certain point de vue, le nom de Franklin doit être considéré comme plus élevé que tous les autres qui ont illustré le XVIIIe siècle. Distingué en tant qu'homme d'État, il était également grand en tant que philosophe, réunissant ainsi en lui un rare degré d'excellence dans ces deux domaines, dont l'excellence dans l'un ou l'autre est considérée comme le plus grand des éloges". Franklin a en effet été qualifié à juste titre de "multifacette". Il a été éminent dans les domaines de la science et du service public, de la diplomatie et de la littérature. Il était l'Edison de son époque, mettant ses découvertes scientifiques au service de ses semblables. Il a perçu l'identité de la foudre et de l'électricité et a mis au point le paratonnerre. Il a inventé le poêle Franklin, encore largement utilisé, et a refusé de le faire breveter. Il possédait une sagacité magistrale dans les affaires et les affaires pratiques. Carlyle l'appelait le père de tous les Yankees. Il fonda une compagnie de pompiers, aida à la fondation d'un hôpital, et améliora le nettoyage et l'éclairage des rues. Il développa le journalisme, créa la Société philosophique américaine, la bibliothèque publique de Philadelphie et l'Université de Pennsylvanie. Il organisa un système postal pour les colonies, qui fut la base de l'actuelle poste américaine. Bancroft, l'éminent historien, l'a appelé "le plus grand diplomate de son siècle". Il a perfectionné le plan d'union d'Albany pour les colonies. Il est le seul homme d'État à avoir signé la Déclaration d'indépendance, le traité d'alliance avec la France, le traité de paix avec l'Angleterre et la Constitution. En tant qu'écrivain, il a produit, dans son Autobiographie et dans l'Almanach du pauvre Richard, deux œuvres qui ne sont pas surpassées par des écrits similaires. Il a reçu des diplômes honorifiques de Harvard et de Yale, d'Oxford et de St Andrews, et a été nommé membre de la Royal Society, qui lui a décerné la médaille d'or Copley pour l'amélioration des connaissances naturelles. Il était l'un des huit associés étrangers de l'Académie des sciences de France. L'étude attentive de l'Autobiographie est également précieuse en raison du style dans lequel elle est écrite. Si Robert Louis Stevenson a raison de croire que son style remarquable a été acquis par imitation, alors le jeune qui souhaite acquérir le pouvoir d'exprimer ses idées de façon claire, percutante et intéressante ne peut faire mieux que d'étudier la méthode de Franklin. La renommée de Franklin dans le monde scientifique est due presque autant à sa manière modeste, simple et sincère de présenter ses découvertes et à la précision et la clarté du style dans lequel il décrivait ses expériences, qu'aux résultats qu'il était capable d'annoncer. Sir Humphry Davy, le célèbre chimiste anglais, lui-même un excellent critique littéraire aussi bien qu'un grand scientifique, a dit : "Une singulière félicité a guidé toutes les recherches de Franklin, et par de très petits moyens il a établi de très grandes vérités. Le style et la manière de sa publication sur l'électricité sont presque aussi dignes d'admiration que la doctrine qu'elle contient." La place de Franklin dans la littérature est difficile à déterminer car il n'était pas avant tout un homme de lettres. Son but, dans ses écrits comme dans l'œuvre de sa vie, était d'être utile à ses semblables. Pour lui, l'écriture n'était jamais une fin en soi, mais toujours un moyen d'arriver à ses fins. Pourtant, son succès en tant que scientifique, homme d'État et diplomate, ainsi que sur le plan social, est dû en grande partie à ses talents d'écrivain. "Ses lettres charmaient tout le monde, et sa correspondance était recherchée avec empressement. Ses arguments politiques faisaient la joie de son parti et la hantise de ses adversaires. Ses découvertes scientifiques étaient expliquées dans un langage à la fois si simple et si clair que le laboureur et l'exquis pouvaient suivre sa pensée ou son expérience jusqu'à sa conclusion." [1] En ce qui concerne la littérature américaine, Franklin n'a pas de contemporains. Avant l'Autobiographie, une seule œuvre littéraire d'importance avait été produite dans ce pays - la Magnalia de Cotton Mather, une histoire de l'église de la Nouvelle-Angleterre dans un style lourd et rigide. Franklin fut le premier auteur américain à acquérir une réputation large et permanente en Europe. L'Autobiographie, le pauvre Richard, le Discours du père Abraham ou le Chemin de la richesse, ainsi que certaines des Bagatelles, sont aussi connus à l'étranger que n'importe quel écrit américain. Franklin doit également être classé comme le premier humoriste américain. La littérature anglaise du

XVIIIe siècle se caractérise par le développement de la prose. La littérature périodique a atteint sa perfection au début du siècle dans The Tatler et The Spectator d'Addison et Steele. Les pamphlétaires fleurissent tout au long de la période. La prose familière de Bunyan et Defoe cède progressivement la place à la langue plus élégante et artificielle de Samuel Johnson, qui fixe la norme de la prose à partir de 1745.

Ce siècle voit les débuts du roman moderne, avec Tom Jones de Fielding, Clarissa Harlowe de Richardson, Tristram Shandy de Sterne et Vicar of Wakefield de Goldsmith. Gibbon écrit The Decline and Fall of the Roman Empire, Hume son History of England et Adam Smith la Wealth of Nations.

L'HISTOIRE DE L'AUTOBIOGRAPHIE

Le récit de la genèse de l'Autobiographie de Franklin et des aventures du manuscrit original constitue en soi une histoire intéressante. L'Autobiographie est l'œuvre la plus longue de Franklin, et pourtant ce n'est qu'un fragment. La première partie, écrite comme une lettre à son fils William Franklin, n'était pas destinée à être publiée ; la composition est plus informelle et le récit plus personnel que dans la deuxième partie, à partir de 1730, qui a été écrite en vue d'une publication. L'ensemble du manuscrit présente peu de traces de révision. En fait, l'expression est si familière et naturelle que son petit-fils, William Temple Franklin, en éditant l'ouvrage, a changé certaines des phrases parce qu'il les trouvait inélégantes et vulgaires. Franklin a commencé l'histoire de sa vie lors d'une visite à son ami, l'évêque Shipley, à Twyford, dans le Hampshire, au sud de l'Angleterre, en 1771. Il a emporté le manuscrit, achevé en 1731, lorsqu'il retourna à Philadelphie en 1775. Il l'y laissa avec ses autres papiers lorsqu'il se rendit en France l'année suivante, et disparut pendant la confusion qui accompagna la Révolution. Vingt-trois pages de ce manuscrit soigneusement rédigé tombèrent entre les mains d'Abel James, un vieil ami, qui en envoya une copie à Franklin à Passy, près de Paris, l'exhortant à compléter l'histoire. Franklin a repris le travail à Passy en 1784 et a fait avancer le récit de quelques mois. Il a changé le plan pour répondre à son nouveau but d'écrire au profit du jeune lecteur. Son travail fut bientôt interrompu et ne fut repris qu'en 1788, alors qu'il était chez lui à Philadelphie. Il était maintenant vieux, infirme et souffrant, et était toujours engagé dans le service public. Dans ces conditions décourageantes, l'œuvre progressait lentement. Il s'arrêta finalement lorsque le récit atteignit l'année 1757. Des copies du manuscrit furent envoyées aux amis de Franklin en Angleterre et en France, entre autres à Monsieur Le Veillard à Paris. La première édition de l'Autobiographie a été publiée en français à Paris en 1791. Elle a été traduite maladroitement et sans soin, et était imparfaite et inachevée. On ne sait pas où le traducteur s'est procuré le manuscrit. Le Veillard a nié toute connaissance de cette publication. À partir de cette édition française défectueuse, de nombreuses autres furent imprimées, certaines en Allemagne, deux en Angleterre et une autre en France, tant la demande était grande pour cet ouvrage. Entre-temps, le manuscrit original de l'Autobiographie avait entamé une carrière variée et aventureuse. Il fut laissé par Franklin, avec ses autres œuvres, à son petit-fils, William Temple Franklin, que Franklin avait désigné comme son exécuteur littéraire. Lorsque Temple Franklin en vint à publier les œuvres de son grand-père en 1817, il envoya le manuscrit original de l'Autobiographie à la fille du Veillard en échange de la copie de son père, pensant probablement que la transcription plus claire ferait une meilleure copie pour l'imprimeur. Le manuscrit original se retrouva ainsi dans la famille et les relations de Le Veillard, où il resta jusqu'à sa vente en 1867 à M. John Bigelow, ministre des États-Unis en France. Il fut ensuite vendu par ce dernier à M. E. Dwight Church de New York, et passa avec le reste de la bibliothèque de M. Church en possession de M. Henry E. Huntington. Le manuscrit original de l'Autobiographie de Franklin se repose maintenant dans le coffre-fort de la résidence de M. Huntington, sur la Cinquième Avenue et la Cinquante-septième Rue, à New York. Lorsque M. Bigelow est venu examiner son achat, il a été stupéfait de constater que ce que les gens avaient lu pendant des années comme étant la Vie authentique de Benjamin Franklin par lui-même, n'était qu'une version déformée et incomplète de la véritable Autobiographie. Temple Franklin avait pris des libertés injustifiées avec l'original. M. Bigelow dit avoir trouvé plus de mille deux cents changements dans le texte. En 1868, M. Bigelow a donc publié l'édition standard de l'Autobiographie de Franklin. Elle corrigeait les erreurs des éditions précédentes et était la première édition anglaise à contenir la courte quatrième partie, comprenant les dernières pages du manuscrit, écrites pendant la dernière année de la vie de Franklin. M. Bigelow a republié l'Autobiographie, avec des éléments intéressants supplémentaires, en trois volumes en 1875, en 1905 et en 1910. Le texte de ce volume est celui des éditions de M. Bigelow. [2] L'Autobiographie a été réimprimée de nombreuses fois aux États-Unis et traduite dans toutes les langues d'Europe. Elle n'a jamais perdu sa popularité et est toujours en demande constante dans les bibliothèques de circulation. La raison de cette popularité n'est pas loin à chercher. Car dans cet ouvrage, Franklin a raconté d'une manière remarquable l'histoire d'une vie remarquable. Il a fait preuve d'un grand bon sens et d'une connaissance pratique de l'art de vivre. Il a sélectionné et arrangé son matériel, peut-être inconsciemment, avec l'instinct infaillible du journaliste pour obtenir les meilleurs effets. Son succès est dû en grande partie à son anglais simple, clair et vigoureux. Il a utilisé des phrases et des mots courts, des expressions familières, des illustrations appropriées et des allusions pertinentes. Franklin a eu une vie des plus intéressantes, variées et inhabituelles. Il était l'un des plus grands causeurs de son temps. Son livre est le compte rendu de cette vie inhabituelle, racontée dans le style de conversation inégalé de Franklin. On dit que les meilleurs passages de la célèbre biographie de Samuel Johnson par Boswell sont ceux où Boswell permet à Johnson de raconter sa propre histoire.

Dans l'Autobiographie, un homme et orateur non moins remarquable que Samuel Johnson raconte sa propre histoire tout au long. F. W. P. L'ÉCOLE DE CAMPAGNE GILMAN, Baltimore, septembre 1916.

Pages 1 et 4 de The Pennsylvania Gazette, le premier numéro après la prise de contrôle par Franklin. Réduit de près de la moitié. Reproduit à partir d'un exemplaire de la Bibliothèque publique de New York.

[1] THE MANY-SIDED FRANKLIN. Paul L. Ford.

[2] La division en chapitres et les titres des chapitres relèvent toutefois de la responsabilité du présent éditeur

Chapitre 1 : Ascendance et jeunesse à Boston Twyford, [3] à l'évêque de St. Asaph, 1771.

FILS D'EAR : J'AI TOUJOURS eu du plaisir à obtenir de petites anecdotes sur mes ancêtres. Vous vous souvenez peut-être des recherches que j'ai faites sur les restes de mes parents lorsque vous étiez avec moi en Angleterre, et du voyage que j'ai entrepris à cette fin. Imaginant qu'il vous serait tout aussi agréable de connaître les circonstances de ma vie, dont beaucoup vous sont encore inconnues, et m'attendant à jouir d'une semaine de loisirs ininterrompus dans ma retraite campagnarde actuelle, je m'assieds pour vous les écrire. J'ai d'ailleurs quelques autres incitations de le faire. Ayant émergé de la pauvreté et de l'obscurité dans lesquelles je suis né et j'ai été élevé, à un état d'aisance et à un certain degré de réputation dans le monde, et étant allé si loin dans la vie avec une part considérable de félicité, les moyens favorables que j'ai utilisés et qui, avec la bénédiction de Dieu, ont si bien réussi, ma postérité aimerait peut-être savoir, car ils peuvent trouver certains d'entre eux adaptés à leurs propres situations, et par conséquent susceptibles d'être imités. Cette félicité, quand j'y ai réfléchi, m'a fait dire quelquefois, que si elle était offerte à mon choix, je ne ferais aucune objection à une répétition de la même vie depuis son commencement, en demandant seulement les avantages que les auteurs ont dans une seconde édition pour corriger quelques fautes de la première. Je pourrais donc, en plus de corriger les fautes, changer quelques sinistres accidents et événements de la vie par d'autres plus favorables. Mais bien que cela ait été refusé, je devrais quand même accepter l'offre. Puisqu'on ne peut s'attendre à une telle répétition, la prochaine chose qui ressemble le plus à revivre sa vie semble être de se souvenir de cette vie, et de rendre ce souvenir aussi durable que possible en le mettant par écrit. Par là aussi, je me laisserai aller à l'inclination si naturelle des vieillards à parler d'eux-mêmes et de leurs actions passées ; et je m'y livrerai sans ennuyer les autres, qui, par respect pour l'âge, pourraient se croire obligés de m'écouter, puisque cela peut être lu ou non à la convenance de chacun. Et, enfin (autant l'avouer, puisque ma dénégation ne sera crue par personne), j'assouvirai peut-être un peu ma propre vanité. [4] En effet, il m'est rarement arrivé d'entendre ou de voir les mots d'introduction : " Sans vanité, je peux dire ", etc., mais quelque chose de vain a immédiatement suivi. La plupart des gens n'aiment pas la vanité chez les autres, quelle que soit la part qu'ils en ont eux-mêmes ; mais je lui donne un juste milieu partout où je la rencontre, étant persuadé qu'elle est souvent productive de bien pour celui qui la possède et pour les autres qui sont dans sa sphère d'action ; et par conséquent, dans de nombreux cas, il ne serait pas tout à fait absurde qu'un homme remercie Dieu pour sa vanité parmi les autres conforts de la vie. Gibbon et Hume, les grands historiens britanniques, qui étaient contemporains de Franklin, expriment dans leurs autobiographies le même sentiment quant à l'opportunité d'une juste autopromotion. Et maintenant que je parle de remercier Dieu, je désire en toute humilité reconnaître que je dois le bonheur mentionné de ma vie passée à sa providence bienveillante, qui m'a conduit aux moyens que j'ai employés et leur a donné du succès. La conviction que j'en ai m'incite à espérer, mais je ne dois pas le présumer, que la même bonté s'exercera encore envers moi, en continuant ce bonheur, ou en me permettant de supporter un revers fatal, que je pourrais éprouver comme d'autres l'ont fait ;

Le teint de ma fortune future n'étant connue que de celui en la puissance duquel il est de nous bénir même nos afflictions.

Les notes qu'un de mes oncles (qui avait le même genre de curiosité à recueillir les anecdotes familiales) a un jour mises entre mes mains m'ont fourni plusieurs détails relatifs à nos ancêtres. De ces notes, j'ai appris que la famille avait vécu dans le même village, Ecton, dans le Northamptonshire [5] depuis trois cents ans, et combien de temps encore il ne savait pas (peut-être depuis l'époque où le nom de Franklin, qui était auparavant le nom d'un ordre de personnes [6] fut adopté par eux comme nom de famille quand d'autres prenaient des noms de famille dans tout le royaume), sur une propriété libre d'environ trente acres, aidée par l'entreprise du forgeron, qui avait continué dans la famille jusqu'à son temps, le fils aîné étant toujours élevé à cette entreprise ; une coutume que lui et mon père ont suivie pour leurs fils aînés. Lorsque j'ai consulté les registres d'Ecton, j'ai trouvé un compte rendu de leurs naissances, mariages et enterrements à partir de l'année 1555 seulement, aucun registre n'ayant été tenu dans cette paroisse avant cette date. Grâce à ce registre, j'ai compris que j'étais le plus jeune fils du plus jeune fils depuis cinq générations. Mon grand-père Thomas, né en 1598, a vécu à Ecton jusqu'à ce qu'il devienne trop vieux pour continuer à faire des affaires, lorsqu'il est allé vivre avec son fils John, un teinturier à Banbury, dans l'Oxfordshire, chez qui mon père a fait son apprentissage. C'est là que mon grand-père est mort et enterré. Nous avons vu sa pierre tombale en 1758. Son fils aîné Thomas a vécu dans la maison d'Ecton, et l'a laissée avec les terres à son seul enfant, une fille, qui, avec son mari, un Fisher, de Wellingborough, l'a vendue à M. Isted, maintenant seigneur du manoir. Mon grand-père a eu quatre fils qui ont grandi, à savoir : Thomas, John, Benjamin et Josiah. Je vous donnerai le compte que je peux d'eux à cette distance de mes papiers, et si ceux-ci ne se perdent pas en mon absence, vous trouverez parmi eux beaucoup plus de détails. Thomas a été élevé comme forgeron par son père ; mais, étant ingénieux et encouragé dans son apprentissage (comme tous mes frères l'étaient) par un Esquire Palmer, alors le principal gentilhomme de cette paroisse, il s'est qualifié pour le métier de scripte ; il est devenu un homme considérable dans le comté ; il était le principal instigateur de toutes les entreprises d'intérêt public pour le comté ou la ville de Northampton, et son propre village, dont de nombreux exemples ont été relatés à son sujet ; et il était très remarqué et patronné par Lord Halifax. Il est mort en 1702, le 6 janvier de l'ancien régime [7], juste quatre ans jour pour jour avant ma naissance. Le récit que nous avons reçu de quelques vieux d'Ecton sur sa vie et son caractère, je m'en souviens, vous a semblé quelque chose d'extraordinaire, par sa similitude avec ce que vous saviez du mien. "S'il était mort le même jour", disiez-vous, "on aurait pu supposer une transmigration". John a été élevé teinturier, de lainages, je crois, Benjamin a été élevé teinturier de soie, faisant un apprentissage à Londres. C'était un homme ingénieux. Je me souviens bien de lui, car lorsque j'étais enfant, il est venu chez mon père à Boston, et a vécu dans la maison avec nous pendant quelques années. Il a vécu jusqu'à un âge avancé. Son petit-fils, Samuel Franklin, vit maintenant à Boston. Il a laissé derrière lui deux volumes in-quarto, MS, de sa propre poésie, consistant en de petites pièces occasionnelles adressées à ses amis et relations, dont le suivant, qui m'a été envoyé, est un spécimen. Il avait formé une écriture de sa propre main, qu'il m'a enseignée, mais, ne l'ayant jamais pratiquée, je l'ai maintenant oubliée. J'ai été nommé d'après cet oncle, car il y avait une affection particulière entre lui et mon père. Il était très pieux, un grand assistant des sermons des meilleurs prédicateurs, qu'il notait dans sa sténographie, et il en avait plusieurs volumes avec lui. Il était aussi un grand politicien, trop peut-être pour son rang. Récemment, il m'est tombé entre les mains, à Londres, un recueil qu'il avait fait de tous les principaux pamphlets relatifs aux affaires publiques, de 1641 à 1717 ; beaucoup de volumes manquent, comme le montre la numérotation, mais il reste encore huit volumes in-folio, et vingt-quatre in-quarto et in-octavo. Un marchand de vieux livres les a trouvés, et me connaissant pour avoir acheté quelquefois chez lui, il me les a apportés. Il semble que mon oncle ait dû les laisser ici lorsqu'il est parti en Amérique, il y a environ cinquante ans. Il y a plusieurs de ses notes dans les marges. Cette obscure famille qui est la nôtre était très tôt à la Réforme et a continué à protester pendant le règne de la reine Marie, alors qu'elle était parfois en danger à cause de son zèle contre la papauté. Ils avaient une Bible anglaise, et pour la cacher et la mettre en sûreté, elle était fixée ouverte par des rubans sous et dans le couvercle d'un tabouret.

Lorsque mon arrière-arrière-grand-père la lisait à sa famille, il retournait le tabouret sur ses genoux, retournant les feuilles qui se trouvaient alors sous les rubans. Un des enfants se tenait à la porte pour avertir s'il voyait arriver l'appariteur, qui était un officier de la cour spirituelle. Dans ce cas, on retournait le tabouret sur ses pieds, alors que la Bible restait cachée en dessous comme auparavant. Cette anecdote, je la tiens de mon oncle Benjamin. La famille a continué à appartenir à l'Église d'Angleterre jusqu'à la fin du règne de Charles II, lorsque certains des ministres qui avaient été démasqués pour leur non-conformité, tenant des conventicules [9] dans le Northamptonshire, Benjamin et Josiah y ont adhéré, et ont continué ainsi toute leur vie : le reste de la famille est resté dans l'Église épiscopale.

Lieu de naissance de Franklin. Milk Street, Boston.

JOSIAH, MON PÈRE, SE maria jeune et emmena sa femme et ses trois enfants en Nouvelle-Angleterre, vers 1682. Les conventicules ayant été interdits par la loi, et fréquemment perturbés, quelques hommes importants de sa connaissance ont été incités à se rendre dans ce pays, et on l'a persuadé de les y accompagner, où ils espéraient jouir de leur mode de religion en toute liberté. De la même épouse, il eut quatre autres enfants nés là-bas, et d'une seconde épouse, dix autres, en tout dix-sept ; je me souviens de treize d'entre eux assis à sa table, qui sont tous devenus des hommes et des femmes, et se sont mariés ; j'étais le plus jeune fils, et le plus jeune enfant excepté deux, et je suis né à Boston, en Nouvelle-Angleterre. [10] Ma mère, la seconde épouse, était Abiah Folger, fille de Peter Folger, l'un des premiers colons de la Nouvelle-Angleterre, qui a été décrit par Cotton Mather [11] dans son histoire de l'église de ce pays, intitulée Magnalia Christi Americana, comme étant "un Anglais pieux et érudit", si je me souviens bien des mots. J'ai entendu dire qu'il avait écrit divers petits morceaux occasionnels, mais un seul d'entre eux a été imprimé, un morceau que j'ai vu maintenant depuis de nombreuses années. Il a été écrit en 1675, dans le vers de cette époque et de ce peuple, et adressé à ceux qui étaient alors concernés par le gouvernement.

Il était en faveur de la liberté de conscience, et en faveur des baptistes, des quakers, et d'autres sectes qui avaient été persécutées, attribuant les guerres indiennes, et d'autres détresses qui avaient frappé le pays, à cette persécution, comme autant des jugements de Dieu pour punir une offense si odieuse, et exhortant une abrogation de ces lois peu charitables. L'ensemble m'est apparu comme écrit avec une bonne dose de simplicité décente et de liberté virile. Je me souviens des six lignes finales, bien que j'aie oublié les deux premières de la strophe ; mais le sens de ces lignes était que ses censures procédaient de la bonne volonté, et que, par conséquent, il serait connu pour être l'auteur.

"Parce que pour être un diffamateur (dit-il)
Je le déteste de tout mon cœur ;
De la ville de Sherburne [12], où j'habite maintenant
Je mets mon nom ici ;
Sans offense votre véritable ami,
"C'est Peter Folgier."

Mes frères aînés ont tous été mis en apprentissage dans différents métiers. Je fus mis au lycée à huit ans, mon père ayant l'intention de me consacrer, comme la dîme [13] de ses fils, au service de l'Église.

Mon empressement à apprendre à lire (qui devait être très précoce, car je ne me souviens pas d'une époque où je ne savais pas lire), et l'opinion de tous ses amis, selon laquelle je ferais certainement un bon élève, l'encouragèrent dans ce dessein. Mon oncle Benjamin, lui aussi, l'approuvait et se proposait de me donner tous ses volumes de sermons écrits à la main, sans doute pour m'aider à m'installer, si je voulais apprendre son caractère. [14] Cependant, je ne continuai pas à fréquenter l'école secondaire pendant un an, bien qu'au cours de cette période je sois passé progressivement du milieu de la classe de cette année-là à la tête de celle-ci, et plus loin j'ai été transféré dans la classe suivante au-dessus, afin d'aller avec cela dans la troisième à la fin de l'année. Mais mon père, entre-temps, vu le coût d'une éducation collégiale, qu'il ne pouvait pas se permettre avec une famille aussi nombreuse, et le niveau de vie médiocre que beaucoup de personnes ainsi éduquées ont pu obtenir par la suite - raisons qu'il donna à ses amis à mon audition - changea sa première intention, me retira du lycée et m'envoya dans une école d'écriture et d'arithmétique, tenue par un homme alors célèbre, M. George Brownell, qui réussissait très bien dans sa profession en général, et cela par des méthodes douces et encourageantes. Sous sa direction, j'ai acquis assez vite une écriture correcte, mais j'ai échoué en arithmétique et je n'y ai fait aucun progrès. À dix ans, on m'emmena à la maison pour aider mon père dans son entreprise, qui était celle d'un marchand de suif et d'un bouilleur de savon ; une activité à laquelle il n'avait pas été élevé, mais qu'il avait assumée à son arrivée en Nouvelle-Angleterre, et lorsqu'il s'aperçut que son métier de teinturier ne suffisait pas à faire vivre sa famille, il était peu sollicité. En conséquence, j'étais employé à couper la mèche pour les bougies, à remplir le moule de trempage et les moules pour les bougies coulées, à m'occuper du magasin, à faire des courses, etc. Je n'aimais pas le commerce, et j'avais un fort penchant pour la mer, mais mon père s'est déclaré contre ; cependant, comme je vivais près de l'eau, j'y étais souvent, j'ai appris très tôt à bien nager et à diriger des bateaux ; et quand j'étais dans un bateau ou un canoë avec d'autres garçons, j'étais souvent autorisé à diriger, surtout en cas de difficulté ; et en d'autres occasions, j'étais généralement un chef parmi les garçons, et je les menais parfois dans des embrouilles, dont je mentionnerai un exemple, car il montre un esprit public précoce et projeté, bien qu'il n'ait pas été mené de façon juste. Un marais salé bordait une partie de l'étang du moulin, au bord duquel nous avions l'habitude de nous tenir, à marée haute, pour pêcher des vairons. À force de le piétiner, nous en avions fait un simple bourbier. Ma proposition était d'y construire un quai où nous pourrions nous tenir debout, et j'ai montré à mes camarades un grand tas de pierres, destinées à une nouvelle maison près du marais, et qui conviendraient très bien à notre but. En conséquence, le soir, lorsque les ouvriers furent partis, je rassemblai un certain nombre de mes camarades de jeu, et travaillant avec eux avec diligence comme des fourmis, parfois deux ou trois par pierre, nous les emportâmes toutes et construisîmes notre petit quai. Le lendemain matin, les ouvriers ont été surpris par la disparition des pierres, qui ont été trouvées dans notre quai. On fit une enquête sur les enleveurs ; nous avons été découverts et plaints ; plusieurs d'entre nous furent corrigés par nos pères ; et, bien que j'aie plaidé l'utilité du travail, le mien m'a convaincu que rien n'était utile qui ne fût honnête. Je pense que vous aimeriez savoir quelque chose sur sa personne et son caractère. Il avait une excellente constitution physique, était de taille moyenne, mais bien bâti et très fort ; il était ingénieux, savait dessiner joliment, était un peu doué pour la musique et avait une voix claire et agréable, de sorte que lorsqu'il jouait des airs de psaumes sur son violon et chantait avec lui, comme il le faisait parfois le soir après les affaires de la journée, c'était extrêmement agréable à entendre. Il avait aussi un génie mécanique et, à l'occasion, était très habile dans l'utilisation des outils d'autres commerçants ; mais sa grande excellence résidait dans une bonne compréhension et un jugement solide dans les questions prudentielles, tant dans les affaires privées que publiques. Dans ces dernières, en effet, il n'était jamais employé, la nombreuse famille qu'il avait à éduquer et l'exiguïté de sa situation le retenant près de son métier ; mais je me souviens bien qu'il était fréquemment visité par des gens importants, qui le consultaient pour avoir son avis sur les affaires de la ville ou de l'église à laquelle il appartenait, et montraient beaucoup de respect pour son jugement et ses conseils :il était aussi très consulté par des particuliers sur leurs affaires quand quelque difficulté survenait, et fréquemment choisi comme arbitre entre des parties en conflit. À sa table, il aimait avoir, aussi souvent qu'il le pouvait, un ami ou un voisin sensé avec qui converser, et prenait toujours soin de lancer un sujet de conversation ingénieux ou utile, qui pouvait tendre à améliorer l'esprit de ses enfants. Par ce moyen, il attirait notre attention sur ce qui était bon, juste et prudent dans la conduite de la vie ; et il ne s'est jamais soucié de ce qui concernait les victuailles sur la table, qu'elles soient bien ou mal préparées, de saison ou non, de bonne ou de mauvaise saveur, préférables ou inférieures à telle ou telle autre chose du même genre, de sorte que j'ai été élevé dans une si parfaite inattention à ces questions qu'il m'était tout à fait indifférent de savoir quelle sorte de nourriture était mise devant moi, et si peu attentif à cela, qu'à ce jour, si on me le demande, je peux à peine dire quelques heures après le dîner ce que j'ai mangé. Cela m'a été une commodité en voyage, où mes compagnons ont parfois été très malheureux, faute d'une satisfaction convenable de leurs goûts et de leurs appétits plus délicats, parce que mieux instruits. Ma mère avait également une excellente constitution : elle a allaité ses dix enfants. Je n'ai jamais connu ni mon père ni ma mère d'autre maladie que celle dont ils sont morts, lui à 89 ans, et elle à 85 ans. Ils sont enterrés ensemble à Boston, où j'ai placé il y a quelques années un marbre sur leur tombe [16], avec cette inscription :

JOSIAH FRANKLIN,
Et ABIAH, sa femme,

sont enterrés ici.
"Ils ont vécu ensemble dans le mariage avec amour
cinquante-cinq ans.
Sans patrimoine ni emploi rémunéré,
Par un travail et une industrie constante,
avec la bénédiction de Dieu
Ils ont entretenu une grande famille
confortablement,
Et ont élevé treize enfants
et sept petits-enfants
réputés."
De cette instance, lecteur
"Soyez encouragé à faire preuve de diligence dans votre vocation,
Et ne vous méfiez pas de la Providence.
C'était un homme pieux et prudent ;
Elle, une femme discrète et vertueuse.
Leur plus jeune fils,
Dans le respect filial de leur mémoire,
Place cette pierre.
J. F., né en 1655, décédé en 1744, Ætat 89.
A. F., né en 1667, décédé en 1752 — 85."

Par mes digressions décousues, je me perçois comme un vieillard. J'aimerais écrire plus méthodiquement. Mais on ne s'habille pas pour une entreprise privée comme pour un bal public. Ce n'est peut-être que de la négligence. Pour revenir : je continuai ainsi à travailler dans l'entreprise de mon père pendant deux ans, c'est-à-dire jusqu'à l'âge de douze ans ; et mon frère John, qui avait été élevé à ce métier, ayant quitté mon père, s'étant marié et s'étant établi à Rhode Island, il semblait bien que j'étais destiné à prendre sa place et à devenir marchand de suif. Mais comme je n'aimais toujours pas ce métier, mon père craignait que, s'il ne me trouvait pas un emploi plus agréable, je ne m'enfuie et ne prenne la mer, comme l'avait fait son fils Josiah, à sa grande contrariété. Il m'emmenait donc parfois me promener avec lui et voir des menuisiers, des maçons, des tourneurs, des braseros, etc. à leur travail, afin d'observer mon penchant et de s'efforcer de le fixer sur un métier ou un autre sur terre. Depuis lors, c'est un plaisir pour moi de voir de bons ouvriers manier leurs outils ; et cela m'a été utile, car j'ai tellement appris que j'ai pu faire moi-même de petits travaux dans ma maison lorsqu'il n'était pas facile de trouver un ouvrier, et construire de petites machines pour mes expériences, alors que l'intention de faire l'expérience était fraîche et chaude dans mon esprit. Mon père se décida enfin pour le métier de coutelier, et le fils de mon oncle Benjamin, Samuel, qui avait été élevé à ce métier à Londres, étant à peu près à cette époque établie à Boston, je fus envoyé chez lui quelque temps à mon gré. Mais ses attentes d'honoraires avec moi déplaisant à mon père, j'ai été ramené à la maison.

[3] Un petit village non loin de Winchester dans le Hampshire, au sud de l'Angleterre. C'était le siège de campagne de l'évêque de St Asaph, le Dr Jonathan Shipley, le "bon évêque", comme le Dr Franklin avait l'habitude de l'appeler. Leurs relations étaient intimes et confidentielles. Dans sa chaire et à la Chambre des Lords, ainsi qu'en société, l'évêque s'est toujours opposé aux mesures sévères de la Couronne à l'égard des Colonies. -Bigelow.

[4]À ce propos, Woodrow Wilson déclare : "Et pourtant, ce qui est surprenant et délicieux dans ce livre (l'Autobiographie), c'est que, dans l'ensemble, il n'a pas le ton bas de la vanité, mais est l'évaluation sobre et sans affectation d'un homme loyal sur lui-même et sur les circonstances de sa carrière".

[5] Voir l'introduction.

[6] Un petit propriétaire terrien.

[7] Le 17 janvier, nouveau style. Ce changement de calendrier a été effectué en 1582 par le pape Grégoire XIII, et adopté en Angleterre en 1752. Toute année dont le nombre dans le calcul commun depuis le Christ n'est pas divisible par 4, ainsi que toute année dont le nombre est divisible par 100, mais pas par 400, aura 365 jours, et toutes les autres années auront 366 jours. Au XVIIIe siècle, il y avait une différence de onze jours entre l'ancien et le nouveau style de calcul, que le Parlement anglais a annulée en faisant du 3 septembre 1752 le 14e jour. Le calendrier julien, ou "ancien style", est encore conservé en Russie et en Grèce, dont les dates sont par conséquent en retard de 13 jours sur celles des autres pays chrétiens.

[8] Le spécimen ne se trouve pas dans le manuscrit de l'Autobiographie.

[9] Des rassemblements secrets de dissidents de l'Église établie.

[10] Franklin est né le mercredi 6 janvier 1706, à l'ancienne, dans une maison de Milk Street, en face de la Old South Meeting House, où il a été baptisé le jour de sa naissance, pendant une tempête de neige. La maison où il est né a été brûlée en 1810.-Griffin.

[11] Cotton Mather (1663-1728), ecclésiastique, auteur et érudit. Pasteur de l'église du Nord, à Boston. Il prit une part active à la persécution de la sorcellerie.

[12] Nantucket.

[13] Dixièmement.

[14] Système d'abréviation.

[15] Ce marbre s'étant dégradé, les citoyens de Boston ont érigé à sa place, en 1827, un obélisque de granit de vingt et un pieds de haut, portant l'inscription originale citée dans le texte et une autre expliquant l'érection du monument.

Chapitre 2 : Début de la vie d'imprimeur

 Enfant, j'aimais beaucoup lire, et le peu d'argent qui me tombait sous la main était toujours investi dans des livres. Satisfait du Progrès du Pèlerin, ma première collection était composée d'œuvres de John Bunyan en petits volumes séparés. Je les ai vendus par la suite pour pouvoir acheter les Collections historiques de R. Burton ; c'étaient de petits livres d'aumônier [16] et ils étaient bon marché, 40 ou 50 en tout. La petite bibliothèque de mon père se composait principalement de livres de divinité polémique, dont j'ai lu la plupart, et j'ai souvent regretté depuis qu'à une époque où j'avais une telle soif de savoir, des livres plus convenables ne soient pas tombés sur mon chemin, puisqu'il était maintenant résolu que je ne devienne pas un ecclésiastique. Il y avait les Vies de Plutarque, dans lesquelles j'ai lu abondamment, et je pense encore que ce temps a été dépensé avec grand profit. Il y avait aussi un livre de Defoe, intitulé Essai sur les projets, et un autre du Dr Mather, intitulé Essais pour faire le bien, qui m'ont peut-être donné une tournure de pensée qui a eu une influence sur certains des principaux événements futurs de ma vie. Ce penchant livresque a fini par déterminer mon père à faire de moi un imprimeur, bien qu'il ait déjà un fils (James) de cette profession. En 1717, mon frère James revint d'Angleterre avec une presse et des lettres pour monter son affaire à Boston. J'aimais beaucoup mieux cette ville que celle de mon père, mais j'avais toujours le goût de la mer. Pour prévenir l'effet appréhendé d'un tel penchant, mon père était impatient de me voir lié à mon frère. J'ai résisté quelque temps, mais j'ai fini par me laisser convaincre et j'ai signé l'acte d'engagement alors que je n'avais pas encore douze ans. Je devais servir comme apprenti jusqu'à l'âge de vingt et un ans, mais je devais recevoir un salaire de compagnon pendant la dernière année. En peu de temps, j'ai acquis une grande compétence dans le domaine et je suis devenu un assistant utile pour mon frère. J'avais maintenant accès à de meilleurs livres. Une connaissance des apprentis libraires me permettait parfois d'en emprunter un petit, que je prenais soin de rendre rapidement et

propre. Souvent, je restais assis dans ma chambre à lire la plus grande partie de la nuit, lorsque le livre était emprunté le soir et devait être rendu tôt le matin, de peur qu'il ne manque ou ne soit recherché. Au bout de quelque temps, un commerçant ingénieux, M. Matthew Adams, qui avait une belle collection de livres et qui fréquentait notre imprimerie, me remarqua, m'invita dans sa bibliothèque et me prêta très aimablement les livres que je voulais lire. Je m'intéressai alors à la poésie, et je fis quelques petites pièces ; mon frère, pensant que cela pourrait me servir, m'encouragea, et me fit composer des ballades occasionnelles. L'une d'elles s'appelait la tragédie du phare, et contenait le récit de la noyade du capitaine Worthilake, avec ses deux filles ; l'autre était une chanson de marin, sur la prise de Teach (ou Barbe Noire) le pirate. C'étaient des choses misérables, dans le style des ballades de Grub-street [17] et lorsqu'elles furent imprimées, il m'envoya dans la ville pour les vendre. La première se vendit merveilleusement, l'événement étant récent, ayant fait grand bruit. Cela flattait ma vanité ; mais mon père me découragea en ridiculisant mes représentations, et en me disant que les faiseurs de vers étaient généralement des mendiants. J'ai donc échappé au statut de poète, très probablement très mauvais ; mais comme la prose m'a été d'une grande utilité dans le cours de ma vie, et a été un des principaux moyens de mon avancement, je vais vous dire comment, dans une telle situation, j'ai acquis le peu d'habileté que j'ai dans cette voie. Il y avait dans la ville un autre garçon studieux, du nom de John Collins, que je connaissais intimement. Nous nous disputions quelquefois, et nous aimions beaucoup à nous disputer et à nous contredire l'un l'autre, ce qui, soit dit en passant, est susceptible de devenir une très mauvaise habitude, rendant les gens souvent extrêmement désagréables en compagnie par la contradiction qui est nécessaire pour la mettre en pratique ; et de là, en plus d'aigrir et de gâcher la conversation, elle est productive de dégoûts et, peut-être d'inimitiés là où vous pourriez avoir l'occasion d'être amis. Je l'avais attrapé en lisant les livres de dispute de mon père sur la religion. J'ai observé depuis que les personnes de bon sens y tombent rarement, sauf les avocats, les universitaires et les hommes de toutes sortes qui ont été élevés à Edinborough. Un jour, d'une manière ou d'une autre, une question a été soulevée entre Collins et moi, sur l'opportunité d'éduquer le sexe féminin dans l'apprentissage, et leurs capacités d'étude. Il était d'avis que ce n'était pas approprié, et qu'elles étaient naturellement incapables de le faire. J'ai pris le parti contraire, peut-être un peu pour le plaisir de la dispute. Il était naturellement plus éloquent, avait une abondance de mots, et parfois, comme je le pensais, m'ennuyait plus par son aisance que par la force de ses raisons. Comme nous nous quittions sans avoir réglé le point, et que nous ne devions pas nous revoir avant un certain temps, je me suis assis pour mettre mes arguments par écrit, que j'ai copié équitablement et que je lui ai envoyé. Il répondit, et je répondis. Trois ou quatre lettres s'étaient écoulées, lorsque mon père trouva par hasard mes papiers et les lut. Sans entrer dans la discussion, il prit l'occasion de me parler de la manière dont j'écrivais ; il observa que, bien que j'eusse l'avantage sur mon antagoniste en ce qui concerne l'orthographe et la graphie (ce que je devais à l'imprimerie), je manquais de beaucoup d'élégance dans l'expression, de méthode et de perspicacité, ce dont il me convainquit par plusieurs exemples. J'ai vu la justesse de ses remarques, et par conséquent je suis devenu plus attentif à la manière d'écrire, et déterminé à m'efforcer de m'améliorer. À peu près à cette époque, j'ai rencontré un étrange volume du Spectator. [18] C'était le troisième. Je n'avais encore jamais vu aucun d'entre eux. Je l'ai acheté, je l'ai lu et relu, et j'en ai été enchanté. Je trouvais l'écriture excellente et je voulais, si possible, l'imiter. Dans cette optique, j'ai pris quelques-uns des articles et, faisant de brèves allusions au sentiment contenu dans chaque phrase, je les ai mis de côté pendant quelques jours, puis, sans regarder le livre, j'ai essayé de compléter à nouveau les articles, en exprimant chaque sentiment suggéré plus longuement et aussi complètement qu'il avait été exprimé auparavant, avec les mots appropriés qui devraient venir à portée de main. Puis j'ai comparé mon Spectator avec l'original, j'ai découvert certaines de mes fautes et je les ai corrigées. Mais je trouvai que je manquais d'un stock de mots, ou d'une facilité à me les rappeler et à les utiliser, ce que je pensais avoir acquis avant ce temps si j'avais continué à faire des vers ; car l'occasion continuelle de mots de la même importance, mais de longueur différente, pour convenir à la mesure, ou de sonorité différente pour la rime, m'aurait mis dans la nécessité constante de chercher la variété, et aurait aussi tendu à fixer cette variété dans mon esprit, et à m'en rendre maître. C'est pourquoi j'ai pris quelques-uns des contes et les ai transformés en vers ; et, au bout d'un certain temps, quand j'avais à peu près oublié la prose, je les ai retransformés. Il m'arrivait aussi de mélanger mes recueils d'allusions dans la confusion, et après quelques semaines, je m'efforçais de les remettre dans le meilleur ordre possible, avant de commencer à former des phrases complètes et à terminer le papier. Cela devait m'apprendre la méthode dans l'organisation des pensées. En comparant ensuite mon travail avec l'original, j'ai découvert de nombreuses fautes et les ai corrigées ; mais j'avais parfois le plaisir de penser que, dans certains détails de faible importance, j'avais eu la chance d'améliorer la méthode de la langue, ce qui m'encourageait à penser que je pourrais peut-être, avec le temps, devenir un écrivain anglais acceptable, ce dont j'étais extrêmement confiant. Le temps que je consacrais à ces exercices et à la lecture était la nuit, après le travail ou avant qu'il ne commence le matin, ou le dimanche, lorsque je m'arrangeais pour être seul à l'imprimerie, évitant autant que possible l'assistance au culte public que mon père avait l'habitude d'exiger de moi lorsque j'étais sous sa garde, et que je considérais toujours comme étant un devoir d'y aller. Vers l'âge de 16 ans, je suis tombé sur un livre écrit par un certain Tryon, qui recommandait un régime végétal. J'ai décidé de m'y mettre. Mon frère, n'étant pas encore marié, ne tenait pas de maison, mais se mettait en pension avec ses apprentis dans une autre famille. Mon refus de manger de la chair me causait des désagréments, et j'étais souvent réprimandé pour ma singularité. Je me suis familiarisé avec la façon dont Tryon préparait certains de ses plats, comme faire bouillir des pommes de terre ou du riz, faire du pudding hâtif, et quelques autres, puis j'ai proposé à mon frère que s'il me donnait, chaque semaine, la moitié de l'argent qu'il payait pour ma pension, je me mettrais moi-même en pension. Il a immédiatement accepté, et j'ai constaté que je pouvais économiser la moitié de ce qu'il me payait. C'était un fonds supplémentaire pour acheter des livres. Mais j'y trouvais un autre avantage. Mon frère et les autres allant à l'imprimerie pour prendre leurs repas, je restais là seul, et, expédiant rapidement mon léger repas, qui n'était souvent qu'un biscuit ou une tranche de pain, une poignée de raisins secs ou une tarte du pâtissier, et un verre d'eau, j'avais le reste du temps jusqu'à leur retour pour l'étude, dans laquelle je faisais les plus grands progrès, grâce à cette plus grande clarté d'esprit et cette appréhension plus rapide qui sont souvent freinées par le manger et le boire. Et voilà que, comme j'avais été, en quelque occasion, rendu honteux de mon ignorance dans les chiffres, que j'avais échoué deux fois à apprendre quand j'étais à l'école, je pris le livre d'Arithmétique de Cocker, et je le parcourus tout seul avec une grande facilité. J'ai également lu les livres de navigation de Seller et de Shermy, et je me suis familiarisé avec le peu de géométrie qu'ils contiennent, mais je ne suis jamais allé bien loin dans cette science. Et je lus vers cette époque Locke on Human Understanding [19] et the Art of Thinking, par MM. du Port Royal. [20] Alors que j'avais l'intention d'améliorer ma langue, j'ai rencontré une grammaire anglaise (je crois que c'était celle de Greenwood), à la fin de laquelle il y avait deux petites esquisses des arts de la rhétorique et de la logique, cette dernière se terminant par un spécimen de dispute selon la méthode socratique [21]; et peu de temps après, je me procurai les Choses mémorables de Socrate de Xénophon, où l'on trouve de nombreux exemples de la même méthode. J'ai été charmé par cette méthode, je l'ai adoptée, j'ai laissé tomber mes contradictions abruptes et mes arguments positifs, et j'ai adopté l'attitude humble du demandeur et du sceptique. Et comme j'étais alors, à force de lire Shaftesbury et Collins, devenu un véritable sceptique sur de nombreux points de notre doctrine religieuse, j'ai trouvé cette méthode plus sûre pour moi et très embarrassante pour ceux contre qui je l'employais ; j'y prenais donc plaisir, je la pratiquais continuellement, et je devenais très habile et expert à entraîner les gens, même ceux qui avaient des connaissances supérieures, à faire des concessions dont ils ne prévoyaient pas les conséquences, à les empêtrer dans des difficultés dont ils ne pouvaient se sortir, et à obtenir ainsi des victoires que ni moi ni ma cause ne méritions toujours. J'ai continué cette méthode pendant quelques années, mais je l'ai peu à peu abandonnée, ne conservant que l'habitude de m'exprimer en termes de modeste défiance ; n'utilisant jamais, lorsque j'avançais quelque chose qui pourrait être contesté, les mots certainement, sans aucun doute, ou tout autre mot qui donne un air de positivité à une opinion ; mais disant plutôt, je conçois ou j'appréhende une chose comme étant telle ou telle ; il me semble, ou je devrais le penser ainsi ou ainsi, pour telles et telles raisons ; ou j'imagine qu'il en est ainsi ; ou il en est ainsi, si je ne me trompe pas. Cette habitude, je crois, m'a été d'un grand avantage lorsque j'ai eu l'occasion d'inculquer mes opinions et de persuader les hommes de prendre des mesures que j'ai été de temps en temps engagé à promouvoir ; et, comme les principaux buts de la conversation sont d'informer ou d'être informé, de plaire ou de persuader, je souhaite que les hommes bien intentionnés et sensés ne diminuent pas leur pouvoir de faire le bien par une manière positive et présomptueuse, qui ne manque jamais de dégoûter, qui tend à créer de l'opposition et à faire échouer chacun des buts pour lesquels la parole nous a été donnée, à savoir, donner ou recevoir des informations ou du plaisir. Car, si vous voulez bien informer, une manière positive et dogmatique d'exprimer vos sentiments peut provoquer la contradiction et empêcher une attention franche. Si vous souhaitez être informé et amélioré par la connaissance d'autrui, et que vous vous exprimez en même temps comme fermement fixé sur vos opinions actuelles, les hommes modestes et sensés, qui n'aiment pas la dispute, vous laisseront probablement imperturbable dans votre erreur. Et par une telle manière, vous pouvez rarement espérer vous recommander pour plaire à vos auditeurs, ou persuader ceux dont vous désirez le concours. Le Pape [22] dit judicieusement :

"Il faut enseigner aux hommes comme si on ne leur enseignait pas,

Et les choses inconnues proposées comme des choses oubliées ; "

Plus loin il nous recommande ceci.

"Pour parler, bien que sûr, avec une apparente méfiance."

Et il aurait pu coupler avec cette ligne ce qu'il a couplé avec une autre, je pense, moins correctement,

"Car le manque de modestie est un manque de sens."

Si vous demandez, pourquoi moins bien ? Je dois répéter les lignes,

"Les mots indécents n'admettent aucune défense, car le manque de modestie est un manque de sens."

Le manque de bon sens (lorsqu'un homme a le malheur d'en manquer) n'est-il pas une excuse pour son manque de modestie ? Et les lignes ne seraient-elles pas plus justes ainsi ?

"Les mots indécents n'admettent que cette défense,

Ce manque de modestie est un manque de sens."

Cependant, je dois me soumettre à de meilleurs jugements. Mon frère avait, en 1720 ou 1721, commencé à imprimer un journal. C'était le deuxième qui paraissait en Amérique [23] et il s'appelait le New England Courant. Le seul avant lui était le Boston News-Letter. Je me souviens que certains de ses amis l'ont dissuadé de cette entreprise, estimant qu'elle n'avait aucune chance de réussir, un seul journal étant, à leur avis, suffisant pour l'Amérique. À cette époque (1771), il n'y en a pas moins de vingt-cinq. Il poursuivit cependant son entreprise et, après avoir travaillé à la composition des caractères et à l'impression des feuilles, je fus employé à porter les journaux dans les rues pour les clients.

"Première page du New England Courant du 4 au 11 décembre 1721. Réduite d'environ un tiers. D'après un exemplaire de la bibliothèque de la Massachusetts Historical Society. "

Il avait parmi ses amis quelques hommes ingénieux qui s'amusaient à écrire de petits articles pour ce journal, ce qui lui donnait du crédit et le rendait plus demandé, et ces messieurs nous rendaient souvent visite. En entendant leurs conversations et leurs comptes rendus de l'approbation de leurs articles, j'étais excité à l'idée de m'essayer parmi eux ; mais, étant encore un garçon, et me doutant que mon frère s'opposerait à l'impression d'un de mes articles dans son journal s'il savait que c'était le mien, je m'arrangeai pour déguiser ma main, et, écrivant un article anonyme, je le déposai la nuit sous la porte de l'imprimerie. Il a été trouvé le matin et communiqué à ses amis écrivains lorsqu'ils se sont présentés comme d'habitude. Ils le lurent, le commentèrent devant moi, et j'eus le plaisir exquis de constater qu'il rencontrait leur approbation, et que, dans leurs différentes suppositions sur l'auteur, ils ne nommaient que des hommes de caractère parmi nous pour leur savoir et leur ingéniosité. Je suppose maintenant que j'ai eu de la chance avec mes juges, et que peut-être n'étaient-ils pas vraiment aussi bons que je les estimais alors. Encouragé cependant par cela, j'ai écrit et transmis de la même manière à la presse plusieurs autres articles qui ont été également approuvés ; et j'ai gardé mon secret jusqu'à ce que mon petit fonds de sens pour de telles performances soit à peu près épuisé, puis je l'ai découvert [24], lorsque j'ai commencé à être considéré un peu plus par la connaissance de mon frère, et d'une manière qui ne l'a pas tout à fait satisfait, car il a pensé, probablement avec raison, que cela tendait à me rendre trop vain. Et c'est peut-être là une des causes des différends que nous avons commencé à avoir à cette époque.

Bien que frère, il se considérait comme mon maître, et moi comme son apprenti, et, en conséquence, il attendait de moi les mêmes services que d'un autre, tandis que je trouvais qu'il me rabaissait trop dans ce qu'il exigeait de moi, qui, d'un frère, attendait plus d'indulgence. Nos différends étaient souvent portés devant notre père, et je crois que j'avais généralement raison, ou que je plaidais mieux, car le jugement était généralement en ma faveur.

Mais mon frère était passionné et m'avait souvent battu, ce qui me déplaisait énormément ; et, trouvant mon apprentissage très fastidieux, je souhaitais continuellement trouver une occasion de l'abréger, qui se présenta finalement d'une manière inattendue.

"J'étais employé pour porter les journaux dans les rues aux clients".

UN DES ARTICLES DE notre journal sur un point politique, que j'ai maintenant oublié, a offensé l'Assemblée. Mon frère fut arrêté, censuré et emprisonné pendant un mois, par mandat de l'orateur, je suppose, parce qu'il ne voulait pas découvrir son auteur. Moi aussi, on m'emmena et on m'examina devant le conseil ; mais, bien que je ne leur donnasse aucune satisfaction, ils se contentèrent de m'admonester, et me renvoyèrent, me considérant, peut-être, comme un apprenti, qui était tenu de garder les secrets de son maître. Pendant l'emprisonnement de mon frère, qui m'a beaucoup déplu, malgré nos différends privés, j'avais la direction du journal ; et j'ai osé donner à nos dirigeants quelques coups de gueule, ce que mon frère a pris très gentiment, tandis que d'autres ont commencé à me considérer sous un jour défavorable, comme un jeune génie qui avait un penchant pour la diffamation et le satyre. La libération de mon frère s'est accompagnée d'un ordre de la Chambre (très étrange), selon lequel " James Franklin ne devrait plus imprimer le journal appelé le New England Courant ". Il y avait une consultation tenue dans notre imprimerie parmi ses amis, sur ce qu'il devait faire dans ce cas. Certains proposèrent de se soustraire à l'ordre en changeant le nom du journal ; mais mon frère, y voyant des inconvénients, on conclut finalement qu'il valait mieux le laisser imprimer à l'avenir sous le nom de BENJAMIN FRANKLIN ; et pour éviter la censure de l'Assemblée, qui pourrait lui tomber dessus parce qu'il continuait à l'imprimer par son apprenti, l'arrangement était que mon ancien contrat me serait rendu, avec une décharge complète au dos, pour être montré à l'occasion, mais pour lui assurer le bénéfice de mes services, je devais signer de nouveaux contrats pour le reste du terme, qui devaient rester privés. Il s'agissait d'un plan très léger, mais il a été immédiatement exécuté et le journal a été publié en conséquence, sous mon nom, pendant plusieurs mois. Enfin, un nouveau différend s'étant élevé entre mon frère et moi, je pris sur moi d'affirmer ma liberté, présumant qu'il ne se hasarderait pas à produire les nouveaux contrats de mariage. Il n'était pas juste de ma part de prendre cet avantage, et c'est pourquoi je considère cela comme l'un des premiers errements de ma vie ; mais l'injustice de la chose me pesait peu, alors que j'étais sous l'impression du ressentiment des coups que sa passion le poussait trop souvent à m'infliger, bien qu'il ne fût pas autrement un homme mal nourri : peut-être étais-je trop grivois et provocateur. Lorsqu'il s'aperçut que je voulais le quitter, il prit soin de m'empêcher de trouver un emploi dans une autre imprimerie de la ville, en faisant le tour et en parlant à chaque maître, qui refusa donc de me donner du travail. J'ai alors pensé à aller à New York, l'endroit le plus proche où il y avait un imprimeur ; et j'étais plutôt enclin à quitter Boston quand j'ai réfléchi que je m'étais déjà rendu un peu odieux vis-à-vis du parti au pouvoir, et d'après les procédures arbitraires de l'Assemblée dans le cas de mon frère, il était probable que je pourrais, si je restais, me retrouver bientôt dans la merde ; de plus, mes discussions indiscrètes sur la religion commençaient à me faire désigner avec horreur par les bonnes gens comme un infidèle ou un athée. J'étais déterminé sur ce point, mais mon père s'étant rangé du côté de mon frère, je me rendais compte que, si je tentais de partir ouvertement, on userait de moyens pour m'en empêcher. Mon ami Collins, par conséquent, a entrepris de se débrouiller un peu pour moi. Il s'est mis d'accord avec le capitaine d'un sloop new-yorkais pour mon passage, sous prétexte que j'étais une de ses jeunes connaissances. J'ai donc vendu quelques-uns de mes livres pour amasser un peu d'argent, j'ai été embarqué en privé et, comme nous avions un bon vent, en trois jours, je me suis retrouvé à New York, à près de 300 milles de chez moi, un garçon d'à peine 17 ans, sans la moindre recommandation ni connaissance d'aucune personne de l'endroit, et avec très peu d'argent en poche.

[16] Petits livres, vendus par des chapeliers ou des colporteurs.

[17] Grub-street : célèbre dans la littérature anglaise comme étant la maison des écrivains pauvres.

[18] Journal quotidien londonien, comprenant des essais satiriques sur des sujets sociaux, publiés par Addison et Steele en 1711-1712. Le Spectator et son prédécesseur, le Tatler (1709), ont marqué le début de la littérature périodique.

[19] John Locke (1632-1704), célèbre philosophe anglais, fondateur de l'école philosophique dite du "bon sens". Il a rédigé une constitution pour les colons de Caroline.

[20] Société notoire d'hommes savants et pieux occupant l'abbaye de Port-Royal près de Paris, qui publia des ouvrages savants, parmi lesquels celui dont il est question ici, plus connu sous le nom de Logique de Port-Royal.

[21] Socrate confondait ses adversaires en posant des questions si habilement conçues que les réponses confirmaient la position du questionneur ou montraient l'erreur de l'adversaire.

[22] Alexander Pope (1688-1744), le plus grand poète anglais de la première moitié du XVIIIe siècle.

[23] La mémoire de Franklin ne le sert pas correctement ici. Le Courant était en réalité le cinquième journal établi en Amérique, bien qu'on l'appelle généralement le quatrième, car le premier, Public Occurrences, publié à Boston en 1690, a été supprimé après le premier numéro. Voici l'ordre dans lequel les quatre autres journaux ont été publiés : Boston News Letter, 1704 ; Boston Gazette, 21 décembre 1719 ; The American Weekly Mercury, Philadelphie, 22 décembre 1719 ; The New England Courant, 1721.

[24] Dévoilé.

Chapitre 3 : Arrivée à Philadelphie

ON PENCHANT POUR LA mer s'était alors dissipé, sinon j'aurais pu le satisfaire. Mais, comme j'avais un métier et que je me considérais comme un assez bon ouvrier, j'offris mes services à l'imprimeur de l'endroit, le vieux M. William Bradford, qui avait été le premier imprimeur de la Pennsylvanie, mais qui en était parti à la suite de la querelle de George Keith. Il ne pouvait pas me donner d'emploi, n'ayant pas grand-chose à faire et ayant déjà assez d'aide ; mais, dit-il, "Mon fils à Philadelphie a récemment perdu sa principale main, Aquilla Rose, par la mort ; si vous allez là-bas, je crois qu'il pourrait vous employer". Philadelphie était à cent milles plus loin ; je me mis cependant en route dans un bateau pour Amboy, laissant mon coffre et mes affaires pour me suivre par mer. En traversant la baie, nous avons rencontré une bourrasque qui a déchiré nos voiles pourries, nous a empêchés d'entrer dans le Kill [25] et nous a poussés sur Long Island. Sur notre chemin, un Hollandais ivre, qui était aussi un passager, est tombé par-dessus bord ; alors qu'il s'enfonçait, j'ai traversé l'eau jusqu'à son visage choqué, et je l'ai tiré vers le haut, de sorte que nous avons pu le remonter. Son esquive l'a un peu dégrisé, et il s'est endormi, sortant d'abord de sa poche un livre qu'il désirait que je fasse sécher pour lui. Il s'agissait de mon vieil auteur préféré, le Pilgrim's Progress de Bunyan, en hollandais, finement imprimé sur du bon papier, avec des coupures de cuivre, une robe meilleure que celle que je ne lui avais jamais vue porter dans sa propre langue. J'ai découvert depuis qu'il a été traduit dans la plupart des langues d'Europe, et je suppose qu'il a été lu plus généralement que tout autre livre, à l'exception peut-être de la Bible. L'honnête John a été le premier, à ma connaissance, à mélanger la narration et le dialogue, une méthode d'écriture très attrayante pour le lecteur, qui, dans les parties les plus intéressantes, se trouve, pour ainsi dire, introduit dans la compagnie et présent au discours. De Foe l'a imité avec succès dans son Cruso, sa Moll Flanders, sa Cour religieuse, son Instructeur de famille, et d'autres pièces ; et Richardson [26] a fait de même dans sa Pamela, etc. Lorsque nous nous sommes approchés de l'île, nous avons constaté qu'elle se trouvait à un endroit où il était impossible de débarquer, car il y avait un grand ressac sur la plage de pierres. Nous avons donc jeté l'ancre et fait demi-tour vers le rivage. Des gens sont descendus au bord de l'eau et nous ont salués, comme nous l'avons fait pour eux ; mais le vent était si fort, et le ressac si fort, que nous ne pouvions pas entendre et nous comprendre. Il y avait des canots sur le rivage, nous leur avons fait des signes et nous avons salué pour qu'ils viennent nous chercher ; mais soit ils ne nous ont pas compris, soit ils ont pensé que ce n'était pas faisable, alors ils sont partis, et la nuit arrivant, nous n'avions pas d'autre solution que d'attendre que le vent diminue ; entre-temps, le canotier et moi avons décidé de dormir, si nous le pouvions, et nous nous sommes entassés dans l'écoutille, avec le Hollandais, qui était encore mouillé, et les embruns qui frappaient la tête de notre bateau nous fuyaient dessus, de sorte que nous fûmes bientôt presque aussi mouillés que lui. Nous sommes restés ainsi toute la nuit, avec très peu de repos ; mais, le lendemain, le vent s'étant calmé, nous avons pu atteindre Amboy avant la nuit, après avoir passé trente heures sur l'eau, sans victuailles, ni autre boisson qu'une bouteille de rhum dégoûtant, et l'eau sur laquelle nous naviguions étant salée. Dans la soirée, je me suis trouvé très fiévreux et je suis allé me coucher ; mais, ayant lu quelque part que l'eau froide bue en abondance était bonne pour la fièvre, j'ai suivi la prescription, j'ai transpiré abondamment une bonne partie de la nuit, ma fièvre m'a quitté et, le matin, après avoir traversé le traversier, j'ai poursuivi mon voyage à pied, après avoir parcouru 50 milles jusqu'à Burlington, où on m'a dit que je trouverais des bateaux qui me transporteraient jusqu'à Philadelphie.

IL A PLU TRÈS FORT toute la journée ; j'étais complètement trempé, et à midi, j'étais très fatigué ; je me suis donc arrêté dans une pauvre auberge, où j'ai passé la nuit, commençant à regretter d'avoir quitté la maison. Je faisais si misérable figure que les questions que l'on me posait me faisaient soupçonner d'être un serviteur en fuite, et je risquais d'être arrêté pour ce motif. Cependant, j'ai poursuivi ma route le lendemain et je suis arrivé le soir dans une auberge, à huit ou dix milles de Burlington, tenue par un certain Dr Brown. Il est entré en conversation avec moi pendant que je prenais un rafraîchissement et, constatant que j'avais lu un peu, il est devenu très sociable et amical. Nous sommes restés en contact aussi longtemps qu'il a vécu. Il avait été, j'imagine, un médecin itinérant, car il n'y avait aucune ville d'Angleterre ni aucun pays d'Europe, dont il ne pouvait donner un compte rendu très précis. Il avait quelques lettres, et était ingénieux, mais très incroyant, et entreprit méchamment, quelques années plus tard, de travestir la Bible en vers de chien, comme Cotton l'avait fait pour Virgile. Par ce moyen, il a présenté de nombreux faits sous un jour très ridicule, et aurait pu blesser les esprits faibles si son travail avait été publié, mais il ne l'a jamais été. Je passai la nuit chez lui et, le lendemain matin, j'atteignis Burlington, mais j'eus la mortification de constater que les bateaux réguliers étaient partis un peu avant mon arrivée et qu'aucun autre ne devait partir avant le mardi, car nous étions samedi ; je retournai donc chez une vieille femme de la ville, à qui j'avais acheté du pain d'épice pour le manger sur l'eau, et lui demandai conseil. Elle m'invita à loger chez elle jusqu'à ce qu'un passage par voie d'eau se présente ; et comme j'étais fatigué de voyager à pied, j'acceptai l'invitation. Comprenant que j'étais imprimeur, elle aurait voulu que je reste dans cette ville et que je poursuive mes activités malgré qu'elle ne connaisse pas le stock nécessaire pour commencer. Elle était très hospitalière, m'a donné un dîner de joues de bœuf avec beaucoup de bonne volonté, n'acceptant qu'un pot de bière en retour ; et je pensais être fixé jusqu'à ce que le mardi arrive. Cependant, le soir, alors que je me promenais sur le bord de la rivière, un bateau passa, et je découvris qu'il allait vers Philadelphie, avec plusieurs personnes à son bord. Ils m'ont pris à bord et, comme il n'y avait pas de vent, nous avons ramé tout le long du trajet ; vers minuit, comme nous n'avions pas encore vu la ville, certains de la compagnie étaient convaincus que nous l'avions dépassée et ne voulaient pas ramer plus loin ; les autres ne savaient pas où nous étions ; nous nous sommes donc dirigés vers la rive, sommes entrés dans un ruisseau, avons accosté près d'une vieille clôture, avec les rails de laquelle nous avons fait un feu, la nuit étant froide, en octobre, et nous y sommes restés jusqu'au jour. Un des membres de la compagnie savait que l'endroit était Cooper's Creek, un peu au-dessus de Philadelphie, que nous avons vu dès que nous sommes sortis du ruisseau, et nous y sommes arrivés vers huit ou neuf heures le dimanche matin, et avons débarqué au quai de Market-street. J'ai été d'autant plus particulier dans cette description de mon voyage, et je le serai de ma première entrée dans cette ville, afin que vous puissiez dans votre esprit comparer des débuts aussi improbables avec la figure que j'y ai faite depuis. J'étais en tenue de travail, mes meilleurs vêtements devant venir par la mer. J'étais sale de mon voyage ; mes poches étaient pleines de chemises et de bas, et je ne connaissais personne ni ne savais où chercher un logement. J'étais fatigué par le voyage, la rame et le manque de repos, j'avais très faim, et tout mon argent liquide consistait en un dollar hollandais et environ un shilling en cuivre. J'ai donné ce dernier montant aux gens du bateau pour mon passage, qui l'ont d'abord refusé, parce que je ramais, mais j'ai insisté pour qu'ils le prennent. Un homme est parfois plus généreux lorsqu'il a peu d'argent que lorsqu'il en a beaucoup, peut-être par crainte qu'on pense qu'il en a peu. Puis j'ai remonté la rue, en regardant autour de moi jusqu'à ce que, près du marché, je rencontre un garçon avec du pain. J'avais souvent mangé du pain et, m'informant d'où il l'avait obtenu, je me rendis immédiatement chez le boulanger qu'il m'indiqua, dans la Second Street, et demandai du bisket, dans l'intention d'en avoir comme à Boston, mais il semble qu'il n'y en ait pas à Philadelphie. Puis j'ai demandé un pain à trois pence, et on m'a dit qu'ils n'en avaient pas. Ne considérant pas ou ne connaissant pas la différence d'argent, le prix plus bas ou les noms de son pain, je lui demandai de me donner une valeur de trois pence de n'importe quelle sorte. Il me donna, en conséquence, trois grands petits pains bouffants. Je fus surpris de la quantité, mais je les pris, et, n'ayant pas de place dans mes poches, je m'en allai avec un petit pain sous chaque bras, et mangeant l'autre. C'est ainsi que j'ai remonté Market Street jusqu'à Fourth Street, en passant devant la porte de M. Read, le père de ma future épouse, qui, debout à la porte, m'a vu et a pensé que je faisais, comme je le faisais certainement, une apparition des plus maladroites et ridicules. Puis je me suis retourné et j'ai descendu Chestnut-street et une partie de Walnut-street, en mangeant mon petit pain tout le long du chemin, et, en faisant le tour, je me suis retrouvé au quai de Market-street, près du bateau dans lequel j'étais venu, où je suis allé prendre une gorgée d'eau de la rivière ; et, étant rempli d'un de mes petits pains, j'ai donné les deux autres à une femme et à son enfant qui avaient descendu la rivière dans le bateau avec nous, et qui attendaient pour aller plus loin.

"Elle, debout à la porte, m'a vu, et a pensé que je faisais, comme je l'ai certainement fait, une apparence très maladroite et ridicule".

AINSI RAFRAÎCHI, JE remontai la rue, où se trouvaient alors de nombreuses personnes bien habillées, qui marchaient toutes dans le même sens. Je les rejoignis et fus ainsi conduit dans la grande maison de réunion des quakers (ou dissidents de l'Église anglicane) près du marché. Je m'assis parmi eux et, après avoir regardé autour de moi pendant un certain temps sans rien entendre, étant très somnolent à cause du travail et du manque de repos de la nuit précédente, je m'endormis rapidement et continuai ainsi jusqu'à la fin de la réunion, quand quelqu'un eut la gentillesse de me réveiller. C'était donc la première maison dans laquelle je me trouvais, ou dans laquelle je dormais, à Philadelphie. Je redescendis vers la rivière et, en regardant les visages des gens, je rencontrai un jeune homme quaker dont j'aimais le visage et, l'accostant, je lui demandai de me dire où un étranger pouvait se loger. Nous étions alors près du signe des Trois Marins. "Voici, dit-il, un endroit qui reçoit les étrangers, mais ce n'est pas une maison de bonne réputation

; si tu veux bien marcher avec moi, je t'en montrerai un meilleur." Il me conduisit au Crooked Billet, dans Water-street. Là, je pris un dîner ; et, pendant que je le mangeais, on me posa plusieurs questions sournoises, car on semblait soupçonner, d'après ma jeunesse et mon apparence, que je pouvais être quelque fugitif. Après le dîner, ma somnolence est revenue, étant montré à un lit, je me suis couché sans me déshabiller, et j'ai dormi jusqu'à six heures du soir, on m'a appelé pour souper, je me suis recouché très tôt, et j'ai dormi profondément jusqu'au lendemain matin. Ensuite, je me suis fait aussi propre que possible, et je suis allé chez Andrew Bradford, l'imprimeur. J'ai trouvé dans la boutique le vieil homme, son père, que j'avais vu à New York, et qui, voyageant à cheval, était arrivé à Philadelphie avant moi. Il me présenta à son fils, qui me reçut poliment, me donna un petit déjeuner, mais me dit qu'il n'avait pas besoin de main-d'œuvre pour le moment, puisqu'il en avait une depuis peu ; mais il y avait un autre imprimeur en ville, récemment installé, un certain Keimer, qui, peut-être, pourrait m'employer ; sinon, je serais le bienvenu chez lui, et il me donnerait un petit travail à faire de temps en temps jusqu'à ce que des affaires plus importantes se présentent. Le vieux monsieur dit qu'il m'accompagnerait chez le nouvel imprimeur, et quand nous le trouvâmes, "Voisin, dit Bradford, j'ai amené pour vous voir un jeune homme de votre métier ; peut-être en avez-vous besoin." Il m'a posé quelques questions, m'a mis un bâton de composition dans la main pour voir comment je travaillais, puis il a dit qu'il m'emploierait bientôt, bien qu'il n'ait rien à faire pour l'instant ; et, prenant le vieux Bradford, qu'il n'avait jamais vu auparavant, pour un des gens de la ville qui avait de la considération pour lui, il a entamé une conversation sur son entreprise actuelle et ses perspectives ; tandis que Bradford, ne découvrant pas qu'il était le père de l'autre imprimeur, après que Keimer eut dit qu'il comptait bientôt prendre en main la plus grande partie de l'entreprise, l'amena, par des questions astucieuses et de petits doutes, à expliquer toutes ses vues, l'intérêt qu'il y mettait et la manière dont il avait l'intention de procéder. Moi, qui me tenais à l'écart et qui entendais tout, je vis immédiatement que l'un d'eux était un vieux sophiste rusé, et l'autre un simple novice. Bradford me laissa avec Keimer, qui fut très surpris lorsque je lui dis qui était le vieil homme. J'ai trouvé que l'imprimerie de Keimer se composait d'une vieille presse brisée et d'une petite police anglaise usée, dont il se servait lui-même pour composer une élégie sur Aquilla Rose, déjà mentionnée, un jeune homme ingénieux, d'un excellent caractère, très respecté dans la ville, greffier de l'Assemblée, et un joli poète. Keimer faisait aussi des vers, mais de façon très indifférente. On ne peut pas dire qu'il les écrivait, car sa manière était de les composer dans les caractères directement de sa tête. Ainsi, comme il n'y avait pas de copie [27], mais une paire d'étuis, et que l'Élégie nécessiterait probablement toute la lettre, personne ne pouvait l'aider. Je m'efforçai de mettre sa presse (qu'il n'avait pas encore utilisée et dont il ne comprenait rien) en état de fonctionner et, promettant de venir imprimer son Élégie dès qu'elle serait prête, je retournai chez Bradford, qui me donna un petit travail à faire pour le moment, et là, je logeai et mangeai. Quelques jours après, Keimer m'envoya chercher pour imprimer l'Élégie. Il avait maintenant une autre paire d'affaires [28] et un pamphlet à réimprimer, sur lequel il me mit au travail. Je trouvai ces deux imprimeurs peu qualifiés pour leur métier. Bradford n'avait pas été élevé pour cela, et était très illettré ; et Keimer, bien que quelque peu érudit, était un simple compositeur, ne connaissant rien au travail de presse. Il avait été l'un des prophètes français [29] et pouvait jouer leurs agitations enthousiastes. À cette époque, il ne professait aucune religion particulière, mais un peu de toutes à l'occasion ; il était très ignorant du monde et avait, comme je l'ai constaté par la suite, une bonne dose de coquinerie dans sa composition. Il n'aimait pas que je loge chez Bradford pendant que je travaillais avec lui.Il avait une maison, en effet, mais sans meubles, de sorte qu'il ne pouvait pas me loger ; mais il m'obtint un logement chez M. Read, dont il a été question plus haut, qui était propriétaire de sa maison ; et, mon coffre et mes vêtements étant arrivés à ce moment-là, j'avais aux yeux de Mlle Read une apparence plus respectable que celle que j'avais eue la première fois qu'elle m'avait vu manger mon petit pain dans la rue. Je commençais maintenant à avoir quelques connaissances parmi les jeunes gens de la ville, qui aimaient la lecture, avec lesquels je passais mes soirées très agréablement ; et gagnant de l'argent par mon industrie et ma frugalité, je vivais très agréablement, oubliant Boston autant que je le pouvais, et ne désirant pas que quelqu'un là-bas sache où je résidais, sauf mon ami Collins, qui était dans mon secret, et le gardait quand je lui écrivais. Finalement, un incident se produisit qui me fit revenir bien plus tôt que je ne l'avais prévu. J'avais un beau-frère, Robert Holmes, capitaine d'un sloop qui faisait le commerce entre Boston et le Delaware. Il se trouvait à Newcastle, à quarante milles de Philadelphie, où il entendit parler de moi, et m'écrivit une lettre dans laquelle il mentionnait l'inquiétude de mes amis de Boston à la suite de mon départ précipité, m'assurait de leur bonne volonté à mon égard, et que tout s'arrangerait dans mon esprit si je revenais, ce à quoi il m'exhortait très sérieusement. J'ai écrit une réponse à sa lettre, je l'ai remercié pour ses conseils, mais j'ai exposé les raisons pour lesquelles j'avais quitté Boston de manière complète et de façon à le convaincre que je n'avais pas autant tort qu'il l'avait appréhendé.

[25] Kill Van Kull, le canal qui sépare Staten Island du New Jersey au nord. [Samuel Richardson, le père du roman anglais, a écrit Pamela, Clarissa Harlowe et l'Histoire de Sir Charles Grandison, des romans publiés sous forme de lettres.

[27] Manuscrit.

[28] Les cadres de maintien des caractères sont en deux parties, la partie supérieure pour les majuscules et la partie inférieure pour les minuscules.

[29] Protestants du sud de la France, devenus fanatiques sous les persécutions de Louis XIV, et pensant avoir le don de prophétie. Ils avaient pour devise "Pas d'impôts" et "Liberté de conscience".

Chapitre 4 : Première visite à Boston

IR. WILLIAM KEITH, gouverneur de la province, était alors à Newcastle, et le capitaine Holmes, qui se trouvait en sa compagnie lorsque ma lettre lui fut remise, lui parla de moi et lui montra la lettre. Le gouverneur l'a lue et a semblé surpris lorsqu'il a appris mon âge. Il a dit que je semblais être un jeune homme prometteur et qu'il fallait donc l'encourager ; que les imprimeurs de Philadelphie étaient misérables et que si je m'y installais, il ne doutait pas que je réussirais ; pour sa part, il me procurerait les affaires publiques et me rendrait tous les autres services en son pouvoir. Mon beau-frère m'a raconté cela à Boston, mais je n'en savais encore rien, lorsqu'un jour, Keimer et moi étions en train de travailler ensemble près de la fenêtre, nous avons vu le gouverneur et un autre gentleman (qui s'est avéré être le colonel French, de Newcastle), finement habillés, traverser la rue jusqu'à notre maison, et les avons entendus à la porte. Keimer descendit immédiatement, pensant qu'il s'agissait d'une visite pour lui ; mais le gouverneur me demanda, monta, et avec une condescendance et une politesse auxquelles je n'étais pas habitué, me fit de nombreux compliments, désira faire ma connaissance, me reprocha gentiment de ne pas m'être fait connaître à lui quand je suis arrivé sur place, et voulut m'emmener avec lui à la taverne, où il allait avec le colonel French pour goûter, comme il disait, un excellent madère. Je n'ai pas été peu surpris, et Keimer qui est mort de faim comme un cochon empoisonné. [30] Je me rendis cependant avec le gouverneur et le colonel French dans une taverne au coin de la troisième rue, et en dégustant le madère, il me proposa d'établir mon entreprise, m'exposa les probabilités de succès, et lui et le colonel French m'assurèrent que je bénéficierais de leur intérêt et de leur influence pour obtenir les affaires publiques des deux gouvernements. [31] Comme je doutais que mon père m'y aide, Sir William m'a dit qu'il me donnerait une lettre pour lui, dans laquelle il exposerait les avantages, et qu'il ne doutait pas de l'emporter sur lui. Il fut donc décidé que je retournerais à Boston par le premier navire, avec la lettre du gouverneur me recommandant à mon père. En attendant, l'intention devait rester secrète, et je continuai à travailler avec Keimer comme d'habitude, le gouverneur m'envoyant de temps en temps dîner avec lui, ce que je considérais comme un très grand honneur, et conversant avec moi de la manière la plus affable, familière et amicale que l'on puisse imaginer. Vers la fin d'avril 1724, un petit navire s'est offert pour Boston. Je pris congé de Keimer comme allant voir mes amis. Le gouverneur me donna une ample lettre, disant beaucoup de choses flatteuses de moi à mon père, et recommandant fortement le projet de mon établissement à Philadelphie comme une chose qui devait faire ma fortune. Nous avons heurté un haut-fond en descendant la baie et avons pris l'eau ; nous avons eu une mer agitée et avons été obligés de pomper presque continuellement, ce à quoi j'ai participé. Nous sommes cependant arrivés sains et saufs à Boston en une quinzaine de jours. J'étais absent depuis sept mois, et mes amis n'avaient pas entendu parler de moi, car mon beau-frère Holmes n'était pas encore rentré et n'avait pas écrit à mon sujet. Mon apparition inattendue a surpris la famille ; tous, cependant, étaient très heureux de me voir et m'ont souhaité la bienvenue, sauf mon frère. Je suis allé le voir à son imprimerie. J'étais mieux habillé que jamais à son service : j'avais un costume neuf de la tête aux pieds, une montre, et mes poches étaient garnies de près de cinq livres sterling en argent. Il m'a reçu pas très franchement, m'a regardé de tous côtés et s'est remis à son travail.

LES COMPAGNONS VOULAIENT savoir où j'avais été, quel genre de pays c'était, et comment je l'aimais. J'en fis beaucoup d'éloges, ainsi que de la vie heureuse que j'y menais, exprimant fortement mon intention d'y retourner ; et, l'un d'eux demandant quelle sorte d'argent nous avions là-bas, je pris une poignée d'argent, et la répandis devant eux, ce qui était une sorte de spectacle rare [32] auquel ils n'avaient pas été habitués, le papier étant la monnaie de Boston [33]. [Je profitai ensuite de l'occasion pour leur montrer ma montre ; enfin, mon frère étant toujours aussi grincheux et maussade, je leur donnai à boire une pièce de huit [34] et pris congé. Cette visite l'offensa extrêmement, et lorsque ma mère, quelque temps après, lui parla d'une réconciliation et de son désir de nous voir en bons termes et de nous voir vivre à l'avenir comme des frères, il dit que je l'avais insulté de telle façon devant les siens qu'il ne pourrait jamais l'oublier ou le pardonner. En cela, cependant, il se trompait. Mon père reçut la lettre du gouverneur avec une apparente surprise, mais il m'en parla peu pendant quelques jours, lorsque le capitaine Holmes, revenant, la lui montra et lui demanda s'il connaissait Keith et quel genre d'homme il était ; ajoutant son opinion qu'il devait avoir peu de discernement pour penser à mettre en affaires un garçon qui voulait encore passer trois ans au service d'un homme. Holmes a dit ce qu'il a pu en faveur du projet, mais mon père a été clair sur son caractère inapproprié, et finalement, il l'a nié catégoriquement. Puis il écrivit une lettre civile à Sir William, le remerciant du patronage qu'il m'avait si gentiment offert, mais refusant de m'aider pour l'instant à m'installer, étant, à son avis, trop jeune pour qu'on me confie la gestion d'une affaire aussi importante, et dont la préparation doit être si coûteuse. Mon ami et compagnon Collins, qui était commis au bureau de poste, satisfait du récit que je lui fis de mon nouveau pays, décida d'y aller aussi ; et, pendant que j'attendais la décision de mon père, il partit avant moi par voie de terre pour Rhode Island, laissant ses livres, qui étaient une jolie collection de mathématiques et de philosophie naturelle, pour venir avec les miens et moi à New York, où il proposa de m'attendre. Mon père, bien qu'il n'approuvât pas la proposition de Sir William, était néanmoins satisfait que j'aie pu obtenir une réputation aussi avantageuse d'une personne de ce rang là où j'avais résidé, et que j'aie été si assidu et si soigneux pour m'équiper aussi bien en si peu de temps ; par conséquent, ne voyant aucune perspective d'arrangement entre mon frère et moi, il a consenti à ce que je retourne à Philadelphie, m'a conseillé de me comporter respectueusement avec les gens de là-bas, de m'efforcer d'obtenir l'estime générale, et d'éviter les calomnies et les diffamations, auxquelles il pensait que j'étais trop enclin ; il m'a dit qu'avec une industrie soutenue et une parcimonie prudente, je pourrais économiser assez d'argent avant d'avoir un an et vingt ans pour m'établir ; et que, si je m'approchais de l'affaire, il m'aiderait pour le reste. C'est tout ce que j'ai pu obtenir, à part quelques petits cadeaux en gage de son amour et de celui de ma mère, lorsque je me suis embarqué à nouveau pour New York, avec leur approbation et leur bénédiction. Le sloop faisant escale à Newport, Rhode Island, j'ai rendu visite à mon frère John, qui s'était marié et installé là depuis quelques années. Il m'a reçu très affectueusement, car il m'a toujours aimé. Un de ses amis, un certain Vernon, qui lui devait de l'argent en Pennsylvanie, environ trente-cinq livres, souhaitait que je le reçoive pour lui et que je le garde jusqu'à ce que j'aie ses instructions concernant le remboursement. En conséquence, il m'a donné un ordre. Cela m'a causé beaucoup d'inquiétude par la suite. À Newport, nous avons embarqué un certain nombre de passagers pour New York, parmi lesquels deux jeunes femmes, leurs compagnons, et une femme quaker, grave, sensée, à l'allure de matrone, avec ses préposés. J'avais montré un empressement obligeant à lui rendre quelques petits services, ce qui l'avait impressionnée, je suppose, avec un certain degré de bonne volonté à mon égard ; par conséquent, lorsqu'elle vit une familiarité croissante entre moi et les deux jeunes femmes, qu'elles semblaient encourager, elle me prit à part et me dit : " Jeune homme, je suis inquiète pour toi, car tu n'as pas d'ami avec toi, et tu ne sembles pas connaître grand-chose du monde ni des pièges auxquels la jeunesse est exposée ; croyez-le bien, ce sont de très mauvaises femmes ; je le vois à toutes leurs actions ; et si vous n'êtes pas sur vos gardes, elles vous entraîneront dans quelque danger ; elles vous sont étrangères, et je vous conseille, dans un souci amical de votre bien-être, de ne pas les fréquenter." Comme je semblais d'abord ne pas penser aussi mal d'eux qu'elle, elle mentionna certaines choses qu'elle avait observées et entendues et qui m'avaient échappé, mais qui me convainquaient maintenant qu'elle avait raison. Je l'ai remerciée de son conseil et lui ai promis de le suivre. Lorsque nous sommes arrivés à New York, ils m'ont dit où ils vivaient et m'ont invité à venir les voir, mais j'ai évité de le faire, et j'ai bien fait, car le lendemain, le capitaine s'est aperçu qu'une cuillère d'argent et d'autres choses avaient été prises dans sa cabine et, sachant qu'il s'agissait de crapules, il a obtenu un mandat pour fouiller leur logement, a trouvé les biens volés et a fait punir les voleurs. Ainsi, bien que nous ayons échappé à un rocher enfoncé, sur lequel nous avons gratté dans le passage, j'ai pensé que cette évasion était plus importante pour moi. À New York, je retrouvai mon ami Collins, qui y était arrivé quelque temps avant moi. Nous étions intimes depuis l'enfance, et nous avions lu les mêmes livres ensemble ; mais il avait l'avantage de disposer de plus de temps pour lire et étudier, et d'un merveilleux génie pour les mathématiques, dans lequel il me surpassait de loin. Pendant que je vivais à Boston, je passais la plupart de mes heures de loisir à discuter avec lui, et il continuait à être un garçon sobre et assidu ; il était très respecté pour ses connaissances par plusieurs membres du clergé et d'autres messieurs, et semblait promettre de faire bonne figure dans la vie. Mais, pendant mon absence, il avait pris l'habitude de boire de l'eau-de-vie, et j'ai découvert, d'après ses propres dires et ceux d'autres personnes, qu'il était ivre tous les jours depuis son arrivée à New York et qu'il se comportait très bizarrement. Il avait aussi joué et perdu son argent, de sorte que j'ai été obligé de le loger et de payer ses dépenses à Philadelphie, ce qui m'a été extrêmement pénible. Le gouverneur de New York de l'époque, Burnet (fils de l'évêque Burnet), apprenant par le capitaine qu'un jeune homme, l'un de ses passagers, possédait un grand nombre de livres, désirait qu'il m'amène le voir. Je l'ai attendu en conséquence, et j'aurais dû emmener Collins avec moi, mais il n'était pas sobre. Le gouverneur m'a traité avec beaucoup de civilité, m'a montré sa bibliothèque, qui était très grande, et nous avons eu une bonne conversation sur les livres et les auteurs. C'était le deuxième gouverneur qui me faisait l'honneur de s'intéresser à moi, ce qui, pour un pauvre garçon comme moi, était très agréable. Nous nous sommes rendus à Philadelphie. En chemin, j'ai reçu l'argent de Vernon, sans lequel nous n'aurions guère pu terminer notre voyage. Collins souhaitait être employé dans un bureau comptable ; mais, dès lors que l'on découvrait qu'il buvait, par son haleine ou par son comportement, bien qu'il eût quelques recommandations, il n'obtenu aucun succès dans ses démarches, et il a continué à loger et à dormir dans la même maison que moi, et à mes frais. Sachant que j'avais l'argent de Vernon, il m'empruntait continuellement, promettant toujours le remboursement dès qu'il serait en affaires. Il finit par en avoir tellement que je me demandais ce que je ferais si on me demandait de lui remettre cet argent. Sa consommation d'alcool continuait, ce sur quoi nous nous disputions parfois ; car, lorsqu'il était un peu ivre, il était très capricieux. Une fois, dans un bateau sur le Delaware avec d'autres jeunes hommes, il refusa de ramer à son tour. "Je veux qu'on me ramène à la maison", dit-il. "Nous ne ramerons pas", dis-je. "Il le faut, ou vous resterez toute la nuit sur l'eau", dit-il, "comme bon vous semble". Les autres ont dit : "Ramons, qu'est-ce que ça veut dire ?" Mais, mon esprit étant aigri par son autre conduite, je continuai à refuser. Il jura qu'il me ferait ramer ou qu'il me jetterait par-dessus bord ; et m'avançant vers moi en marchant sur les bancs, lorsqu'il s'approcha et me frappa, je mis ma main sous sa béquille et, me levant, le jetai la tête la première dans la rivière. Je savais qu'il était bon nageur, et j'étais donc peu inquiet à son sujet ; mais avant qu'il ait pu s'agripper au bateau, nous l'avions mis hors de sa portée en quelques coups de rame ; et dès qu'il s'approchait du bateau, nous lui demandions s'il voulait ramer, en donnant quelques coups de rame pour l'éloigner de lui. Il était prêt à mourir de vexation, et s'obstinait à ne pas promettre de ramer. Cependant, voyant qu'il commençait enfin à se fatiguer, nous l'avons fait monter et l'avons ramené à la maison le soir, tout mouillé. Nous avons à peine échangé un mot civil par la suite, et un capitaine des Antilles, chargé de trouver un tuteur pour les fils d'un gentilhomme à la Barbade, l'a rencontré par hasard et a accepté de l'y emmener. Il me quitta alors en promettant de me remettre la première somme qu'il recevrait pour acquitter la dette, mais je n'ai jamais entendu parler de lui par la suite. L'effraction de cet argent de Vernon a été l'une des premières grandes erreurs de ma vie ; et cette affaire a montré que mon père n'avait pas trop tort lorsqu'il me supposait trop jeune pour gérer des affaires importantes. Mais Sir William, en lisant sa lettre, a dit qu'il était trop prudent. Il y avait de grandes différences entre les personnes, et la discrétion n'accompagne pas toujours les années, pas plus que la jeunesse n'en est toujours dépourvue. "Et puisqu'il ne veut pas vous installer, dit-il, je le ferai moi-même. Faites-moi l'inventaire des choses nécessaires à obtenir d'Angleterre, et je les enverrai chercher. Vous me rembourserez quand vous le pourrez ; je suis résolu à avoir ici un bon imprimeur, et je suis sûr que vous réussirez." Ces paroles furent prononcées avec une telle apparence de cordialité que je n'eus pas le moindre doute sur ce qu'il voulait dire. J'avais jusqu'à présent gardé secrète à Philadelphie la proposition de mon installation, et je la gardais encore. Si l'on avait su que je dépendais du gouverneur, un ami qui le connaissait mieux m'aurait probablement conseillé de ne pas m'en remettre à lui, car j'ai appris par la suite qu'il était connu pour faire des promesses qu'il ne voulait jamais tenir. Pourtant, bien que je ne l'aie pas sollicité, comment aurais-je pu penser que ses offres généreuses n'étaient pas sincères ? Je le croyais l'un des meilleurs hommes du monde. Je lui ai présenté l'inventaire d'une petite imprimerie, qui s'élevait, selon mes calculs, à environ cent livres sterling. Il l'apprécia, mais me demanda si le fait d'être sur place en Angleterre pour choisir les caractères et voir si tout était bon ne pourrait pas présenter quelque avantage. "Puis, dit-il, une fois là-bas, vous pourrez faire des connaissances et établir des correspondances dans le domaine de la librairie et de la papeterie. Je convins que cela pouvait être avantageux. "Alors, me dit-il, préparez-vous à partir avec l'Annis, qui était le navire annuel, et le seul à cette époque à faire la navette entre Londres et Philadelphie. Mais il faudrait quelques mois avant qu'Annis ne parte, et je continuai donc à travailler avec Keimer, me tourmentant pour l'argent que Collins m'avait pris, et craignant chaque jour d'être appelé par Vernon, ce qui, cependant, ne s'est pas produit pendant quelques années après. Je crois que j'ai omis de mentionner que, lors de mon premier voyage depuis Boston, après avoir été bloqués au large de Block Island, nos gens se sont mis à attraper des morues, et en ont remonté un grand nombre. Jusqu'à présent, je m'étais tenu à ma résolution de ne pas manger de nourriture animale, et à cette occasion, je considérais, avec mon maître Tryon, que la prise de chaque poisson était une sorte de meurtre non provoqué, puisqu'aucun d'entre eux ne nous avait fait, ou ne pourrait jamais nous faire, de mal qui pourrait justifier le massacre. Tout cela semblait très raisonnable. Mais j'avais été autrefois un grand amateur de poisson, et quand celui-ci sortait tout chaud de la poêle à frire, il sentait admirablement bon. J'ai balancé quelque temps entre le principe et l'inclination, jusqu'à ce que je me souvienne que, lorsque les poissons étaient ouverts, je voyais des poissons plus petits sortis de leur estomac ; alors j'ai pensé : " Si vous vous mangez les uns les autres, je ne vois pas pourquoi nous ne pourrions pas vous manger ". J'ai donc mangé de la morue de bon cœur, et j'ai continué à manger avec d'autres personnes, ne revenant que de temps en temps à un régime végétal. C'est une chose si commode que d'être une créature raisonnable, puisque cela nous permet de trouver ou d'inventer une raison pour tout ce que nous avons l'intention de faire.

[30] Temple Franklin a considéré cette figure spécifique comme vulgaire et l'a changée en "regarda avec étonnement".

[31] Pennsylvanie et Delaware.

[32] Un peep-show dans une boîte.

[33] Il n'y avait pas de monnaies dans les colonies, de sorte que la monnaie métallique était d'origine étrangère et n'était pas aussi courante que le papier-monnaie, qui était imprimé en grande quantité en Amérique, même en petites coupures.

[34] Le dollar espagnol est à peu près équivalent à notre dollar.

Chapitre 5 : Premiers amis à Philadelphie

EIMER et moi vivions sur un terrain assez familier, et nous nous entendions assez bien, car il ne soupçonnait rien de mon installation. Il conservait une grande partie de ses anciens enthousiasmes et aimait l'argumentation. Nous avons donc eu de nombreuses disputes. J'avais l'habitude de le travailler avec ma méthode socratique, et je l'avais si souvent trépané par des questions apparemment si éloignées de tout point que nous avions en main, et qui pourtant, par degrés, le conduisaient au point, et l'amenaient à des difficultés et à des contradictions, que finalement il devint ridiculement prudent, et ne me répondait guère à la question la plus commune, sans demander d'abord : " Qu'avez-vous l'intention d'en déduire ? "Cependant, cela lui donna une si haute opinion de mes capacités dans la voie de la confusion, qu'il me proposa sérieusement d'être son collègue dans un projet qu'il avait de fonder une nouvelle secte. Il devait prêcher les doctrines, et je devais confondre tous les opposants. Lorsqu'il vint s'expliquer avec moi sur les doctrines, je trouvai plusieurs énigmes auxquelles je m'opposai, à moins que je ne puisse avoir un peu plus de liberté et introduire quelques-unes des miennes. Keimer portait sa barbe de toute sa longueur, car quelque part dans la loi mosaïque il est dit : "Tu n'entailleras pas les coins de ta barbe." Il observait également le sabbat du septième jour, et ces deux points étaient essentiels pour lui. Je n'aimais pas les deux, mais je consentis à les admettre à condition qu'il adopte la doctrine de ne pas utiliser de nourriture animale. "Je doute, me dit-il, que ma constitution ne le supporte pas." Je lui ai assuré qu'elle le supporterait, et qu'il s'en porterait mieux. Il était habituellement un grand glouton, et je me suis promis de me divertir en l'affamant à moitié. Il a accepté d'essayer la pratique, si je lui tenais compagnie. C'est ce que j'ai fait, et nous l'avons fait pendant trois mois. Nos victuailles étaient préparées et nous étaient apportées régulièrement par une femme du voisinage, qui avait reçu de moi une liste de quarante plats, à préparer pour nous à différents moments, dans lesquels il n'y avait ni poisson, ni chair, ni volaille, et le caprice me convenait mieux à cette époque en raison de son bon marché, ne nous coûtant pas plus de dix-huit pence sterling par semaine. J'ai depuis continué à faire ce régime très strictement, abandonnant le régime commun pour celui-là, et celui-ci pour le commun, brusquement, sans le moindre inconvénient, de sorte que je pense qu'il n'y a pas grand-chose à conseiller pour faire ces changements par gradations faciles. J'ai continué agréablement, mais le pauvre Keimer a beaucoup souffert, il s'est fatigué du projet, il a eu envie des pots de viande de l'Égypte, et il a commandé un cochon rôti. Il nous invita à dîner avec lui, moi et deux amies, mais comme le cochon fut apporté trop tôt sur la table, il ne put résister à la tentation et le mangea entièrement avant notre arrivée. Pendant ce temps, j'avais fait la cour à Mlle Read. J'avais beaucoup de respect et d'affection pour elle, et j'avais des raisons de croire qu'elle en avait autant pour moi ; mais, comme j'étais sur le point de faire un long voyage, et que nous étions tous deux très jeunes, à peine plus de dix-huit ans, sa mère a jugé plus prudent de nous empêcher d'aller trop loin pour le moment, car un mariage, s'il devait avoir lieu, serait plus commode après mon retour, lorsque je serais, comme je le prévoyais, installé dans mes affaires. Peut-être aussi pensait-elle que mes attentes n'étaient pas aussi fondées que je l'imaginais. Mes principales connaissances à cette époque étaient Charles Osborne, Joseph Watson et James Ralph, tous amateurs de lecture. Les deux premiers étaient les employés d'un éminent écrivain ou agent immobilier de la ville, Charles Brockden ; l'autre était l'employé d'un marchand. Watson était un jeune homme pieux, sensible et d'une grande intégrité ; les autres étaient un peu plus laxistes dans leurs principes religieux, en particulier Ralph, qui, tout comme Collins, avait été déstabilisé par moi, ce dont ils me faisaient souffrir tous les deux.

Osborne était sensible, candide, franc, sincère et affectueux envers ses amis, mais, en matière littéraire, il aimait trop à critiquer. Ralph était ingénieux, de bonnes manières et extrêmement éloquent ; je crois n'avoir jamais connu de plus beau parleur. Tous deux étaient de grands admirateurs de la poésie, et commencèrent à s'essayer à la composition de petites pièces. Nous avons fait de nombreuses et agréables promenades tous les quatre le dimanche dans les bois, près de Schuylkill, où nous nous lisions les uns aux autres, et nous conférions sur ce que nous lisions.

RALPH ÉTAIT ENCLIN à poursuivre l'étude de la poésie, ne doutant pas qu'il pourrait y devenir éminent et faire fortune grâce à elle, affirmant que les meilleurs poètes devaient, lorsqu'ils commençaient à écrire, faire autant de fautes que lui. Osborne l'en dissuada, lui assura qu'il n'avait pas le génie de la poésie, et lui conseilla de ne penser à rien d'autre qu'aux affaires auxquelles il avait été formé ; que, dans le commerce, bien qu'il n'eût pas de stock, il pourrait, par sa diligence et sa ponctualité, se recommander pour être employé comme facteur, et avec le temps acquérir de quoi faire du commerce à son propre compte ! J'approuvais l'idée de s'amuser avec la poésie de temps en temps, jusqu'à ce que l'on améliore sa langue, mais pas plus. Sur ce, il a été proposé que chacun de nous, lors de notre prochaine réunion, produise un morceau de sa propre composition, afin de l'améliorer par nos observations, critiques et corrections mutuelles. Comme le langage et l'expression étaient ce que nous avions en vue, nous avons exclu toute considération d'invention en convenant que la tâche serait une version du dix-huitième psaume, qui décrit la descente d'une divinité. Lorsque l'heure de notre rencontre a approché, Ralph m'a appelé en premier, et m'a fait savoir que sa pièce était prête. Je lui ai dit que j'avais été occupé et que je n'avais rien fait. Il me montra alors sa pièce pour avoir mon avis, et je l'approuvai beaucoup, car elle me parut avoir beaucoup de mérite. "Maintenant, dit-il, Osborne ne veut jamais admettre le moindre mérite dans mes œuvres, mais fait mille critiques par simple envie. Il n'est pas aussi jaloux de vous ; je souhaite donc que vous preniez cette pièce et que vous la produisiez comme la vôtre ; je prétendrai ne pas avoir eu le temps, et ne produirai donc rien. Nous verrons alors ce qu'il en dira." C'est ce qui fut convenu, et je l'ai immédiatement transcrit, afin qu'il apparaisse de ma propre main. Nous nous sommes réunis ; la représentation de Watson a été lue ; elle comportait quelques beautés, mais beaucoup de défauts. Celle d'Osborne a été lue ; elle était bien meilleure ; Ralph lui a rendu justice ; il a remarqué quelques défauts, mais a applaudi les beautés. Il n'avait lui-même rien à produire. J'étais en retard ; je semblais vouloir être excusé ; je n'avais pas eu le temps de corriger, etc. ; mais aucune excuse ne pouvait être admise ; je devais produire. Elle fut lue et répétée ; Watson et Osborne abandonnèrent la compétition et se joignirent aux applaudissements. Ralph n'a fait que quelques critiques et proposé quelques amendements, mais j'ai défendu mon texte. Osborne était contre Ralph, et lui a dit qu'il n'était pas meilleur critique que poète, alors il a laissé tomber la dispute. Comme ils rentraient ensemble chez eux, Osborne s'exprima encore plus fortement en faveur de ce qu'il pensait être ma production, s'étant retenu auparavant, comme il le dit, de peur que je ne pense que c'était de la flatterie. "Mais qui aurait imaginé, dit-il, que Franklin était capable d'une telle performance ; une telle peinture, une telle force, un tel feu ! Il a même improvisé l'original. Dans sa conversation courante, il semble n'avoir pas le choix des mots ; il hésite et fait des gaffes ; et pourtant, bon Dieu ! comme il écrit !" Lors de notre prochaine rencontre, Ralph découvrit le tour que nous lui avions joué, et Osborne fut un peu moqué. Cette transaction a fixé Ralph dans sa résolution de devenir un poète. J'ai fait tout ce que j'ai pu pour l'en dissuader, mais il a continué à griffonner des vers jusqu'à ce qu'il en guérisse. Il devint, cependant, un assez bon prosateur. Nous en reparlerons plus loin. Mais, comme je n'aurai peut-être plus l'occasion de mentionner les deux autres, je me contenterai de faire remarquer ici que Watson est mort dans mes bras quelques années plus tard, très regretté, car il était le meilleur de notre groupe. Osborne est allé aux Antilles, où il est devenu un éminent avocat et a gagné de l'argent, mais il est mort jeune. Lui et moi avions conclu un accord sérieux, selon lequel celui qui mourrait le premier devrait, si possible, rendre une visite amicale à l'autre, et le mettre au courant de comment il trouvait les choses dans cet état séparé. Mais il n'a jamais tenu sa promesse.

[35] "Dans l'une des dernières éditions du Dunciad, on trouve les lignes suivantes : "Silence, loups !" "Ralph hurle à Cynthia. et rend la nuit hideuse - répondez-lui, vous les hiboux". Le poète ajoute à cela la note suivante : James Ralph, un nom inséré après les premières éditions, inconnu jusqu'à ce qu'il écrive un juron appelé Sawney, très injurieux à l'égard du Dr Swift, de M. Gay et de moi-même ".

Chapitre 6 : Première visite à Londres

Le gouverneur, qui semblait apprécier ma compagnie, me recevait fréquemment chez lui, et son installation était toujours mentionnée comme une chose déterminée. Je devais emporter avec moi des lettres de recommandation à un certain nombre de ses amis, en plus de la lettre de crédit qui devait me fournir l'argent nécessaire à l'achat de la presse, des caractères, du papier, etc. Pour ces lettres, on m'a donné rendez-vous à plusieurs reprises lorsqu'elles devaient être prêtes ; mais un temps futur a toujours été nommé. Il continua ainsi jusqu'à ce que le navire, dont le départ avait lui aussi été plusieurs fois reporté, soit sur le point d'appareiller. Alors, lorsque j'ai appelé pour prendre congé et recevoir les lettres, son secrétaire, le Dr Bard, est venu me voir et m'a dit que le gouverneur était extrêmement occupé à écrire, mais qu'il serait à Newcastle, avant le navire, et que là, les lettres me seraient remises. Ralph, bien que marié et ayant un enfant, avait décidé de m'accompagner dans ce voyage. On pensait qu'il avait l'intention d'établir une correspondance et d'obtenir des marchandises à vendre à la commission, mais j'ai appris par la suite que, mécontent des parents de sa femme, il avait l'intention de la laisser entre leurs mains et de ne plus jamais revenir. Après avoir pris congé de mes amis et échangé quelques promesses avec Mlle Read, j'ai quitté Philadelphie à bord du navire, qui a jeté l'ancre à Newcastle. Le gouverneur était là, mais lorsque je me rendis à son logement, le secrétaire vint me voir de sa part avec le message le plus courtois du monde, disant qu'il ne pouvait pas me voir à ce moment-là, étant engagé dans des affaires de la plus haute importance, mais qu'il devait m'envoyer les lettres à bord, me souhaitant de tout cœur un bon voyage et un retour rapide, etc. Je suis retourné à bord un peu perplexe, mais toujours sans douter. M. Andrew Hamilton, un célèbre avocat de Philadelphie, avait pris place sur le même navire pour lui-même et son fils, et avec M. Denham, un marchand quaker, et Messieurs Onion et Russel, maîtres d'une usine de fer dans le Maryland, ils avaient occupé la grande cabine ; de sorte que Ralph et moi avons été obligés de prendre une couchette dans l'entrepont, et personne à bord ne nous connaissant, nous étions considérés comme des personnes ordinaires. Mais M. Hamilton et son fils (il s'agissait de James, depuis gouverneur) sont retournés de Newcastle à Philadelphie, le père ayant été rappelé par une grande commission pour plaider en faveur d'un navire saisi ; et, juste avant le départ, le colonel French est monté à bord et m'a témoigné un grand respect, ce qui m'a valu d'être remarqué et, avec mon ami Ralph, d'être invité par les autres messieurs à entrer dans la cabine, car il y avait de la place. En conséquence, nous nous y sommes rendus. Comprenant que le colonel French avait apporté à bord les dépêches du gouverneur, je demandai au capitaine les lettres qui devaient être sous ma garde. Il m'a répondu qu'elles étaient toutes dans le même sac et qu'il ne pouvait pas les consulter, mais qu'avant notre arrivée en Angleterre, j'aurais l'occasion de les récupérer ; j'étais donc satisfait pour le moment et nous avons poursuivi notre voyage. Nous étions en bonne compagnie dans la cabine, et nous vivions exceptionnellement bien, grâce à l'apport de tous les magasins de M. Hamilton, qui avait fait des provisions abondantes. Au cours de ce passage, M. Denham contracta pour moi une amitié qui dura toute sa vie. Le voyage n'a pas été très agréable, car nous avons eu beaucoup de mauvais temps. Lorsque nous sommes entrés dans la Manche, le capitaine a tenu sa parole et m'a donné l'occasion d'examiner le sac pour y trouver les lettres du gouverneur. Je n'en trouvai aucune sur laquelle mon nom était inscrit comme étant sous ma responsabilité. J'en ai choisi six ou sept qui, d'après l'écriture, me semblaient être les lettres promises, d'autant plus que l'une d'elles était adressée à Basket, l'imprimeur du roi, et une autre à un papetier. Nous sommes arrivés à Londres le 24 décembre 1724.

J'ai attendu le papetier, qui s'est présenté le premier sur mon chemin, me remettant la lettre que je pensais être du gouverneur Keith. "Je ne connais pas cette personne", me dit-il, mais en ouvrant la lettre, "Oh ! c'est de Riddlesden. J'ai découvert récemment qu'il était un parfait coquin, et je ne veux rien avoir à faire avec lui ni recevoir aucune lettre de lui." Et, me remettant la lettre dans la main, il tourna les talons et me laissa pour servir quelques clients. Je fus surpris de constater que ce n'était pas la lettre du gouverneur ; et, après m'être remémoré et avoir comparé les circonstances, je commençai à douter de sa sincérité. J'ai trouvé mon ami Denham, et lui ai ouvert toute l'affaire.

Il m'a fait connaître le caractère de Keith ; il m'a dit qu'il n'y avait pas la moindre probabilité qu'il ait écrit des lettres pour moi ; que personne, qui le connaissait, n'avait la moindre dépendance à son égard ; et il a ri de l'idée que le gouverneur me donne une lettre de crédit, n'ayant, comme il l'a dit, aucun crédit à donner. Comme j'exprimais quelque inquiétude sur ce que je devais faire, il me conseilla de m'efforcer de trouver un emploi dans le cadre de mes affaires. "Parmi les imprimeurs d'ici, dit-il, vous vous améliorerez, et quand vous retournerez en Amérique, vous vous installerez avec plus d'avantages.

" NOUS SAVIONS TOUS les deux, ainsi que le papetier, que Riddlesden, l'avocat, était un vrai filou."

Il avait à moitié ruiné le père de Miss Read en le persuadant de se lier à lui. D'après cette lettre, il semble qu'un plan secret ait été mis en place au détriment d'Hamilton (supposé venir avec nous) et que Keith y soit mêlé avec Riddlesden. Denham, qui était un ami d'Hamilton, pensa qu'il devait en prendre connaissance ; ainsi, lorsqu'il arriva en Angleterre, peu de temps après, en partie par ressentiment et par mauvaise volonté envers Keith et Riddlesden, et en partie par bonne volonté envers lui, je lui rendis visite et lui donnai la lettre. Il m'a remercié chaleureusement, l'information étant importante pour lui ; et à partir de ce moment-là, il est devenu mon ami, ce qui m'a grandement servi par la suite en de nombreuses occasions. Mais que penser d'un gouverneur qui joue des tours aussi pitoyables, et qui s'impose si grossièrement à un pauvre garçon ignorant ! C'était une habitude qu'il avait prise. Il voulait plaire à tout le monde ; et, ayant peu à donner, il donnait des espérances. C'était par ailleurs un homme ingénieux et sensé, un assez bon écrivain, et un bon gouverneur pour le peuple, mais pas pour ses électeurs, les propriétaires, dont il négligeait parfois les instructions. Plusieurs de nos meilleures lois ont été élaborées par lui et adoptées sous son administration. Ralph et moi étions des compagnons inséparables. Nous nous sommes logés ensemble à Little Britain [36] pour trois shillings et six pence par semaine - autant que nous pouvions nous le permettre à l'époque. Il a trouvé quelques parents, mais ils étaient pauvres et incapables de l'aider. Il m'a alors fait part de ses intentions de rester à Londres, et qu'il n'avait jamais eu l'intention de retourner à Philadelphie. Il n'avait apporté aucun argent avec lui, tout ce qu'il avait pu rassembler ayant été dépensé pour payer son passage.

J'avais quinze pistoles [37] ; il m'emprunta donc de temps en temps pour subsister, pendant qu'il cherchait à faire des affaires. Il s'efforça d'abord d'entrer au théâtre, se croyant qualifié pour être acteur ; mais Wilkes [38], à qui il s'adressa, lui conseilla franchement de ne pas songer à cet emploi, car il était impossible qu'il y réussît. Il proposa ensuite à Roberts, un éditeur de Paternoster Row [39], d'écrire pour lui un hebdomadaire comme le Spectator, à certaines conditions, que Roberts n'approuva pas. Il s'est ensuite efforcé de trouver un emploi d'écrivain ambulant, pour copier pour les papeteries et les avocats autour du Temple [40], mais n'a pu trouver aucune place vacante. J'ai immédiatement commencé à travailler chez Palmer, alors une célèbre imprimerie dans Bartholomew Close, et j'y ai travaillé pendant près d'un an. J'étais assez assidu, mais je dépensais avec Ralph une bonne partie de mes gains pour aller au théâtre et dans d'autres lieux de divertissement. Nous avions consommé ensemble toutes mes pistoles, et nous ne faisions plus que nous frotter les mains et la bouche. Il semblait avoir oublié sa femme et son enfant, et moi, par degrés, mes engagements avec Miss Read, à qui je n'ai jamais écrit plus d'une lettre, et c'était pour lui faire savoir que je n'étais pas près de revenir. C'était une autre des grandes erreurs de ma vie, que je voudrais corriger si je devais la revivre. En fait, à cause de nos dépenses, j'étais constamment dans l'incapacité de payer mon passage. Chez Palmer, j'ai été employé à composer pour la deuxième édition de la "Religion of Nature" de Wollaston. Certains de ses raisonnements ne me semblant pas fondés, j'ai écrit une petite pièce métaphysique dans laquelle je faisais des remarques à leur sujet. Il s'intitulait "A Dissertation on Liberty and Necessity, Pleasure and Pain". Je l'ai adressé à mon ami Ralph et j'en ai imprimé un petit nombre. Cela m'a valu d'être considéré par M. Palmer comme un jeune homme d'une certaine ingéniosité, bien qu'il ait sérieusement discuté avec moi des principes de mon pamphlet, qui lui paraissaient abominables. L'impression de ce pamphlet était un autre erratum. Pendant que je logeais à Little Britain, j'ai fait la connaissance d'un certain Wilcox, un libraire, dont la boutique se trouvait à côté. Il possédait une immense collection de livres d'occasion. Les bibliothèques circulantes n'existaient pas encore à l'époque, mais nous avons convenu qu'à certaines conditions raisonnables, que j'ai maintenant oubliées, je pourrais prendre, lire et rendre n'importe lequel de ses livres. J'estimais que c'était un grand avantage, et j'en faisais le plus grand usage possible. Mon pamphlet tomba par hasard entre les mains d'un certain Lyons, chirurgien, auteur d'un livre intitulé "The Infallibility of Human Judgment", ce qui nous permit de faire connaissance. Il me remarqua beaucoup, m'appela souvent pour converser sur ces sujets, me conduisit au Horns, une brasserie de bière blonde à Lane, Cheapside, et me présenta au Dr Mandeville, auteur de la "Fable des abeilles", qui avait là un club dont il était l'âme, et qui était un compagnon des plus facétieux et divertissants. Lyons m'a également présenté au Dr Pemberton, au café Batson, qui m'a promis de me donner l'occasion, un jour ou l'autre, de voir Sir Isaac Newton, ce que je désirais énormément, mais cela ne s'est jamais produit. J'avais apporté quelques curiosités, dont la principale était une bourse faite d'amiante, qui se purifie par le feu. Sir Hans Sloane, qui en a entendu parler, est venu me voir et m'a invité dans sa maison de Bloomsbury Square, où il m'a montré toutes ses curiosités et m'a persuadé de lui permettre d'ajouter celle-ci au nombre, ce pour quoi il m'a généreusement payé. Dans notre maison logeait une jeune femme, une modiste, qui, je crois, avait une boutique dans les Cloîtres. Elle avait été élevée avec soin, était sensible et vive, et d'une conversation des plus agréables. Ralph lui lisait des pièces le soir, ils devinrent intimes, elle prit un autre logement, et il la suivit. Ils vécurent ensemble quelque temps ; mais, comme il n'avait toujours pas d'affaires, et que ses revenus ne suffisaient pas à les entretenir avec son enfant, il prit la résolution de quitter Londres pour essayer de trouver une école de campagne, ce qu'il se croyait bien qualifié pour entreprendre, car il écrivait d'une excellente main, et maîtrisait l'arithmétique et les comptes. Cependant, il considérait que c'était là une activité indigne de lui, et, confiant en une meilleure fortune future, lorsqu'il ne voudrait pas que l'on sache qu'il avait été autrefois employé de façon aussi mesquine, il changea de nom et me fit l'honneur de prendre le mien ; car peu après, je reçus une lettre de lui, m'apprenant qu'il était installé dans un petit village (dans le Berkshire, je crois, où il enseignait la lecture et l'écriture à dix ou douze garçons, à raison de six pence par semaine), recommandant Mme T.... à mes soins, et désirant que je lui écrive, en lui indiquant M. Franklin, maître d'école, à cet endroit. Il continua à écrire fréquemment, m'envoyant de grands spécimens d'un poème épique qu'il composait alors, et souhaitant mes remarques et corrections. Je les lui donnais de temps en temps, mais je m'efforçais plutôt de le décourager. L'une des satires de Young [41] venait alors d'être publiée. J'en ai copié et envoyé une grande partie, qui mettait en lumière la folie de poursuivre les Muses avec l'espoir d'en tirer profit. Tout fut vain ; des feuilles de poèmes continuèrent à arriver par toutes les postes.

Pendant ce temps, Mme T...., ayant perdu à cause de lui ses amis et ses affaires, était souvent dans la détresse, et avait l'habitude de m'envoyer chercher et de m'emprunter ce que je pouvais pour l'aider à s'en sortir. J'aimais beaucoup sa compagnie et, n'étant alors soumis à aucune contrainte religieuse et présumant de l'importance que j'avais pour elle, je tentai des familiarités (autre erreur) qu'elle repoussa avec un ressentiment approprié et l'informa de ma conduite. Cela a créé une rupture entre nous et, lorsqu'il est retourné à Londres, il m'a fait savoir qu'il pensait que j'avais annulé toutes les obligations qu'il avait envers moi. J'ai donc découvert que je ne devais jamais m'attendre à ce qu'il me rembourse ce que je lui prêtais ou avançais pour lui. Cependant, cela n'avait pas beaucoup d'importance à l'époque, car il était totalement incapable de le faire, et la perte de son amitié m'a soulagé d'un fardeau. Je commençai alors à penser à gagner un peu d'argent à l'avance et, espérant un meilleur travail, je quittai Palmer pour travailler chez Watts, près de Lincoln's Inn Fields, une imprimerie encore plus importante.[42] C'est là que j'ai passé tout le reste de mon séjour à Londres. Dès mon entrée dans cette imprimerie, je me suis mis à travailler à la presse, pensant que j'avais besoin de l'exercice corporel auquel j'avais été habitué en Amérique, où le travail à la presse est mêlé à la composition. Je ne buvais que de l'eau ; les autres ouvriers, au nombre de cinquante environ, étaient de grands buveurs de bière. Il m'est arrivé de monter et de descendre les escaliers avec une grande forme de caractères dans chaque main, alors que d'autres n'en portaient qu'une dans les deux mains.

Ils s'étonnaient de voir, à partir de ce cas et de plusieurs autres, que l'Américain des Eaux, comme ils m'appelaient, était plus fort qu'eux, qui buvaient de la bière forte ! Nous avions un garçon de brasserie qui était toujours présent dans la maison pour approvisionner les ouvriers. Mon compagnon de travail buvait chaque jour une pinte avant le petit-déjeuner, une pinte au petit-déjeuner avec son pain et son fromage, une pinte entre le petit-déjeuner et le dîner, une pinte au dîner, une pinte dans l'après-midi vers six heures, et une autre lorsqu'il avait terminé sa journée de travail. Je trouvais cette coutume détestable, mais il était nécessaire, supposait-il, de boire de la bière forte, afin d'être fort pour travailler. Je m'efforçai de le convaincre que la force corporelle procurée par la bière ne pouvait être que proportionnelle au grain ou à la farine d'orge dissous dans l'eau dont elle était faite ; qu'il y avait plus de farine dans un sou de pain ; et que, par conséquent, s'il mangeait cela avec une pinte d'eau, cela lui donnerait plus de force qu'une pinte de bière. Mais il continuait à boire, et il avait quatre ou cinq shillings à payer sur son salaire, chaque samedi soir, pour cette liqueur de boue, une dépense dont j'étais dispensé. Et c'est ainsi que ces pauvres diables se maintiennent toujours en dessous.

"J'ai pris l'habitude de travailler dans la presse"

WATTS, APRÈS QUELQUES semaines, désirant m'avoir dans la salle de composition [43], je quittai les pressiers et un nouveau bienvenu ou somme pour boire, de cinq shillings, me fut réclamé par les compositeurs. J'estimai que c'était une imposition, puisque j'avais payé en dessous ; le maître le pensa aussi, et me défendit de la payer. Je m'absentai deux ou trois semaines, je fus en conséquence considéré comme excommunié, et on me fit tant de petites malices privées, en mélangeant mes sortes, en transposant mes pages, en brisant ma matière, etc., si je sortais un tant soit peu de la pièce, et tout cela était attribué au fantôme de la chapelle, qui, disait-on, hantait toujours ceux qui n'étaient pas admis à la régulière, que, malgré la protection du maître, je me suis trouvé obligé de m'y soumettre et de payer l'argent, convaincu de la folie d'être en mauvais termes avec ceux avec qui on doit vivre continuellement. J'étais maintenant sur un pied d'égalité avec eux, et j'ai rapidement acquis une influence considérable. Je proposai quelques modifications raisonnables à leurs lois sur la chapelle [44] et les fis adopter contre toute opposition. Grâce à mon exemple, une grande partie d'entre eux abandonnèrent leur petit déjeuner bourbeux composé de bière, de pain et de fromage, car ils trouvèrent qu'ils pouvaient, avec moi, être approvisionnés par une maison voisine avec une grande cruche d'eau chaude, saupoudrée de poivre, de pain et d'un peu de beurre, pour le prix d'une pinte de bière, c'est-à-dire trois demi-pence. C'était un petit déjeuner plus confortable et moins cher, qui leur permettait de garder la tête plus claire. Ceux qui continuaient à boire de la bière toute la journée n'avaient souvent plus de crédit à la brasserie parce qu'ils ne payaient pas, et ils devaient faire des intérêts auprès de moi pour obtenir de la bière ; leur lumière, comme ils disaient, était éteinte. Je surveillais la table de paie le samedi soir, et je percevais ce que je m'étais engagé à payer pour eux, devant parfois payer près de trente shillings par semaine sur leurs comptes. Ceci, et le fait que j'étais considéré comme un assez bon joker, c'est-à-dire un satiriste verbal et plaisantin, ont favorisé mon importance dans la société. Mon assiduité constante (je n'ai jamais fait de saint lundi) [45] m'a recommandé au maître ; et ma rapidité peu commune à composer a fait qu'on m'a confié tous les travaux d'expédition, qui étaient généralement mieux payés. Je continuai donc à vivre très agréablement. Mon logement à Little Britain étant trop éloigné, j'en ai trouvé un autre dans Duke-street, en face de la chapelle romaine. C'était à deux paires d'escaliers en arrière, dans un entrepôt italien. Une dame veuve tenait la maison ; elle avait une fille, une servante et un compagnon qui travaillait à l'entrepôt, mais logeait à l'étranger. Après avoir envoyé s'enquérir de mon caractère à la maison où j'avais logé la dernière fois, elle accepta de me prendre au même tarif, 3shillings et 6 pence. par semaine ; moins cher, comme elle l'a dit, en raison de la protection qu'elle attendait de la présence d'un homme dans la maison. C'était une veuve, une femme âgée ; elle avait été élevée dans la religion protestante, étant la fille d'un ecclésiastique, mais elle avait été convertie à la religion catholique par son mari, dont elle vénérait beaucoup la mémoire ; elle avait beaucoup vécu parmi les gens de distinction, et elle connaissait mille anecdotes sur eux, depuis l'époque de Charles II. Elle était boiteuse aux genoux à cause de la goutte, et, par conséquent, sortait rarement de sa chambre, et avait donc parfois besoin de compagnie ; et la sienne m'amusait tellement que j'étais sûr de passer une soirée avec elle quand elle le désirait. Notre souper ne consistait qu'en un demi-anchois chacun, sur une toute petite tranche de pain et de beurre, et une demi-pinte de bière à nous deux ; mais le divertissement était dans sa conversation. Comme je faisais toujours de bonnes heures et que je ne causais que peu d'ennuis à la famille, elle ne voulait pas se séparer de moi, si bien que, lorsque je lui parlai d'un logement dont j'avais entendu parler, plus proche de mon commerce, pour deux shillings par semaine, ce qui, vu mon intention d'économiser de l'argent, faisait une certaine différence, elle me dit de ne pas y penser, car elle me réduirait de deux shillings par semaine à l'avenir ; je restai donc avec elle à un shilling et six pence aussi longtemps que je restai à Londres. Dans une mansarde de sa maison vivait une demoiselle de soixante-dix ans, de la manière la plus retirée, dont ma logeuse me fit le récit suivant : elle était catholique romaine, avait été envoyée à l'étranger dans sa jeunesse, et logée dans un couvent avec l'intention de devenir religieuse ; mais, le pays ne lui convenant pas, elle revint en Angleterre, où il n'y avait pas de couvent, elle avait fait vœu de mener la vie d'une religieuse, autant qu'on pouvait le faire dans ces circonstances. En conséquence, elle avait donné tous ses biens à des fins charitables, ne réservant que douze livres par an pour vivre, et de cette somme, elle donnait encore beaucoup en charité, ne vivant que de gruau d'eau, et n'utilisant pas de feu sauf pour le faire bouillir. Elle avait vécu de nombreuses années dans cette mansarde, les locataires catholiques successifs de la maison du dessous lui ayant permis d'y rester gratuitement, car ils considéraient que c'était une bénédiction de l'avoir là. Un prêtre lui rendait visite pour la confesser chaque jour. "Je lui ai demandé, dit ma logeuse, comment elle pouvait, étant donnée la manière dont elle vivait, trouver autant d'emploi pour un confesseur ? "Oh," dit-elle, "il est impossible d'éviter les pensées vaines." On m'a permis de lui rendre visite une fois. Elle était gaie et polie, et conversait agréablement. La chambre était propre, mais n'avait d'autre mobilier qu'un matelas, une table avec un crucifix et un livre, un tabouret sur lequel elle me donna à m'asseoir, et un tableau au-dessus de la cheminée représentant Sainte Véronique exhibant son mouchoir, avec la figure miraculeuse du visage du Christ en sang [46], qu'elle m'expliqua avec beaucoup de sérieux. Elle avait l'air pâle, mais n'a jamais été malade ; et je le donne comme un autre exemple de la façon dont on peut soutenir la vie et la santé avec un petit revenu. À l'imprimerie de Watts, j'ai fait la connaissance d'un jeune homme ingénieux, un certain

Wygate, qui, ayant de riches relations, avait été mieux éduqué que la plupart des imprimeurs ; il était un latiniste acceptable, parlait français et aimait la lecture. Je lui ai appris, ainsi qu'à un de ses amis, à nager à deux reprises dans la rivière, et ils sont rapidement devenus de bons nageurs. Ils me présentèrent à quelques messieurs du pays, qui allaient à Chelsea par eau pour voir le collège et les curiosités de Don Saltero. [47] À notre retour, à la demande de la compagnie, dont Wygate avait excité la curiosité, je me déshabillai et sautai dans la rivière, et nageai des environs de Chelsea jusqu'à Blackfriar's [48], accomplissant en chemin de nombreuses prouesses, tant sur l'eau que sous l'eau, qui surprirent et réjouirent ceux à qui elles étaient nouvelles. Depuis mon enfance, j'avais toujours été enchanté par cet exercice, j'avais étudié et pratiqué tous les mouvements et toutes les positions de Thévenot, et j'y avais ajouté quelques-unes des miennes, en visant à la fois la grâce et la facilité et l'utilité. J'ai profité de l'occasion pour exposer tout cela à la compagnie, et j'ai été très flatté par leur admiration ; et Wygate, qui désirait devenir un maître, s'attachait de plus en plus à moi à cause de cela, ainsi que de la similitude de nos études. Il me proposa finalement de voyager ensemble dans toute l'Europe, et de subvenir partout à nos besoins en travaillant à nos affaires. J'y étais autrefois enclin ; mais, en en parlant à mon bon ami M. Denham, avec qui je passais souvent une heure quand j'avais du temps libre, il m'en a dissuadé, me conseillant de ne penser qu'à retourner en Pennsylvanie, ce qu'il était sur le point de faire. Je dois noter un trait du caractère de ce brave homme. Il était auparavant dans les affaires à Bristol, mais s'étant endetté auprès d'un certain nombre de personnes, il s'arrangea et partit pour l'Amérique. Là, en s'appliquant à faire des affaires en tant que marchand, il a acquis une grande fortune en quelques années. De retour en Angleterre sur le navire qui m'accompagnait, il invita ses anciens créanciers à une réception, au cours de laquelle il les remercia pour la composition facile dont ils l'avaient gratifié, et, alors qu'ils ne s'attendaient à rien d'autre qu'à un traitement de faveur, chacun trouva sous son assiette un ordre donné à un banquier pour le montant total du solde impayé avec les intérêts. Il me dit alors qu'il était sur le point de retourner à Philadelphie, et qu'il devait emporter une grande quantité de marchandises afin d'y ouvrir un magasin. Il me proposa de me prendre comme commis, pour tenir ses livres, dans lesquels il m'instruirait, copierait ses lettres, et s'occuperait du magasin. Il ajouta que, dès que je serais familiarisé avec les affaires mercantiles, il me donnerait de l'avancement en m'envoyant aux Antilles avec une cargaison de farine, de pain, etc., et me procurerait des commissions d'autres personnes qui seraient profitables. La chose m'a plu, car j'étais fatigué de Londres, je me souvenais avec plaisir des mois heureux que j'avais passés en Pennsylvanie, et je souhaitais la revoir. J'ai donc immédiatement accepté les conditions de cinquante livres par an [49] monnaie de la Pennsylvanie ; moins, en effet, que ce que je gagnais actuellement comme compositeur, mais offrant de meilleures perspectives. Je pris alors congé de l'imprimerie, comme je le pensais, pour toujours, et je m'employai quotidiennement à ma nouvelle activité, allant avec M. Denham parmi les commerçants pour acheter divers articles, et les voyant emballés, faisant des courses, appelant des ouvriers pour les expédier, etc. ; et, quand tout était à bord, j'avais quelques jours de loisir. Un de ces jours, à ma grande surprise, un grand homme que je ne connaissais que de nom, un certain Sir William Wyndham, m'envoya chercher et je le servis. Il avait entendu parler, par un moyen ou un autre, du fait que j'avais nagé de Chelsea à Blackfriars et que j'avais appris à Wygate et à un autre jeune homme à nager en quelques heures. Il avait deux fils, sur le point de partir en voyage ; il souhaitait qu'ils apprennent d'abord à nager, et se proposait de me gratifier généreusement si je leur apprenais. Ils n'étaient pas encore arrivés en ville, et mon séjour était incertain, je ne pouvais donc pas l'entreprendre ; mais, d'après cet incident, j'ai pensé qu'il était probable que, si je restais en Angleterre et ouvrais une école de natation, je pourrais gagner beaucoup d'argent ; et cela m'a tellement frappé que, si l'ouverture m'avait été faite plus tôt, je ne serais probablement pas retourné si vite en Amérique. Après de nombreuses années, vous et moi eûmes à faire avec l'un des fils de Sir William Wyndham, devenu comte d'Egremont, quelque chose de plus important, que je mentionnerai à sa place.

C'est ainsi que j'ai passé environ dix-huit mois à Londres ; la plupart du temps, j'ai travaillé dur à mes affaires, et j'ai dépensé très peu pour moi-même, sauf pour voir des pièces et acheter des livres. Mon ami Ralph m'avait maintenu dans la pauvreté ; il me devait environ vingt-sept livres, que je n'allais jamais recevoir ; une somme importante sur mes petits revenus ! Malgré cela, je l'aimais, car il avait beaucoup de qualités aimables. Je n'avais nullement amélioré ma fortune, mais j'avais fait des connaissances très ingénieuses, dont la conversation m'était très utile, et j'avais beaucoup lu.

[36] L'un des plus anciens quartiers de Londres, au nord de la cathédrale Saint-Paul, appelé "Little Britain" parce que les ducs de Bretagne y vivaient. Voir l'essai intitulé "Little Britain" dans le Sketch Book de Washington Irving.

[37] Une pièce d'or valant environ quatre dollars dans notre monnaie.

[38] Un comédien populaire, directeur du Drury Lane Theater.

[39] Rue au nord de St Paul's, occupée par des maisons d'édition.

[40] Écoles de droit et résidences d'avocats situées au sud-ouest de Saint-Paul, entre Fleet Street et la Tamise.

[41] Edward Young (1681-1765), un poète anglais. Voir ses satires, Vol. III, Epist. ii, page 70.

[42] La presse à imprimer sur laquelle Franklin a travaillé est conservée au Bureau des brevets à Washington.

[43] Franklin abandonne alors le fonctionnement des presses à imprimer, qui relève en grande partie du travail manuel, pour se consacrer à la composition des caractères, qui exige plus d'habileté et d'intelligence.

[44] Une imprimerie est appelée chapelle parce que Caxton, le premier imprimeur anglais, faisait ses impressions dans une chapelle liée à l'abbaye de Westminster.

[45] Un congé pris pour prolonger la dissipation du salaire du samedi.

[46] L'histoire raconte qu'elle a rencontré le Christ sur le chemin de la crucifixion et qu'elle lui a offert son mouchoir pour essuyer le sang de son visage, après quoi le mouchoir a toujours porté l'image du visage sanglant du Christ.

[47] James Salter, un ancien serviteur de Hans Sloane, vivait à Cheyne Walk, Chelsea. "Sa maison, un salon de coiffure, était connue sous le nom de 'Don Saltero's Coffee-House'. Les curiosités étaient présentées dans des vitrines et constituaient une collection étonnante et hétéroclite - un crabe pétrifié de Chine, un 'porc lignifié', les larmes de Job, des lances de Madagascar, l'épée flamboyante de Guillaume le Conquérant et la cotte de mailles d'Henri VIII".

[48] Environ trois miles.

[49] Environ 167 dollars.

Chapitre 7 : Débuter une activité à Philadelphie

Je suis parti de Gravesend le 23 juillet 1726. Pour les incidents de ce voyage, je vous renvoie à mon Journal, où vous les trouverez tous minutieusement relatés. La partie la plus importante de ce journal est peut-être le plan [50] que j'y ai formé en mer pour régler ma conduite future dans la vie. Il est d'autant plus remarquable qu'il a été formé alors que j'étais très jeune et qu'il a été respecté assez fidèlement jusqu'à ma vieillesse. Nous avons atterri à Philadelphie le 11 octobre, où j'ai constaté divers changements. Keith n'était plus gouverneur, remplacé par le major Gordon. Je l'ai rencontré marchant dans les rues comme un citoyen ordinaire. Il semblait un peu honteux de me voir, mais il est passé sans rien dire. J'aurais eu autant de honte à voir Miss Read, si ses amis, désespérant de mon retour après la réception de ma lettre, ne l'avaient persuadée d'en épouser un autre, un certain Rogers, un potier, ce qui fut fait en mon absence. Avec lui, cependant, elle ne fut jamais heureuse et se sépara rapidement de lui, refusant de cohabiter avec lui ou de porter son nom, car on dit maintenant qu'il avait une autre femme. C'était un homme sans valeur, bien qu'il soit un excellent ouvrier, ce qui était la tentation de ses amis. Il s'endetta, s'enfuit en 1727 ou 1728, se rendit aux Antilles et y mourut. Keimer avait une meilleure maison, un magasin bien approvisionné en papeterie, beaucoup de nouveaux caractères, un certain nombre de mains, mais aucune bonne, et semblait avoir beaucoup d'affaires. M. Denham prit un magasin dans Water-street, où nous ouvrîmes nos marchandises ; je m'occupai de l'entreprise avec diligence, étudiai les comptes et devins, en peu de temps, expert en vente. Nous logions et prenions pension ensemble ; il me conseillait comme un père, ayant une sincère estime pour moi. Je le respectais et l'aimais, et nous aurions pu continuer à vivre ensemble très heureux ; mais, au début du mois de février 1726/7, alors que je venais de passer ma vingt et unième année, nous fûmes tous deux malades. Ma maladie était une pleurésie qui a failli m'emporter.

J'ai beaucoup souffert, j'ai abandonné l'idée dans mon esprit, et j'ai été plutôt déçu lorsque j'ai découvert que je me rétablissais, regrettant, dans une certaine mesure, que je doive maintenant, un jour ou l'autre, recommencer tout ce travail désagréable. J'ai oublié quelle était sa maladie ; elle le retint longtemps et finit par l'emporter. Il m'a laissé un petit héritage dans un testament non interruptif, en témoignage de sa bonté pour moi, et il m'a laissé une fois de plus dans le vaste monde, car le magasin a été confié à ses exécuteurs testamentaires, et mon emploi sous ses ordres a pris fin.

MON BEAU-FRÈRE HOLMES, qui était maintenant à Philadelphie, me conseilla de retourner à mes affaires ; et Keimer me tenta, en m'offrant un gros salaire annuel, de venir prendre la direction de son imprimerie, afin qu'il puisse mieux s'occuper de sa papeterie. J'avais entendu parler de lui en mal à Londres par sa femme et ses amis, et je n'aimais pas avoir affaire à lui. Je cherchai un autre emploi comme commis de marchand, mais n'en trouvant pas facilement, je me rapprochai de nouveau de Keimer. J'ai trouvé dans sa maison ces mains : Hugh Meredith, un Gallois de Pennsylvanie, âgé de trente ans, élevé à la campagne, honnête, sensé, doté d'une grande capacité d'observation, un peu lecteur, mais porté sur la boisson. Stephen

Potts, un jeune campagnard majeur, élevé pour le même travail, d'un naturel peu commun, avec beaucoup d'esprit et d'humour, mais un peu oisif. Il avait convenu avec eux d'un salaire extrêmement bas par semaine, qui serait augmenté d'un shilling tous les trois mois, comme ils le mériteraient en s'améliorant dans leurs affaires ; et l'espoir de ces salaires élevés, qui viendraient plus tard, était ce avec quoi il les avait attirés. Meredith devait travailler à la presse, Potts à la reliure, ce que, par convention, il devait leur apprendre, bien qu'il ne connût ni l'un ni l'autre. John—, un Irlandais sauvage, élevé sans affaires, dont Keimer avait acheté les services, pendant quatre ans, au capitaine d'un navire ; lui aussi devait devenir pressier. George Webb, un étudiant d'Oxford, dont il avait également acheté le service pendant quatre ans, dans l'intention d'en faire un compositeur, dont il sera question plus tard ; et David Harry, un garçon de la campagne, qu'il avait pris comme apprenti. Je m'aperçus bientôt que l'intention de m'engager à un salaire beaucoup plus élevé que celui qu'il avait été habitué à donner était de faire former par moi ces mains brutes et bon marché ; et, dès que je les aurais formées, alors qu'elles étaient toutes liées à lui, il pourrait se passer de moi. Je continuai cependant, avec beaucoup de bonne volonté, à mettre de l'ordre dans son imprimerie, qui était dans un grand désordre, et j'amenai peu à peu ses ouvriers à s'occuper de leurs affaires et à les faire mieux. C'était une chose étrange que de trouver un savant d'Oxford dans la situation d'un domestique acheté. Il n'avait pas plus de dix-huit ans, et m'a dit qu'il était né à Gloucester, qu'il avait fait ses études dans une école secondaire de cette ville, qu'il s'était distingué parmi les élèves par une apparente supériorité dans l'exécution de son rôle, lorsqu'on jouait des pièces de théâtre ; il appartenait au Witty Club de Gloucester, et avait écrit quelques pièces en prose et en vers, qui ont été imprimés dans les journaux de Gloucester ; de là, il a été envoyé à Oxford, où il a continué pendant environ un an, mais sans être satisfait, souhaitant par-dessus tout voir Londres et devenir comédien. Finalement, après avoir reçu son allocation trimestrielle de quinze guinées, au lieu de s'acquitter de ses dettes, il quitta la ville à pied, cacha sa robe dans un buisson de bruyère et se rendit à Londres, où, n'ayant aucun ami pour le conseiller, il tomba dans de mauvaises fréquentations, dépensa bientôt ses guinées, ne trouva aucun moyen de se faire introduire parmi les comédiens, devint indigent, mit en gage ses vêtements et eut besoin de pain. Marchant dans la rue, très affamé, et ne sachant que faire de lui-même, on lui mit dans la main un billet de sertissage [51] offrant un divertissement et un encouragement immédiats à ceux qui s'engageraient à servir en Amérique. Il s'y rendit directement, signa l'engagement, fut embarqué sur le navire et revint, sans jamais écrire une ligne pour informer ses amis de ce qu'il était devenu. Il était vif, spirituel, bien nourri et un compagnon agréable, mais oisif, irréfléchi et imprudent au dernier degré. John, l'Irlandais, s'enfuit bientôt ; avec les autres, je commençais à vivre très agréablement, car ils me respectaient tous d'autant plus qu'ils trouvaient Keimer incapable de les instruire, et que de moi ils apprenaient quelque chose chaque jour. Nous ne travaillions jamais le samedi, c'était le sabbat de Keimer, j'avais donc deux jours pour lire. Je fis de plus en plus connaissance avec les personnes ingénieuses de la ville. Keimer lui-même me traitait avec une grande civilité et une apparente considération, et rien ne me mettait plus mal à l'aise que ma dette envers Vernon, que je n'étais pas encore en mesure de payer, n'étant jusqu'alors qu'un pauvre économiste. Cependant, il n'en demanda pas plus. Notre imprimerie avait souvent besoin d'espèces, et il n'y avait pas de fondeur de lettres en Amérique ; j'avais vu des caractères fondus chez James à Londres, mais sans trop me soucier de la manière ; cependant, j'ai maintenant conçu un moule, utilisé les lettres que nous avions comme poinçons, frappé les matrices en plomb, et ainsi fourni d'une manière assez tolérable toutes les lacunes. J'ai aussi gravé plusieurs choses à l'occasion ; j'ai fait l'encre ; j'ai été magasinier, et tout, et, en bref, homme à tout faire. Mais, si utile que je fusse, je trouvais que mes services perdaient chaque jour de leur importance, à mesure que d'autres mains s'improvisaient dans l'entreprise ; et, lorsque Keimer me paya le salaire de mon deuxième trimestre, il me fit savoir qu'il le trouvait trop lourd, et qu'il pensait que je devais faire une réduction. Par degrés, il devint moins civil, prit davantage l'allure du maître, trouva souvent à redire, fut capricieux, et semblait prêt à se déchaîner. Je continuai, néanmoins, avec beaucoup de patience, pensant que ses circonstances encombrantes en étaient en partie la cause. Finalement, un détail vint rompre nos liens ; en effet, un grand bruit se produisant près du palais de justice, je sortis la tête par la fenêtre pour voir ce qui se passait. Keimer, qui était dans la rue, leva les yeux et me vit, m'appela d'une voix forte et d'un ton furieux pour me dire de m'occuper de mes affaires, ajoutant quelques mots de reproche, qui m'irritèrent d'autant plus qu'ils furent publiés, tous les voisins qui regardaient dehors à la même occasion étant témoins de la façon dont je fus traité. Il est monté immédiatement dans l'imprimerie, a continué la querelle, des mots vifs ont été échangés de part et d'autre, il m'a donné le quart du contrat que nous avions stipulé, en exprimant le souhait de ne pas être obligé d'avoir un contrat aussi long. Je lui répondis que son désir n'était pas nécessaire, car je le quittais à l'instant même ; et prenant mon chapeau, je sortis, en demandant à Meredith, que je voyais en bas, de prendre soin de certaines choses que j'avais laissées, et de les apporter à mon logement. Meredith est venue en conséquence dans la soirée, et nous avons discuté de mon affaire. Il avait développé une grande estime pour moi, et ne voulait pas que je quitte la maison tant qu'il y resterait. Il me dissuada de retourner dans mon pays natal, ce à quoi je commençais à penser ; il me rappela que Keimer était endetté pour tout ce qu'il possédait ; que ses créanciers commençaient à être inquiets ; qu'il tenait misérablement sa boutique, vendait souvent sans profit pour de l'argent facile, et faisait souvent confiance sans tenir de comptes ; qu'il devait donc faire faillite, ce qui créerait une vacance dont je pourrais profiter ! J'objectai que je n'avais pas d'argent. Il me fit alors savoir que son père avait une haute opinion de moi, et que, d'après une conversation qu'ils avaient eue, il était sûr qu'il avancerait de l'argent pour nous installer, si je voulais m'associer avec lui. "Mon temps, dit-il, se terminera avec Keimer au printemps ; à ce moment-là, nous pourrons faire venir de Londres notre presse et nos caractères. Je suis conscient que je ne suis pas un ouvrier ; si cela vous plaît, votre compétence dans le domaine sera mise en balance avec le stock que je fournis, et nous partagerons les bénéfices à parts égales." La proposition était agréable, et j'y consentis ; son père était en ville et l'approuvait ; d'autant plus qu'il voyait que j'avais une grande influence sur son fils, que je l'avais persuadé de s'abstenir longtemps de boire des verres, et qu'il espérait pouvoir le délivrer entièrement de cette misérable habitude, puisque nous étions si étroitement liés. Je donnai un inventaire au père, qui le porta à un marchand ; on envoya les objets, le secret devait être gardé jusqu'à ce qu'ils arrivent, et en attendant je devais trouver du travail, si je le pouvais, à l'autre imprimerie. Mais je n'y trouvai pas de poste vacant, et restai donc inactif quelques jours, lorsque Keimer, dans la perspective d'être employé pour imprimer du papier-monnaie dans le New Jersey, ce qui nécessiterait des coupes et divers types que je suis le seul à pouvoir fournir, et craignant que Bradford ne m'engage et n'obtienne le travail de lui, m'envoya un message très civil, disant que de vieux amis ne devraient pas se séparer pour quelques mots, l'effet d'une passion soudaine, et me souhaitant de revenir. Meredith m'a persuadé d'obtempérer, car cela lui donnerait plus d'occasions de s'améliorer sous mes instructions quotidiennes ; je suis donc revenu, et nous avons poursuivi notre route plus harmonieusement que depuis quelque temps. J'ai obtenu le billet du New Jersey, et j'ai conçu une presse à cuivre, la première que l'on ait vue dans le pays ; j'ai découpé plusieurs ornements et chèques pour les billets. Nous sommes allés ensemble à Burlington, où j'ai exécuté le tout avec satisfaction ; et il a reçu une somme si importante pour le travail qu'il a pu ainsi garder la tête hors de l'eau beaucoup plus longtemps. À Burlington, j'ai fait la connaissance de plusieurs personnes importantes de la province. Plusieurs d'entre eux avaient été nommés par l'Assemblée comme comité chargé de surveiller la presse et de veiller à ce qu'il n'y ait pas plus de projets de loi imprimés que la loi ne l'exige. Ils étaient donc, à tour de rôle, constamment avec nous, et généralement, celui qui y assistait amenait avec lui un ou deux amis pour lui tenir compagnie. Mon esprit s'étant beaucoup plus enrichi par la lecture que celui de Keimer, je suppose que c'est pour cette raison que ma conversation semblait avoir plus de valeur. Ils me reçurent chez eux, me présentèrent à leurs amis, et me témoignèrent beaucoup de civilité, tandis que lui, bien que maître, était un peu négligé. En vérité, c'était un drôle de poisson, ignorant de la vie courante, aimant à s'opposer grossièrement aux opinions reçues, négligent jusqu'à l'extrême saleté, enthousiaste sur certains points de religion, et un peu coquin en somme. Nous y sommes restés près de trois mois, et à ce moment-là, je pouvais compter parmi mes amis acquis, le juge Allen, Samuel Bustill, le secrétaire de la province, Isaac Pearson, Joseph Cooper et plusieurs des Smith, membres de l'Assemblée, et Isaac Decow, le géomètre général. Ce dernier était un vieil homme astucieux et sagace, qui m'a dit qu'il avait commencé par lui-même, lorsqu'il était jeune, en charriant de l'argile pour des briquetiers, qu'il avait appris à écrire après avoir atteint l'âge adulte, qu'il avait transporté la chaîne pour des arpenteurs, qui lui avaient enseigné l'arpentage, et qu'il avait maintenant, par son industrie, acquis un bon domaine ; et il m'a dit : " Je prévois que vous allez bientôt évincer cet homme de son entreprise et faire fortune à Philadelphie. Il n'avait pas alors la moindre idée de mon intention de m'établir là ou ailleurs. Ces amis m'ont ensuite été d'une grande utilité, comme je l'ai été occasionnellement pour certains d'entre eux. Ils ont tous continué à avoir de l'estime pour moi aussi longtemps qu'ils ont vécu. Avant d'entrer dans mon apparition publique dans les affaires, il serait bon de vous faire connaître l'état d'esprit qui régnait alors dans mon esprit en ce qui concerne mes principes et ma morale, afin que vous puissiez voir dans quelle mesure ils ont influencé les événements futurs de ma vie. Mes parents m'avaient donné très tôt des impressions religieuses, et m'avaient élevé pieusement dans la voie dissidente pendant toute mon enfance. Mais j'avais à peine quinze ans, quand, après avoir douté tour à tour de plusieurs points, à mesure que je les trouvais contestés dans les différents livres que je lisais, je commençai à douter de la Révélation elle-même. Quelques livres contre le déisme [52] me tombèrent entre les mains ; on disait qu'ils étaient la substance des sermons prêchés aux conférences de Boyle. Il se trouva qu'ils produisirent sur moi un effet tout à fait contraire à celui qu'ils visaient ; car les arguments des déistes, qui étaient cités pour être réfutés, me parurent beaucoup plus forts que les réfutations ; bref, je devins bientôt un déiste convaincu. Mes arguments en ont perverti d'autres, en particulier Collins et Ralph ; mais, chacun d'eux m'ayant ensuite fait beaucoup de tort sans le moindre remords, et me souvenant de la conduite de Keith à mon égard (qui était un autre libre-penseur), et de la mienne à l'égard de Vernon et de Mlle Read, qui m'a parfois donné beaucoup de mal, j'ai commencé à soupçonner que cette doctrine, bien qu'elle puisse être vraie, n'était pas très utile. Mon pamphlet de Londres, qui avait pour devise ces lignes de Dryden : [53]

"Tout ce qui est, est juste. Bien que l'homme aveugle.

Il ne voit qu'une partie de la chaîne, le maillon le plus proche :

Ses yeux ne portant pas au rayon égal,

Cela place tout en haut ; "

et, à partir des attributs de Dieu, de sa sagesse, de sa bonté et de sa puissance infinis, concluait que rien ne pouvait être mauvais dans le monde, et que le vice et la vertu étaient des distinctions vides de sens, aucune chose de ce genre n'existant, ne me paraissait plus aussi habile que je l'avais cru autrefois ; et je doutais qu'une erreur ne se fût pas insinuée sans être perçue dans mon argumentation, de manière à infecter tout ce qui suivait, comme il est courant dans les raisonnements métaphysiques.

J'étais convaincu que la vérité, la sincérité et l'intégrité dans les relations entre les hommes étaient de la plus haute importance pour la félicité de la vie ; et j'ai pris des résolutions écrites, qui sont encore dans mon journal, de les pratiquer tant que je vivrais. La Révélation n'avait en effet aucun poids pour moi, en tant que telle ; mais j'entretenais l'opinion que, si certaines actions ne pouvaient être mauvaises parce qu'elles étaient interdites par elle, ou bonnes parce qu'elle les commandait, cependant ces actions pouvaient probablement être interdites parce qu'elles étaient mauvaises pour nous, ou commandées parce qu'elles nous étaient bénéfiques, dans leur propre nature, toutes les circonstances des choses considérées. Et cette persuasion, avec la main bienveillante de la Providence, ou quelque ange gardien, ou des circonstances et des situations accidentellement favorables, ou tout cela à la fois, m'a préservé, à travers cette période dangereuse de la jeunesse, et les situations hasardeuses dans lesquelles je me trouvais parfois parmi des étrangers, loin de l'œil et des conseils de mon père, sans aucune immoralité grossière ou injustice volontaire, qui aurait pu être attendue de mon manque de religion. Je dis délibérément, parce que les cas que j'ai mentionnés avaient quelque chose de nécessaire, du fait de ma jeunesse, de mon inexpérience et de la méchanceté des autres. J'avais donc un caractère tolérable pour commencer le monde ; je l'estimais à sa juste valeur, et j'étais déterminé à le conserver. Nous n'étions pas rentrés depuis longtemps à Philadelphie que les nouveaux types arrivaient de Londres. Nous nous sommes installés chez Keimer, et l'avons quitté de son plein gré avant qu'il n'en entende parler. Nous avons trouvé une maison à louer près du marché, et l'avons prise. Pour diminuer le loyer, qui n'était alors que de vingt-quatre livres par an, bien que j'aie su depuis qu'elle se louait soixante-dix, nous avons accueilli Thomas Godfrey, un vitrier, et sa famille, qui devaient nous en payer une partie considérable, et nous faire pension chez eux. Nous avions à peine ouvert nos lettres et mis notre presse en ordre, que George House, une de mes connaissances, nous amena un compatriote qu'il avait rencontré dans la rue et qui cherchait un imprimeur. Tout notre argent était maintenant dépensé dans la variété de détails que nous avions été obligés de nous procurer, et les cinq shillings de ce compatriote, qui étaient nos premiers fruits, et qui arrivaient si opportunément, m'ont fait plus de plaisir que n'importe quelle couronne que j'ai gagnée depuis ; et la gratitude que j'ai ressentie envers House m'a rendu souvent plus prêt que je ne l'aurais peut-être été autrement à aider les jeunes débutants. Il y a des croasseurs dans chaque pays, qui présagent toujours de sa ruine. L'un d'eux vivait alors à Philadelphie ; c'était une personne de marque, un homme âgé, au regard sage et à la manière très grave de parler ; il s'appelait Samuel Mickle. Ce gentleman, qui m'était étranger, s'arrêta un jour à ma porte et me demanda si j'étais le jeune homme qui avait récemment ouvert une nouvelle imprimerie. Comme je lui répondis par l'affirmative, il me dit qu'il était désolé pour moi, parce que c'était une entreprise coûteuse, et que la dépense serait perdue ; car Philadelphie était un endroit en train de sombrer, les gens étant déjà à moitié faillis, ou sur le point de l'être ; toutes les apparences contraires, comme les nouveaux bâtiments et l'augmentation des loyers, étaient, à sa connaissance, fallacieuses ; car elles étaient, en fait, parmi les choses qui allaient bientôt nous ruiner. Et il me donna un tel détail des malheurs qui existaient déjà, ou qui allaient bientôt exister, qu'il me laissa à moitié mélancolique. Si je l'avais connu avant de m'engager dans cette affaire, je ne l'aurais probablement jamais fait. Cet homme a continué à vivre dans cet endroit délabré, et à déclamer sur le même ton, refusant pendant de nombreuses années d'acheter une maison, parce que tout allait à la destruction ; et finalement j'ai eu le plaisir de le voir donner cinq fois plus pour une maison qu'il aurait pu acheter au moment où il a commencé à croasser. J'aurais dû mentionner auparavant que, dans l'automne de l'année précédente, j'avais formé la plupart de mes connaissances ingénieuses dans un club d'amélioration mutuelle, qui s'appelait le JUNTO [54]; nous nous rencontrions le vendredi soir. Les règles que j'avais établies exigeaient que chaque membre, à son tour, produise une ou plusieurs questions sur n'importe quel point de morale, de politique ou de philosophie naturelle, pour être discutée par la compagnie ; et une fois tous les trois mois, produit et lit un essai de son propre cru, sur le sujet qu'il voulait. Nos débats devaient se dérouler sous la direction d'un président et être menés dans un esprit sincère de recherche de la vérité, sans goût pour la dispute ou désir de victoire ; et, pour éviter la chaleur, toutes les expressions de positivité dans les opinions ou de contradiction directe ont été, après un certain temps, mises en contrebande et interdites sous de petites pénalités pécuniaires.

Les premiers membres étaient Joseph Breintnal, un copieur d'actes pour les écrivains, un homme d'âge moyen, de bonne réputation et sympathique, grand amateur de poésie, lisant tout ce qu'il pouvait rencontrer, et en écrivant quelques-uns qui étaient tolérables ; très ingénieux dans beaucoup de petites plaisanteries, et d'une conversation raisonnable. Thomas Godfrey, un mathématicien autodidacte, grand à sa façon, et plus tard inventeur de ce qu'on appelle aujourd'hui le quadrant de Hadley. Mais il ne savait pas grand-chose de sa façon de faire et n'était pas un compagnon agréable, car, comme la plupart des grands mathématiciens que j'ai rencontrés, il s'attendait à une précision universelle dans tout ce qu'il disait, ou était toujours en train de nier ou de distinguer sur des détails, ce qui perturbait toute la conversation. Il nous quitta bientôt. Nicholas Scull, géomètre, puis géomètre général, qui aimait les livres et faisait parfois quelques vers. William Parsons, élevé comme cordonnier, mais aimant lire, avait acquis une part considérable de mathématiques, qu'il étudia d'abord en vue de l'astrologie, dont il se moqua ensuite. Il devint également arpenteur général. William Maugridge, un menuisier, un mécanicien hors pair, et un homme solide et sensé. J'ai déjà décrit Hugh Meredith, Stephen Potts et George Webb. Robert Grace, un jeune gentilhomme d'une certaine fortune, généreux, vif et plein d'esprit ; un amoureux des jeux de mots et de ses amis. Et William Coleman, alors employé de commerce, à peu près de mon âge, qui avait la tête la plus froide et la plus claire, le meilleur cœur et la morale la plus rigoureuse de tous les hommes que j'ai jamais rencontrés. Il devint par la suite un marchand de grande renommée et l'un de nos juges provinciaux. Notre amitié se poursuivit sans interruption jusqu'à sa mort, soit pendant plus de quarante ans ; et le club dura presque aussi longtemps, et fut la meilleure école de philosophie, de morale et de politique qui existait alors dans la province ; car nos questions, qui étaient lues la semaine précédant leur discussion, nous incitaient à lire avec attention sur les différents sujets, afin que nous puissions parler plus à propos ; et là aussi, nous acquîmes de meilleures habitudes de conversation, tout étant étudié dans nos règles qui pouvaient nous empêcher de nous dégoûter les uns des autres. D'où la longue durée du club, dont j'aurai souvent l'occasion de parler plus loin. Mais si j'en fais le récit ici, c'est pour montrer l'intérêt que j'ai eu, chacun d'eux s'efforçant de nous recommander des affaires. Breintnal nous a particulièrement procuré des quakers l'impression de quarante feuilles de leur histoire, le reste devant être fait par Keimer ; et sur cela nous avons travaillé extrêmement dur, car le prix était bas. C'était un folio, format pro patria, en pica, avec de longues notes d'introduction. [55] J'en composais une feuille par jour, et Meredith la travaillait à l'imprimerie ; il était souvent onze heures du soir, et parfois plus tard, avant que j'aie terminé ma distribution pour le travail du lendemain, car les petits travaux envoyés par nos autres amis nous retardaient de temps en temps. Mais j'étais tellement déterminé à continuer à faire une feuille par jour du folio, qu'une nuit, quand, après avoir imposé [56] mes formulaires, je pensais que mon travail de la journée était terminé, l'un d'eux par accident était brisé, et deux pages réduites à pi [57], je l'ai immédiatement distribué et composé à nouveau avant de me coucher ; et cette industrie, visible pour nos voisins, commença à nous donner du caractère et du crédit ; en particulier, on m'a dit que lorsqu'il a été question de la nouvelle imprimerie au club Every-night des marchands, l'opinion générale était qu'elle devait échouer, car il y avait déjà deux imprimeurs à cet endroit, Keimer et Bradford ; mais le Dr Baird (que nous avons vu, vous et moi, bien des années plus tard, dans sa ville natale, St Andrew's, en Écosse) était d'un avis contraire : "Car l'industrie de ce Franklin, dit-il, est supérieure à tout ce que je n'ai jamais vu en la matière ; je le vois encore au travail quand je rentre du club, et il est de nouveau au travail avant que ses voisins ne soient sortis du lit. " Cela frappa les autres, et peu après, l'un d'eux nous proposa de nous fournir en papeterie, mais nous n'avons pas encore choisi de nous engager dans le commerce. Je mentionne cette industrie plus particulièrement et plus librement, bien qu'elle semble parler à ma propre louange, afin que ceux de ma postérité qui la liront puissent connaître l'usage de cette vertu, quand ils verront ses effets en ma faveur tout au long de cette relation. George Webb, qui avait trouvé une amie qui lui prêtait de quoi acheter son temps de travail chez Keimer, vint maintenant s'offrir à nous comme compagnon. Nous ne pouvions pas l'employer à ce moment-là, mais je lui ai bêtement fait savoir que j'avais l'intention de lancer bientôt un journal et que je pourrais alors avoir du travail pour lui. Mes espoirs de succès, comme je le lui ai dit, étaient fondés sur le fait que le seul journal de l'époque, imprimé par Bradford, était une chose dérisoire, mal gérée, pas du tout divertissante, et pourtant profitable pour lui ; je pensais donc qu'un bon journal ne manquerait pas de l'encourager. J'ai demandé à Webb de ne pas en parler, mais il l'a dit à Keimer, qui a immédiatement, pour être en avance sur moi, publié des propositions pour en imprimer un lui-même, auquel Webb devait être employé. Je m'en offusquai et, pour les contrer, comme je ne pouvais pas encore commencer notre journal, j'écrivis plusieurs pièces de divertissement pour le journal de Bradford, sous le titre de BUSY BODY, que Breintnal poursuivit pendant quelques mois. Par ce moyen, l'attention du public fut fixée sur ce journal, et les propositions de Keimer, que nous avons burlesquisesée et ridiculisée, ne furent pas prises en considération. Il commença cependant son journal et, après l'avoir poursuivi pendant trois quarts d'année, avec tout aux plus quatre-vingt-dix abonnés, il me l'offrit pour une bagatelle ; et moi, qui étais prêt depuis quelque temps à le poursuivre, je le pris directement en main ; et il se révéla en quelques années extrêmement profitable pour moi. Je m'aperçois que je suis enclin à parler au singulier, bien que notre partenariat se poursuive ; la raison en est peut-être qu'en fait, toute la gestion de l'entreprise me revenait. Meredith n'était pas un compositeur, un mauvais pressier, et rarement sobre. Mes amis déploraient mon association avec lui, mais je devais en tirer le meilleur parti.

"Je le vois toujours au travail quand je rentre du club".

NOS PREMIERS JOURNAUX avaient un aspect tout à fait différent de ceux qui avaient été publiés auparavant dans la province ; ils étaient de meilleure qualité et mieux imprimés ; certaines de mes remarques fougueuses sur le différend qui se déroulait alors entre le gouverneur Burnet et l'Assemblée du Massachusetts ont frappé les principales personnes, ont fait en sorte que le journal et son directeur fassent l'objet de beaucoup de discussions et, en quelques semaines, ils sont tous devenus nos abonnés. Leur exemple a été suivi par beaucoup, et notre nombre n'a cessé de croître. Ce fut l'un des premiers effets positifs de mon apprentissage du gribouille ; un autre fut que les hommes de tête, voyant un journal entre les mains de quelqu'un qui savait aussi manier la plume, jugèrent bon de m'obliger et de m'encourager. Bradford imprimait toujours les votes, les lois et les autres affaires publiques. Il avait imprimé une adresse de la Chambre au gouverneur, d'une manière grossière et maladroite ; nous l'avons réimprimée de manière élégante et correcte, et nous en avons envoyé une à chaque membre. Ils ont été sensibles à la différence : cela a renforcé les mains de nos amis de la Chambre, et ils nous ont élu leurs imprimeurs pour l'année suivante. Parmi mes amis de la Chambre, je ne dois pas oublier M. Hamilton, déjà mentionné, qui était alors de retour d'Angleterre et qui avait un siège dans cette Chambre. Il s'est fortement intéressé à moi dans cette affaire, comme il l'a fait dans beaucoup d'autres par la suite, et a continué à me parrainer jusqu'à sa mort. [58] À ce moment-là, M. Vernon m'a rappelé la dette que je lui devais, mais il n'a pas insisté. Je lui ai écrit une lettre de reconnaissance ingénue, j'ai demandé qu'il s'abstienne un peu plus longtemps, ce qu'il m'a accordé, et dès que j'ai pu, j'ai payé le principal avec les intérêts, et je l'ai remercié ; cet erratum a donc été corrigé dans une certaine mesure. Mais voilà qu'une autre difficulté se présenta à moi, à laquelle je n'avais jamais eu la moindre raison de m'attendre. Le père de M. Meredith, qui devait payer notre imprimerie, selon les prévisions qui m'avaient été faites, ne put avancer que cent livres de monnaie, qui avaient été payées ; et cent autres étaient dues au marchand, qui s'impatienta et nous poursuivit tous en justice. Nous avons donné une caution, mais nous avons vu que, si l'argent ne pouvait pas être réuni à temps, le procès serait bientôt jugé et exécuté, et nos perspectives d'espoir seraient, avec nous, ruinées, car la presse et les lettres devraient être vendues pour le paiement, peut-être à moitié prix. Dans cette détresse, deux vrais amis, dont je n'ai jamais oublié la gentillesse, et que je n'oublierai jamais tant que je me souviendrai de quoi que ce soit, sont venus me voir séparément, sans que je leur demande quoi que ce soit, et m'ont offert à chacun d'eux de m'avancer tout l'argent nécessaire pour me permettre de prendre toute l'affaire à mon compte, si cela était possible ; mais ils n'aimaient pas que je continue le partenariat avec Meredith, qui, comme ils l'ont dit, était souvent vu ivre dans les rues, et jouant à des jeux bas dans les tavernes, à notre grand désavantage. Ces deux amis étaient William Coleman et Robert Grace. Je leur ai dit que je ne pouvais pas proposer une séparation tant qu'il y avait une chance que les Meredith remplissent leur part de notre accord, parce que je me sentais très obligé envers eux pour ce qu'ils avaient fait, et qu'ils le feraient s'ils le pouvaient ; mais, s'ils échouaient finalement dans leur tâche, et que notre partenariat devait être dissous, je me sentirais alors libre d'accepter l'aide de mes amis. L'affaire en resta là pendant quelque temps, quand je dis à mon associé : " Peut-être votre père est-il mécontent du rôle que vous avez pris dans cette affaire, et ne veut-il pas avancer pour vous et moi ce qu'il aurait fait pour vous seul ? Si c'est le cas, dîtes-le-moi, je vous céderai tout et je m'occuperai de mes affaires". "Non, dit-il, mon père a vraiment été déçu, il est vraiment incapable, et je ne veux pas l'affliger davantage. Je vois que c'est une affaire pour laquelle je ne suis pas fait. J'ai été élevé comme fermier, et c'était une folie de venir en ville et de me mettre, à trente ans, en apprentissage pour apprendre un nouveau métier. Beaucoup de nos Gallois vont s'installer en Caroline du Nord, où les terres sont bon marché. Je suis enclin à les suivre et à reprendre mon ancien travail. Vous trouverez peut-être des amis pour vous aider. Si vous prenez sur vous les dettes de la compagnie, si vous rendez à mon père les cent livres qu'il a avancées, si vous payez mes petites dettes personnelles et si vous me donnez trente livres et une nouvelle selle, je renoncerai à l'association et laisserai le tout entre vos mains." J'acceptai cette proposition : elle fut rédigée par écrit, signée et scellée immédiatement. Je lui donnai ce qu'il demandait, et il partit peu après pour la Caroline, d'où il m'envoya l'année suivante deux longues lettres, contenant le meilleur compte rendu qui ait été fait de ce pays, du climat, du sol, de l'élevage, etc.., car en ces matières il était très judicieux. Je les ai imprimées dans les journaux, et elles ont donné une grande satisfaction au public. Dès qu'il fut parti, je suis retourné voir mes deux amis et, comme je ne voulais pas donner une préférence désagréable à l'un ou à l'autre, j'ai pris la moitié de ce que chacun avait offert et j'ai donné l'une à l'un, et l'autre moitié à l'autre ; j'ai payé les dettes de la compagnie, et j'ai continué les affaires en mon propre nom, en annonçant que le partenariat était dissous. Je pense que c'était en 1729 ou aux alentours.

[50] "Ne se trouve pas dans le journal manuscrit, qui a été laissé parmi les papiers de Franklin." -Bigelow.

[51] Un sertisseur était l'agent d'une compagnie maritime. Il était parfois employé pour attirer des hommes dans un service tel que celui mentionné ici.

[52] Le credo d'une secte théologique du XVIIIe siècle qui, tout en croyant en Dieu, refusait de créditer la possibilité des miracles et de reconnaître la validité de la révélation.

[53] Un grand poète, dramaturge et critique anglais (1631-1700). Les vers sont inexactement cités de l'Œdipe de Dryden, Acte III, Scène I, ligne 293.

[54] Terme espagnol signifiant une combinaison pour une intrigue politique ; ici un club ou une société.

[55] Une feuille de 8-1/2 par 13-1/2 pouces, comportant les mots propatria en lettres translucides dans le corps du papier. Pica - un corps de caractère ; par exemple, ABCD : long primer un corps de caractère plus petit ; comme, A B C D.

[56] Disposer et enfermer des pages ou des colonnes de caractères dans un cadre rectangulaire en fer, prêt pour l'impression.

[57] Réduit à un désordre complet.

[58] J'ai obtenu son fils une fois 500 £. -Note de marge.

Chapitre 8 : Réussite commerciale et premier service public

À PEU PRÈS À CE MOMENT-là, le peuple réclamait à grands cris une plus grande quantité de papier-monnaie, car il ne restait que quinze mille livres dans la province, et cette somme allait bientôt être engloutie. [Les habitants riches s'opposaient à toute addition, étant contre toute monnaie de papier, par crainte qu'elle ne se déprécie, comme elle l'avait fait en Nouvelle-Angleterre, au préjudice de tous les créanciers. Nous avions discuté ce point dans notre Junto, où j'étais du côté d'une addition, étant persuadé que la première petite somme frappée en 1723 avait fait beaucoup de bien en augmentant le commerce, l'emploi et le nombre d'habitants dans la province, puisque je voyais maintenant toutes les vieilles maisons habitées, et beaucoup de nouvelles construites : Je me souvenais bien que lorsque je me promenais pour la première fois dans les rues de Philadelphie, en mangeant mon pain, j'avais vu la plupart des maisons de la rue Walnut, entre les rues Second et Front [60] avec des affiches sur leurs portes, "À louer" ; et beaucoup d'autres aussi dans la rue Chestnut et dans d'autres rues, ce qui m'avait fait penser alors que les habitants de la ville la désertaient les uns après les autres. Nos débats m'ont tellement imprégné du sujet que j'ai écrit et imprimé un pamphlet anonyme sur le sujet, intitulé " La nature et la nécessité d'une monnaie de papier ". Ce pamphlet fut bien accueilli par les gens du peuple en général, mais les riches ne l'aimaient pas, car il augmentait et renforçait la demande de plus d'argent, et comme ils n'avaient pas d'auteurs parmi eux capables d'y répondre, leur opposition se relâcha, et le point fut adopté par une majorité à la Chambre. Mes amis, qui pensaient que je leur avais rendu service, jugèrent bon de me récompenser en m'employant à l'impression de l'argent, un travail très profitable et d'une grande utilité pour moi. C'est un autre avantage que j'ai tiré de ma capacité à écrire. L'utilité de cette monnaie devint, par le temps et l'expérience, si évidente qu'elle ne fut plus jamais contestée par la suite ; de sorte qu'elle s'éleva bientôt à cinquante-cinq mille livres, et en 1739 à quatre-vingt mille livres, depuis quoi elle s'éleva, pendant la guerre, à plus de trois cent cinquante mille livres, le commerce, les constructions et les habitants augmentant sans cesse, bien que je pense maintenant qu'il y a des limites au-delà desquelles la quantité peut être nuisible. [61] Peu après, j'obtins, par l'intermédiaire de mon ami Hamilton, l'impression du papier-monnaie de Newcastle, un autre travail profitable, comme je le pensais alors ; les petites choses paraissent grandes à ceux qui sont dans de petites circonstances ; et ces choses, pour moi, étaient vraiment de grands avantages, comme elles étaient de grands encouragements. Il me procura également l'impression des lois et des votes de ce gouvernement, qui restèrent entre mes mains aussi longtemps que je suivis cette affaire. J'ouvris alors une petite papeterie. J'y avais des flans de toutes sortes, les plus corrects qui n'aient jamais paru parmi nous, étant aidé en cela par mon ami Breintnal. J'avais aussi du papier, du parchemin, des livres de chapitres, etc. Un certain Whitemash, compositeur que j'avais connu à Londres et qui était un excellent ouvrier, vint me voir et travailla avec moi constamment et assidûment, et je pris un apprenti, le fils d'Aquilla Rose. Je ne vivais que pour l'imprimerie. Afin d'assurer mon crédit et mon caractère de commerçant, je veillais non seulement à être en réalité industrieux et frugal, mais à éviter toute apparence contraire. Je dînais simplement ; on ne me voyait dans aucun lieu de distraction oisive. Je ne sortais jamais pour pêcher ou tirer ; un livre, certes, me détournait parfois de mon travail, mais c'était rare, agréable, et ne donnait lieu à aucun scandale ; et, pour montrer que je n'étais pas au-dessus de mes affaires, il m'arrivait de rapporter dans une brouette le papier que j'achetais au magasin dans les rues.

Ainsi, étant considéré comme un jeune homme industrieux et prospère, et payant dûment ce que j'achetais, les marchands qui importaient des articles de papeterie sollicitaient ma clientèle ; d'autres proposaient de me fournir des livres, et j'allais bon train.

Pendant ce temps, le crédit et les affaires de Keimer déclinant de jour en jour, il fut finalement contraint de vendre son imprimerie pour satisfaire ses créanciers. Il s'est rendu à la Barbade, où il a vécu quelques années dans des circonstances très pauvres.

SON APPRENTI, DAVID Harry, que j'avais instruit pendant que je travaillais avec lui, s'installa à sa place à Philadelphie, après avoir acheté ses matériaux. J'ai d'abord craint de trouver en Harry un rival puissant, car ses amis étaient très compétents et avaient beaucoup d'intérêts. Je lui ai donc proposé un partenariat, qu'il a rejeté avec mépris, heureusement pour moi. Il était très fier, s'habillait en gentleman, vivait chèrement, prenait beaucoup de distractions et de plaisirs à l'étranger, s'endettait et négligeait ses affaires ; sur quoi, toutes les affaires le quittèrent et, ne trouvant rien à faire, il suivit Keimer à Barbade, emportant l'imprimerie avec lui. Là, cet apprenti employa son ancien maître comme compagnon ; ils se disputèrent souvent ; Harry était continuellement à la traîne, et fut finalement obligé de vendre ses caractères et de retourner à son travail à la campagne en Pennsylvanie. La personne qui les a achetés a employé Keimer pour les utiliser, mais il est mort quelques années plus tard. Il ne me restait plus d'autre concurrent à Philadelphie que l'ancien, Bradford, qui était riche et aisé, faisait un peu d'impressions de temps en temps par des mains négligentes, mais ne se souciait pas beaucoup de l'entreprise. Cependant, comme il tenait le bureau de poste, on pensait qu'il avait de meilleures chances d'obtenir des nouvelles ; son journal était considéré comme un meilleur distributeur d'annonces que le mien, et il en avait donc beaucoup plus, ce qui lui était profitable et me désavantageait ; en effet, bien que je reçoive et envoie des journaux par la poste, l'opinion publique était différente, car ce que j'envoyais, je le faisais en soudoyant les cavaliers, qui les prenaient en privé, Bradford n'ayant pas la gentillesse de l'interdire, ce qui m'a valu un certain ressentiment ; et je l'ai pris si mal pour cela que, lorsque je me suis retrouvé dans sa situation, j'ai pris soin de ne jamais l'imiter. J'avais jusque-là continué à loger chez Godfrey, qui habitait une partie de ma maison avec sa femme et ses enfants, et avait un côté de la boutique pour son activité de vitrier, bien qu'il travaillât peu, étant toujours absorbé par ses mathématiques.

Mme Godfrey avait prévu de me marier avec la fille d'un de ses parents, et a saisi toutes les occasions de nous réunir souvent, jusqu'à ce qu'une cour sérieuse s'ensuive de ma part, la fille étant elle-même très méritante. Les vieux m'ont encouragé en m'invitant continuellement à souper et en nous laissant ensemble, jusqu'à ce que le temps soit venu de m'expliquer. Mrs Godfrey a géré notre petit traité. Je lui ai fait savoir que je m'attendais à recevoir de leur fille autant d'argent qu'il m'en fallait pour rembourser le reste de ma dette pour l'imprimerie, qui, je crois, ne dépassait pas alors cent livres. Elle me fit savoir qu'ils n'avaient pas une telle somme à épargner ; je leur dis qu'ils pouvaient hypothéquer leur maison au bureau de prêt. Quelques jours plus tard, la réponse fut qu'ils n'approuvaient pas ce jumelage ; qu'après s'être renseignés auprès de Bradford, ils avaient appris que l'imprimerie n'était pas rentable ; que les caractères seraient bientôt usés et qu'il en faudrait d'autres ; que S. Keimer et D. Harry avaient échoué l'un après l'autre et que je ne tarderais probablement pas à les suivre ; et que, par conséquent, la maison m'était interdite et la fille s'est fermée ! Je ne sais pas s'il s'agissait d'un véritable changement de sentiment ou seulement d'un artifice, sur la base de la supposition que nous étions trop engagés dans l'affection pour nous rétracter, et donc que nous devrions voler un mariage, ce qui les laisserait libres de donner ou de refuser ce qui leur plairait, mais je soupçonnais la dernière hypothèse, j'en ai souffert et je n'y suis plus allé. Mme Godfrey m'apporta par la suite des comptes rendus plus favorables de leurs dispositions, et elle aurait voulu m'attirer de nouveau ; mais je déclarai absolument ma résolution de ne plus rien avoir à faire avec cette famille. Les Godfrey s'en sont offusqués ; nous avons eu un différend et ils sont partis, me laissant toute la maison, et j'ai résolu de ne plus prendre de pensionnaires. Mais cette affaire ayant tourné mes pensées vers le mariage, j'ai regardé autour de moi et fait des ouvertures pour faire des rencontres dans d'autres endroits ; mais j'ai vite constaté que, le métier d'imprimeur étant généralement considéré comme pauvre, je ne devais pas m'attendre à de l'argent avec une femme, à moins qu'elle ne me convienne pas. Une correspondance amicale, en tant que voisins et vieilles connaissances, s'était poursuivie entre moi et la famille de Mme Read, qui avait tous de l'estime pour moi depuis mon premier séjour chez eux. J'y étais souvent invité et consulté sur leurs affaires, où je leur rendais parfois service. Je plaignais la situation malheureuse de la pauvre Miss Read, qui était généralement abattue, rarement gaie, et qui évitait la compagnie. Je considérais que mon étourderie et mon inconstance à Londres étaient en grande partie la cause de son malheur, bien que la mère ait eu la bonté de penser que c'était plus sa faute que la mienne, car elle avait empêché notre mariage avant que je n'y aille, et avait persuadé l'autre de se marier en mon absence. Notre affection mutuelle fut ravivée, mais il y avait maintenant de grandes objections à notre union. Le mariage était en effet considéré comme invalide, car on disait qu'une précédente épouse vivait en Angleterre ; mais il n'était pas facile de le prouver, à cause de la distance ; et, bien qu'on ait rapporté sa mort, ce n'était pas certain. Ensuite, même si cela était vrai, il avait laissé de nombreuses dettes, que son successeur pourrait être appelé à payer. Nous avons cependant surmonté toutes ces difficultés, et je l'ai prise pour épouse le 1er septembre 1730. Il ne s'est produit aucun des inconvénients que nous avions appréhendés ; elle s'est montré une bonne et fidèle compagne [62] elle m'a beaucoup aidé en s'occupant du magasin ; nous avons prospéré ensemble, et nous nous sommes toujours efforcés mutuellement de nous rendre heureux. J'ai donc corrigé ce grand erratum du mieux que j'ai pu. À cette époque, notre club se réunissait, non pas dans une taverne, mais dans une petite pièce de M. Grâce, réservée à cet effet. Je proposai que, puisque nos livres étaient souvent mentionnés dans nos digressions sur les questions, il pourrait être commode pour nous de les avoir tous là où nous nous réunissions, afin de pouvoir les consulter à l'occasion

; et en regroupant ainsi nos livres dans une bibliothèque commune, nous devrions, tout en aimant les garder ensemble, avoir chacun de nous l'avantage d'utiliser les livres de tous les autres membres, ce qui serait presque aussi bénéfique que si chacun possédait le tout. Cette proposition fut acceptée et nous avons rempli une extrémité de la pièce avec les livres dont nous pouvions disposer. Le nombre n'était pas aussi grand que nous l'avions prévu ; et bien qu'ils aient été d'une grande utilité, mais que certains inconvénients se soient produits faute d'en avoir pris soin, la collection a été séparée au bout d'un an environ, et chacun a repris ses livres chez lui. Et maintenant, j'ai mis sur pied mon premier projet de nature publique, celui d'une bibliothèque par abonnement. J'ai rédigé les propositions, je les ai fait mettre en forme par notre grand scribe, Brockden, et, avec l'aide de mes amis du Junto, j'ai obtenu cinquante souscripteurs de quarante shillings chacun pour commencer, et de dix shillings par an pendant cinquante ans, la durée de vie de notre société. Par la suite, nous avons obtenu une charte, et la société a été portée à cent : c'était la mère de toutes les bibliothèques par abonnement d'Amérique du Nord, qui sont maintenant si nombreuses. C'est devenu une grande chose en soi, qui ne cesse de croître. Ces bibliothèques ont amélioré la conversation générale des Américains, ont rendu les commerçants et les fermiers ordinaires aussi intelligents que la plupart des messieurs d'autres pays, et ont peut-être contribué dans une certaine mesure à la prise de position si générale dans les colonies pour défendre leurs privilèges. [63] Mémo°. Ce qui précède a été écrit avec l'intention exprimée au début et contient donc plusieurs petites anecdotes familiales sans importance pour les autres. Ce qui suit a été écrit plusieurs années après en conformité avec les conseils contenus dans ces lettres, et donc destiné au public. Les affaires de la Révolution ont provoqué cette interruption. [64] [Suite du récit de ma vie, commencé à Passy, près de Paris, en 1784.] Il y a quelque temps que j'ai reçu les lettres ci-dessus, mais j'ai été trop occupé jusqu'à présent pour penser à me conformer à la demande qu'elles contiennent. Cela pourrait aussi être beaucoup mieux fait si j'étais chez moi parmi mes papiers, ce qui aiderait ma mémoire et permettrait de déterminer les dates ; mais mon retour étant incertain, et ayant juste maintenant un peu de loisirs, je m'efforcerai de me souvenir et d'écrire ce que je peux ; si je vis pour rentrer chez moi, cela pourra être corrigé et amélioré. N'ayant pas ici de copie de ce qui est déjà écrit, je ne sais pas si un compte rendu est donné des moyens que j'ai employés pour établir la bibliothèque publique de Philadelphie, qui, d'un petit commencement, est devenue maintenant si considérable, bien que je me souvienne d'être descendu à peu près à l'époque de cette transaction (1730). Je commencerai donc ici par un compte rendu, qui pourra être rayé si l'on trouve qu'il a déjà été donné. À l'époque où je me suis établi en Pennsylvanie, il n'y avait pas une seule bonne librairie dans aucune des colonies situées au sud de Boston. À New York et à Philadelphie, les imprimeurs étaient en fait des papetiers ; ils ne vendaient que du papier, etc., des almanachs, des ballades et quelques livres d'école ordinaires. Ceux qui aimaient la lecture étaient obligés de faire venir leurs livres d'Angleterre ; les membres du Junto en avaient chacun quelques-uns. Nous avions quitté la taverne où nous nous étions réunis pour la première fois et loué une salle pour y tenir notre club. Je proposai que nous apportions tous nos livres dans cette salle, où ils seraient non seulement prêts à être consultés lors de nos conférences, mais où ils deviendraient un bien commun, chacun de nous étant libre d'emprunter ceux qu'il souhaitait lire chez lui. C'est ce qui a été fait et qui nous a satisfaits pendant un certain temps. Constatant l'avantage de cette petite collection, j'ai proposé de rendre le bénéfice des livres plus commun, en commençant une bibliothèque publique par souscription. J'ai fait une esquisse du plan et des règles qui seraient nécessaires, et j'ai demandé à un habile courtier, M. Charles Brockden, de mettre le tout sous forme d'articles d'accord à souscrire, par lesquels chaque souscripteur s'engageait à verser une certaine somme pour le premier achat de livres, et une contribution annuelle pour les augmenter. Les lecteurs étaient si peu nombreux à Philadelphie à cette époque, et la majorité d'entre nous si pauvres, que je n'ai pas pu, malgré une grande industrie, trouver plus de cinquante personnes, pour la plupart de jeunes commerçants, prêts à verser à cette fin quarante shillings chacun, et dix shillings par an. C'est sur ce petit fonds que nous avons commencé. Les livres furent importés ; la bibliothèque fut ouverte un jour par semaine pour le prêt aux abonnés, sur leurs billets à ordre de payer le double de la valeur s'ils n'étaient pas dûment rendus. L'institution manifesta bientôt son utilité, fut imitée par d'autres villes, et dans d'autres provinces. Les bibliothèques furent augmentées par des dons ; la lecture devint à la mode ; et nos gens, n'ayant pas d'amusements publics pour détourner leur attention de l'étude, devinrent plus familiers avec les livres, et en quelques années furent observés par des étrangers comme étant mieux instruits et plus intelligents que ne le sont généralement les gens du même rang dans d'autres pays. Lorsque nous étions sur le point de signer les articles mentionnés ci-dessus, qui devaient nous lier, ainsi que nos héritiers, etc., pendant cinquante ans, M. Brockden, le rédacteur, nous a dit : " Vous êtes des hommes jeunes, mais il est peu probable que l'un d'entre vous vive jusqu'à l'expiration du terme fixé dans l'instrument ". Cependant, un certain nombre d'entre nous vivent encore, mais l'instrument a été rendu caduc après quelques années par une charte qui a incorporé et donné la perpétuité à la société. Les objections et les réticences que j'ai rencontrées en sollicitant les souscriptions, m'ont fait sentir bientôt qu'il n'était pas convenable de se présenter comme l'auteur d'un projet utile, qui pourrait être supposé élever sa réputation au moindre degré au-dessus de celle de ses voisins, quand on a besoin de leur aide pour accomplir ce projet. Je me suis donc mis autant que possible hors de vue, et j'ai déclaré que c'était le projet d'un certain nombre d'amis, qui m'avaient demandé d'aller le proposer à ceux qu'ils croyaient amateurs de lecture. De cette façon, mon affaire s'est déroulée plus facilement, et je l'ai toujours pratiquée en de telles occasions ; et, d'après mes fréquents succès, je peux la recommander chaleureusement. Le petit sacrifice actuel de votre vanité sera ensuite amplement remboursé. Si l'on ne sait pas encore à qui appartient le mérite, quelqu'un de plus vaniteux que vous sera encouragé à le revendiquer, et alors même l'envie sera disposée à vous rendre justice en arrachant ces plumes supposées et en les restituant à leur propriétaire légitime. Cette bibliothèque me donnait les moyens de m'améliorer par une étude constante, à laquelle je consacrais une heure ou deux par jour, et je réparais ainsi dans une certaine mesure la perte de l'éducation savante que mon père m'avait destinée. La lecture était le seul amusement que je m'accordais. Je ne passais pas de temps dans les tavernes, ni dans les jeux, ni dans les batifolages d'aucune sorte ; et mon industrie dans mes affaires continuait aussi infatigable qu'elle était nécessaire. J'étais endetté pour mon imprimerie ; j'avais une jeune famille qui venait s'instruire, et je devais faire concurrence à deux imprimeurs qui étaient établis à l'endroit où j'étais. Ma situation, cependant, s'améliorait de jour en jour. Mes premières habitudes de frugalité perdurant, et mon père ayant, parmi les instructions qu'il me donnait quand j'étais enfant, fréquemment répété un proverbe de

Salomon : " Si tu vois un homme diligent dans sa vocation, il se tiendra devant les rois, il ne se tiendra pas devant les hommes ordinaires ", je considérais dès lors l'industrie comme un moyen d'obtenir richesse et distinction, ce qui m'encourageait, même si je ne pensais pas que je me tiendrais un jour littéralement devant des rois, ce qui, cependant, s'est produit depuis ; car je me suis tenu devant cinq d'entre eux, et j'ai même eu l'honneur de m'asseoir à table avec l'un d'eux, le roi du Danemark. Un proverbe anglais dit : "Celui qui veut prospérer doit demander sa femme." J'ai eu la chance d'en avoir une qui était aussi disposée que moi à l'industrie et à la frugalité. Elle m'aidait gaiement dans mes affaires, pliant et cousant des brochures, tenant boutique, achetant de vieux chiffons de lin pour les fabricants de papier, etc. Nous n'avions pas de domestiques oisifs, notre table était simple, nos meubles les moins chers. Par exemple, mon petit déjeuner consistait en un long break et du lait (pas de thé), et je le mangeais dans une soupière en terre de deux pence, avec une cuillère en étain. Mais remarquez comment le luxe s'introduit dans les familles et fait des progrès, en dépit des principes : étant appelé un matin pour le petit déjeuner, je l'ai trouvé dans un bol en porcelaine, avec une cuillère en argent ! Ils avaient été achetés pour moi à mon insu par ma femme, et lui avaient coûté la somme énorme de trois et vingt shillings, pour laquelle elle n'avait aucune autre excuse ou excuse à présenter, sinon qu'elle pensait que son mari méritait une cuillère en argent et un bol en porcelaine aussi bien que n'importe lequel de ses voisins. Ce fut la première apparition d'assiettes et de porcelaine dans notre maison, qui, par la suite, au fil des ans, à mesure que notre richesse augmentait, s'éleva progressivement à plusieurs centaines de livres en valeur. J'avais reçu l'éducation religieuse d'un presbytérien ; et bien que certains des dogmes de cette persuasion, tels que les décrets éternels de Dieu, l'élection, la réprobation, etc. me paraissaient inintelligibles, d'autres douteux, et que je me sois très tôt absenté des assemblées publiques de la secte, le dimanche étant mon jour d'étude, je n'ai jamais été sans principes religieux. Je n'ai jamais douté, par exemple, de l'existence de la divinité, qu'elle a fait le monde et qu'elle le gouverne par sa providence, que le service le plus acceptable de Dieu est de faire du bien à l'homme, que nos âmes sont immortelles et que tout crime sera puni et toute vertu récompensée, ici ou dans l'au-delà. J'estimais que c'étaient là les éléments essentiels de toute religion et, comme ils se trouvaient dans toutes les religions de notre pays, je les respectais toutes, mais avec des degrés de respect différents, car je les trouvais plus ou moins mélangées à d'autres articles qui, sans aucune tendance à inspirer, promouvoir ou confirmer la moralité, servaient principalement à nous diviser et à nous rendre inamicaux les uns envers les autres. Ce respect pour tous, et l'opinion que le pire avait quelques bons effets m'ont incité à éviter tout discours qui pourrait tendre à diminuer la bonne opinion qu'un autre pourrait avoir de sa propre religion ; et comme notre province augmentait sa population, et que de nouveaux lieux de culte étaient continuellement recherchés, et généralement érigés par des contributions volontaires, mon apport à cette fin, quelle que soit la secte, n'a jamais été refusé. Même si je n'assistais que rarement aux offices publics, j'avais toujours une opinion de leur pertinence et de leur utilité lorsqu'ils étaient bien conduits, et je payais régulièrement ma cotisation annuelle pour soutenir le seul ministre presbytérien ou la seule réunion que nous avions à Philadelphie. Il me rendait parfois visite en tant qu'ami, et me recommandait d'assister à ses administrations, et j'étais de temps en temps incité à le faire, une fois pendant cinq dimanches consécutifs. S'il avait été, à mon avis, un bon prédicateur, j'aurais peut-être continué [65] malgré l'occasion que me donnait le loisir du dimanche dans mes études ; mais ses discours étaient principalement soit des arguments polémiques, soit des explications des doctrines particulières de notre secte, et ils étaient tous pour moi très secs, inintéressants et peu édifiants, car pas un seul principe moral n'était inculqué ou appliqué, leur but semblant être plutôt de faire de nous des presbytériens que de bons citoyens. Il finit par prendre pour texte ce verset du quatrième chapitre des Philippiens : " Enfin, frères, toutes les choses vraies, honnêtes, justes, pures, charmantes, ou de bonne réputation, s'il y a quelque vertu, ou quelque louange, pensez à ces choses ". "Et j'imaginais que, dans un sermon sur un tel texte, nous ne pouvions pas manquer d'avoir une certaine moralité. Mais il s'en tint à cinq points seulement, tel que les entendait l'apôtre, à savoir 1. Garder saint le jour du sabbat. 2. S'appliquer à lire les saintes Écritures. 3. Assister dûment au culte public. 4. De participer à la célébration des sacrements. 5. Respecter comme il se doit les ministres de Dieu. Ce sont peut-être là de bonnes choses ; mais, comme ce n'était pas le genre de bonnes choses que j'attendais de ce texte, je désespérais de les rencontrer jamais dans un autre, j'étais dégoûté et je n'assistais plus à sa prédication. Quelques années auparavant, j'avais composé une petite liturgie, ou forme de prière, pour mon usage personnel (c'est-à-dire en 1728), intitulée Articles of Belief and Acts of Religion. Je me suis remis à l'usage de cette liturgie et je n'ai plus assisté aux assemblées publiques. Ma conduite est peut-être blâmable, mais je la laisse, sans chercher à l'excuser davantage ; mon but actuel est de relater des faits, et non de m'en excuser.

[59] Rappelé pour être racheté.

[60] Cette partie de Philadelphie est maintenant le centre du quartier des affaires en gros.

[61] Le papier-monnaie est une promesse de payer sa valeur nominale en or ou en argent. Lorsqu'un État ou une nation émet plus de promesses de ce type qu'il n'y a de chances qu'il puisse les rembourser, le papier représentant les promesses perd de sa valeur. Avant que le succès des Colonies dans la Révolution ne soit assuré, il fallait des centaines de dollars de leur monnaie papier pour acheter une paire de bottes.

[62] Mme Franklin a survécu à son mariage pendant plus de quarante ans. La correspondance de Franklin abonde en preuves que leur union était heureuse.

"Nous avons vieilli ensemble, et si elle a des défauts, je suis tellement habitué à eux que je ne les perçois pas." Ce qui suit est une strophe d'une des chansons de Franklin écrite pour le Junto :

"Les poètes peuvent parler de leurs Chloé et Phyllis,

Je chante mon plain country Joan,

Ces douze années, ma femme, toujours la joie de ma vie, Jour béni où je l'ai faite mienne."

[63] C'est ici que se termine la première partie de l'Autobiographie, écrite à Twyford en 1771. La seconde partie, qui suit, a été écrite à Passy en 1784.

[64] Après ce mémorandum, Franklin insère des lettres d'Abel James et de Benjamin Vaughan, l'incitant à poursuivre son Autobiographie.

[65] Franklin a exprimé plus tard un point de vue différent sur le devoir d'aller à l'église.

Chapitre 9 : Plan pour atteindre la perfection morale

C'EST À PEU PRÈS À cette époque que j'ai conçu le projet audacieux et ardu de parvenir à la perfection morale. Je souhaitais vivre sans commettre aucune faute à aucun moment ; je voulais vaincre tout ce à quoi l'inclination naturelle, la coutume ou la compagnie pouvaient me conduire. Comme je savais, ou croyais savoir, ce qui était bien et mal, je ne voyais pas pourquoi je ne pourrais pas toujours faire l'un et éviter l'autre. Mais je me suis vite rendu compte que j'avais entrepris une tâche plus difficile que je ne l'avais imaginé. Pendant que j'employais mes soins à me prémunir contre une faute, j'étais souvent surpris par une autre ; l'habitude prenait l'avantage sur l'inattention ; l'inclination était parfois trop forte pour la raison. J'en conclus finalement que la simple conviction spéculative qu'il était de notre intérêt d'être tout à fait vertueux ne suffisait pas à nous empêcher de déraper ; et qu'il fallait briser les habitudes contraires, et en acquérir et établir de bonnes, avant de pouvoir compter sur une rectitude de conduite constante et uniforme. Dans ce but, j'ai donc inventé la méthode suivante. Dans les diverses énumérations des vertus morales que j'avais rencontrées dans mes lectures, j'ai trouvé le catalogue plus ou moins nombreux, car différents auteurs ont inclus plus ou moins d'idées sous le même nom. La tempérance, par exemple, était par certains limitée au manger et au boire, tandis que par d'autres elle était étendue à la modération de tout autre plaisir, appétit, inclination ou passion, corporelle ou mentale, jusqu'à notre avarice et notre ambition. Je me proposai, pour plus de clarté, d'employer plutôt plus de noms, avec moins d'idées annexées à chacun, que quelques noms avec plus d'idées ; et j'englobai sous treize noms de vertus tout ce qui me paraissait alors nécessaire ou désirable, et j'annexai à chacun un court précepte, qui exprimait pleinement l'étendue que je donnais à sa signification. Ces noms de vertus, avec leurs préceptes, étaient :

1. TEMPÉRANCE Ne mangez pas pour vous ennuyer, ne buvez pas pour vous élever.

2. LE SILENCE. Ne dites que ce qui peut être utile aux autres ou à vous-même ; évitez les conversations futiles.

3. LA COMMANDE. Que toutes vos choses aient leur place ; que chaque partie de votre entreprise ait son temps.

4. LA RÉSOLUTION. Décidez de faire ce que vous devez faire ; faites sans faute ce que vous décidez.

5. LA FRUGALITÉ. Ne faites pas d'autres dépenses que de faire du bien aux autres ou à vous-même, c'est-à- dire ne gaspillez rien.

6. L'INDUSTRIE. Ne perdez pas de temps ; soyez toujours occupé à quelque chose d'utile ; supprimez toute action inutile.

7. LA SINCÉRITÉ. N'utilisez pas de tromperie blessante ; pensez innocemment et justement ; et, si vous parlez, parlez en conséquence.

8. LA JUSTICE. Ne blessez personne en faisant des blessures, ou en omettant les avantages qui sont votre devoir.

9. LA MODÉRATION. Évitez les extrêmes ; abstenez-vous d'en vouloir aux blessures autant que vous pensez qu'elles le méritent.

10. LA PROPRETÉ. Ne tolérer aucune malpropreté dans le corps, les vêtements ou la maison.

11. LA TRANQUILLITÉ. Ne vous inquiétez pas pour des broutilles ni pour des accidents courants ou inévitables.

12. LA CHASTETÉ.

13. L'HUMILITÉ. Imitez Jésus et Socrate.

Mon intention étant d'acquérir l'habitude de toutes ces vertus, j'ai jugé qu'il serait bon de ne pas distraire mon attention en essayant de les acquérir toutes à la fois, mais de la fixer sur l'une d'elles à la fois ; et, quand je serais maître de celle-ci, de passer à une autre, et ainsi de suite, jusqu'à ce que j'aie parcouru les treize ; et, comme l'acquisition préalable de certaines pourrait faciliter l'acquisition de certaines autres, je les ai arrangées dans cette vue, comme elles sont ci-dessus.

La tempérance d'abord, car elle tend à procurer ce sang-froid et cette clarté d'esprit, si nécessaires là où l'on doit maintenir une vigilance constante, et se garder de l'attrait incessant des anciennes habitudes, et de la force des tentations perpétuelles. Cela étant acquis et établi, le Silence serait plus facile ; et mon désir étant d'acquérir des connaissances en même temps que je m'améliorais en vertu, et considérant que dans la conversation on l'obtenait plutôt par l'usage des oreilles que de la langue, et voulant donc me défaire d'une habitude que je prenais de bavarder, de jouer et de plaisanter, qui ne me rendait acceptable que pour une compagnie insignifiante, je donnai au Silence la seconde place. J'espérais que celui-ci et le suivant, l'Ordre, me laisseraient plus de temps pour m'occuper de mon projet et de mes études. La résolution, une fois devenue une habitude, me maintiendrait fermement dans mes efforts pour obtenir toutes les vertus suivantes ; la frugalité et l'industrie, me libérant de mes dettes restantes et produisant l'aisance et l'indépendance, rendraient plus facile la pratique de la sincérité et de la justice, etc.

Concevant donc que, conformément au conseil de Pythagore [67] dans ses Versets d'or, un examen quotidien serait nécessaire, j'ai inventé la méthode suivante pour mener cet examen. Je fis un petit livre, dans lequel j'allouai une page pour chacune des vertus. [68] Je traçai chaque page à l'encre rouge, de manière à avoir sept colonnes, une pour chaque jour de la semaine, marquant chaque colonne d'une lettre pour le jour. Je croisai ces colonnes avec treize lignes rouges, marquant le début de chaque ligne avec la première lettre d'une des vertus, sur laquelle ligne, et dans sa propre colonne, je pouvais marquer, par un petit point noir, chaque faute que je trouvais après examen avoir été commise concernant cette vertu ce jour-là.

Forme des pages.

MANGE

	S.	M.	T.
T.			
	*	*	
S.			
	* *	*	*
O.			
			*
R.			
		*	
F.			
			*
I.			
S.			
J.			
M.			
C.			
T.			
C.			
H.			

J.

JE RÉSOLUS D'ACCORDER une semaine d'attention stricte à chacune des vertus successivement. Ainsi, dans la première semaine, ma grande garde était d'éviter la moindre offense à la Tempérance, laissant les autres vertus à leur chance ordinaire, marquant seulement chaque soir les fautes du jour. Ainsi, si pendant la première semaine je pouvais garder ma première ligne, marquée T, sans taches, je supposais que l'habitude de cette vertu était tellement renforcée, et son opposé affaibli, que je pouvais me risquer à étendre mon attention pour inclure la suivante, et pendant la semaine suivante garder les deux lignes sans taches. En procédant ainsi jusqu'à la fin, je pouvais suivre un cours complet en treize semaines, et quatre cours en un an. Et comme celui qui, ayant un jardin à désherber, n'essaie pas d'éradiquer toutes les mauvaises herbes en une seule fois, ce qui dépasserait sa portée et sa force, mais travaille sur une des planches à la fois, et, ayant accompli la première, passe à la seconde, ainsi j'aurais, je l'espère, le plaisir encourageant de voir sur mes pages les progrès que j'ai faits dans la vertu, en nettoyant successivement mes lignes de leurs taches, jusqu'à ce qu'à la fin, par un certain nombre de cours, je sois heureux de voir un livre propre, après un examen quotidien de treize semaines. Ce petit livre avait pour devise ces lignes tirées du Cato d'Addison :

"Je vais tenir ici. S'il y a une puissance au-dessus de nous (et qu'il y a, toute la nature crie à voix haute À travers toutes ses œuvres), il doit se délecter de la vertu ; Et ce qui lui plaît doit être heureux." Un autre de Cicéron, "O vitæ Philosophia dux ! O virtutum indagatrix expultrixque vitiorum ! Unus dies, bene, et ex-præceptis tuis actus, peccanti immortalitati est anteponendus."

[69] Un autre extrait des Proverbes de Salomon, parlant de la sagesse ou de la vertu : "La longueur des jours est dans sa main droite, et dans sa main gauche la richesse et l'honneur. Ses voies sont des voies agréables, et tous ses sentiers sont des voies de paix." iii. 16, 17. Et comme Dieu est la source de la sagesse, j'ai pensé qu'il était juste et nécessaire de solliciter son aide pour l'obtenir ; à cette fin, j'ai formé la petite prière suivante, qui a été préfixée à mes tables d'examen, pour un usage quotidien.

"Ô puissante Bonté ! Père généreux ! Guide miséricordieux ! Augmente en moi cette sagesse qui découvre mon véritable intérêt. Fortifie mes résolutions pour accomplir ce que cette sagesse me dicte. Accepte mes bons offices envers tes autres enfants comme le seul retour en mon pouvoir pour tes faveurs continuelles à mon égard.

" J'ai aussi utilisé parfois une petite prière que j'ai prise dans les Poèmes de Thomson, à savoir:

"Père de la lumière et de la vie, toi le Bon Suprême !"

"Ô, enseigne-moi ce qui est bon ; enseigne-moi toi-même !"

"Sauve-moi de la folie, de la vanité et du vice,"

"De toutes les basses poursuites ; et remplis mon âme "

"Avec la connaissance, la paix consciente, et la vertu pure ;"

"Une félicité sacrée, substantielle et inaltérable ! "

Le précepte de l'ordre exigeant que chaque partie de mon activité ait son temps alloué, une page de mon petit livre contenait le schéma d'emploi suivant pour les vingt-quatre heures d'un jour naturel.

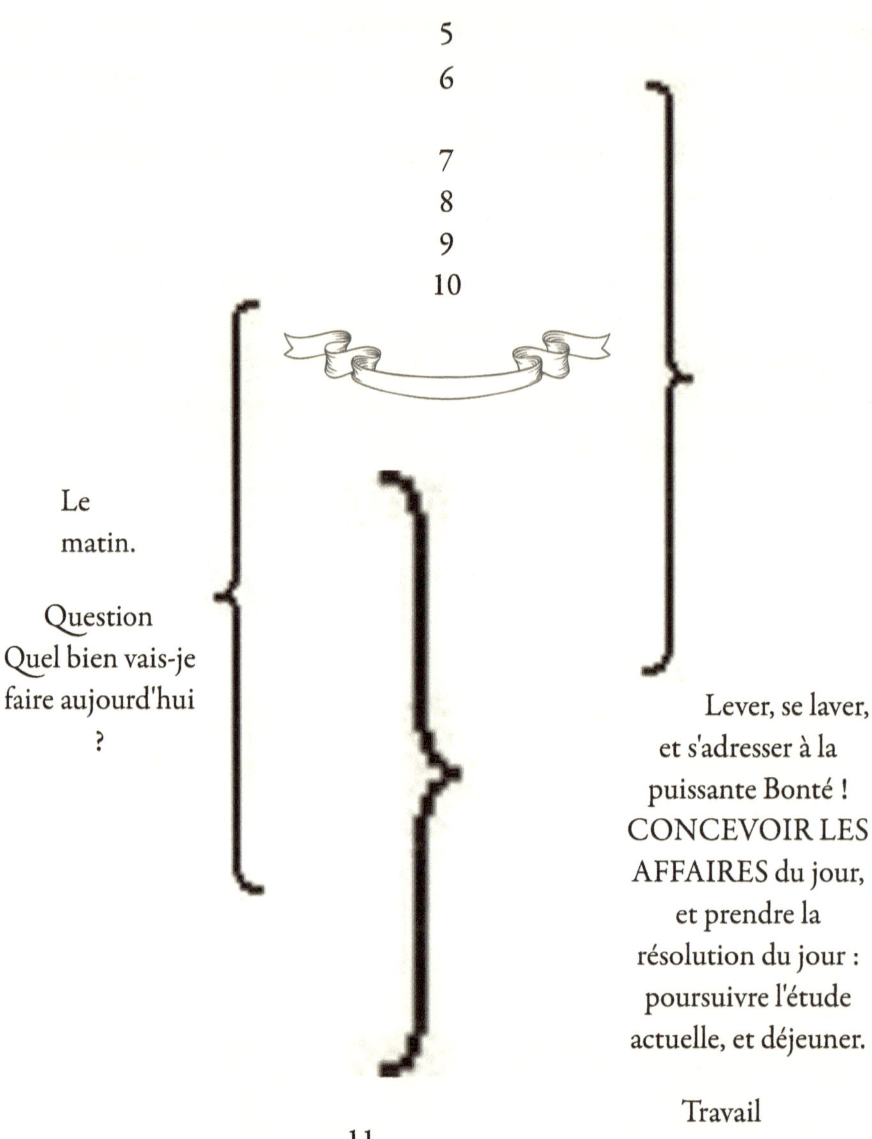
5
6
7
8
9
10
Le
matin.

Question
Quel bien vais-je
faire aujourd'hui
?

Lever, se laver,
et s'adresser à la
puissante Bonté !
CONCEVOIR LES
AFFAIRES du jour,
et prendre la
résolution du jour :
poursuivre l'étude
actuelle, et déjeuner.

Travail

11

Midi Lisez ou

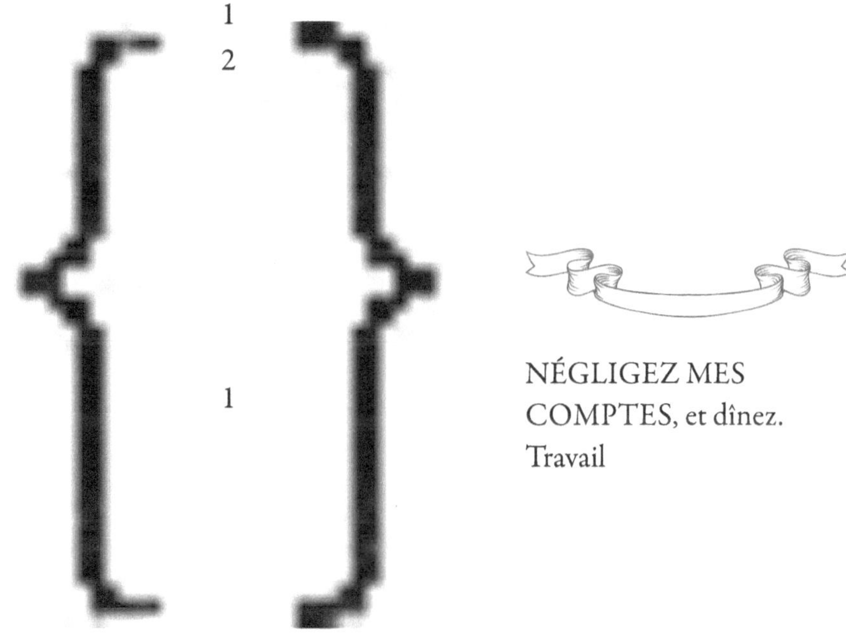

1
2

1

NÉGLIGEZ MES
COMPTES, et dînez.
Travail

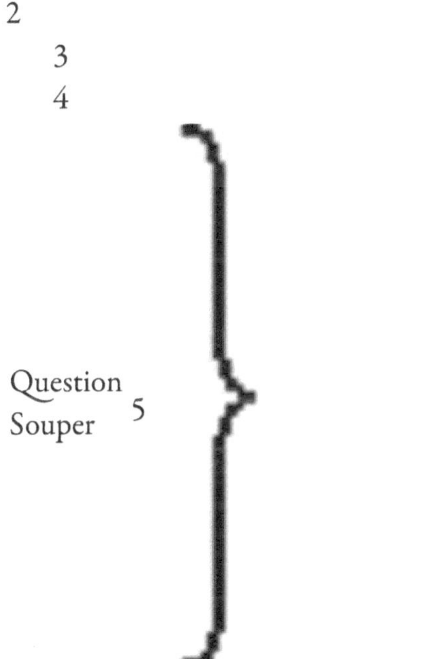

2
3
4

Question
Souper   5

Mettre les choses à leur place

6
7
8

Soirée
Question.
Quel bien ai-je
fait aujourd'hui
?

9

Musique ou distraction, ou
conversation. Examen de la
journée.

10
11
12
1
2

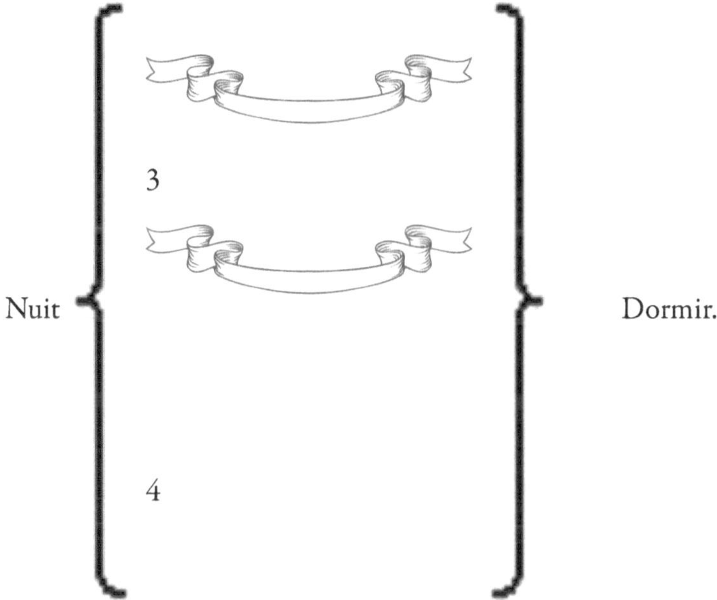

Nuit Dormir.

J'AI COMMENCÉ À EXÉCUTER ce plan d'autoexamen, et je l'ai poursuivi avec des interruptions occasionnelles pendant un certain temps. Je fus surpris de me trouver beaucoup plus rempli de fautes que je ne l'avais imaginé ; mais j'eus la satisfaction de les voir diminuer. Pour éviter la peine de renouveler de temps en temps mon petit livre, qui, à force de gratter sur le papier les marques des anciennes fautes pour faire place aux nouvelles dans un nouveau cours, devenait plein de trous, je transférai mes tables et mes préceptes sur les feuilles d'ivoire d'un livre de mémoires, sur lesquelles les lignes étaient tracées avec de l'encre rouge, qui faisait une tache durable, et sur ces lignes je marquais mes fautes avec un crayon de plomb noir, marques que je pouvais facilement effacer avec une éponge humide. Au bout d'un certain temps, je n'ai suivi qu'un seul cours par an, puis un seul en plusieurs années, jusqu'à ce que je finisse par les omettre complètement, étant occupé par des voyages et des affaires à l'étranger, avec une multiplicité d'affaires qui interféraient ; mais j'avais toujours mon petit livre avec moi. C'est mon plan d'ORDRE qui m'a donné le plus de mal

[70]; j'ai constaté que, bien qu'il soit praticable lorsque les affaires d'un homme sont telles qu'il peut disposer de son temps, comme c'est le cas d'un

compagnon imprimeur, par exemple, il n'est pas possible de l'observer exactement par un maître, qui doit se mêler au monde et recevoir souvent des gens d'affaires à leurs propres heures. L'ordre, aussi, en ce qui concerne l'emplacement des objets, des papiers, etc. était extrêmement difficile à acquérir. Je n'y avais pas été habitué de bonne heure et, comme j'ai une très bonne mémoire, je n'étais pas conscient de l'inconvénient que représentait le manque de méthode. Cet article m'a donc coûté une attention si pénible, mes fautes m'ont tellement vexé, j'ai fait si peu de progrès dans l'amendement, et j'ai eu des rechutes si fréquentes, que j'étais presque prêt à abandonner la tentative, et à me contenter d'un caractère défectueux à cet égard, comme l'homme qui, en achetant une hache à un forgeron, mon voisin, désirait que toute sa surface soit aussi brillante que le bord. Le forgeron consentit à la faire briller pour lui s'il voulait bien tourner la roue ; il tourna, tandis que le forgeron appuyait fortement et lourdement la large face de la hache sur la pierre, ce qui rendait la rotation de la hache très fatigante. De temps en temps, l'homme quittait la roue pour voir comment se déroulait le travail, et finalement, il voulut prendre sa hache telle quelle, sans plus l'affûter.

"Non, dit le forgeron, continuez, continuez, nous l'aurons bientôt brillante ; pour le moment, elle n'est que mouchetée."

"Oui," dit l'homme, "mais je crois que je préfère une hache mouchetée."

Et je crois que cela a pu être le cas de beaucoup de personnes qui, faute de moyens comme ceux que j'ai employés, ont trouvé la difficulté d'acquérir de bonnes et de rompre avec de mauvaises habitudes dans d'autres domaines du vice et de la vertu, ont abandonné la lutte et ont conclu qu'"une hache mouchetée était la meilleure" ; car quelque chose, qui prétendait être la raison, me suggérait de temps en temps que la minutie extrême que j'exigeais de moi-même pouvait être une sorte d'escroquerie dans les mœurs, qui, si elle était connue, me rendrait ridicule ; qu'un caractère parfait pouvait être accompagné de l'inconvénient d'être envié et détesté ; et qu'un homme bienveillant devrait permettre quelques défauts en lui-même, pour garder ses amis en estime.

EN VÉRITÉ, JE ME TROUVAIS incorrigible à l'égard de l'Ordre ; et maintenant que je suis vieux et que ma mémoire est mauvaise, je ressens très sensiblement le manque d'ordre. Mais, dans l'ensemble, bien que je ne sois jamais arrivé à la perfection que j'avais tant d'ambition d'obtenir, mais que je sois resté bien en deçà, j'ai été, par cet effort, un homme meilleur et plus heureux que je ne l'aurais été si je ne l'avais pas tenté ; comme ceux qui visent à une écriture parfaite en imitant les copies gravées, bien qu'ils n'atteignent jamais l'excellence souhaitée de ces copies, leur main est soignée par l'effort, et est tolérable tant qu'elle reste juste et lisible. Il serait peut-être bon que ma postérité soit informée que c'est à ce petit artifice, avec la bénédiction de Dieu, que leur ancêtre doit la félicité constante de sa vie, jusqu'à sa 79e année, au moment où ces lignes sont écrites. Les revers qui pourraient survenir sont entre les mains de la Providence ; mais s'ils arrivent, la réflexion sur le bonheur passé devrait l'aider à les supporter avec plus de résignation. C'est à la tempérance qu'il attribue sa longue santé et ce qui lui reste d'une bonne constitution ; à l'industrie et à la frugalité, la facilité précoce de ses circonstances et l'acquisition de sa fortune, avec toutes les connaissances qui lui ont permis d'être un citoyen utile et qui lui ont valu une certaine réputation parmi les érudits ; à la Sincérité et à la Justice, la confiance de son pays, et les emplois honorables qu'elle lui a conférés ; et à l'influence conjointe de toute la masse des vertus [71] même dans l'état imparfait où il a pu les acquérir, toute cette égalité d'humeur, et cette gaieté dans la conversation, qui fait que sa compagnie est encore recherchée, et agréable même à ses jeunes connaissances. J'espère donc que certains de mes descendants pourront suivre cet exemple et en récolter les fruits. On remarquera que, bien que mon plan n'était pas entièrement dépourvu de religion, il ne contenait aucune marque des principes distinctifs d'une secte particulière. Je les avais volontairement évités ; car, étant pleinement persuadé de l'utilité et de l'excellence de ma méthode, et du fait qu'elle pourrait être utile aux gens de toutes les religions, et ayant l'intention de la publier un jour ou l'autre, je ne voulais rien y trouver qui puisse porter préjudice à quiconque, de quelque secte que ce soit, à son encontre. J'avais l'intention d'écrire un petit commentaire sur chaque vertu, dans lequel j'aurais montré les avantages qu'il y a à la posséder, et les malheurs qui accompagnent son vice opposé ; et j'aurais appelé mon livre L'ART DE LA VERTU [72] parce qu'il aurait montré les moyens et la manière d'obtenir la vertu, ce qui l'aurait distingué de la simple exhortation à être bon, qui n'instruit pas et n'indique pas les moyens, mais est comme l'homme de charité verbale de l'apôtre, qui seulement sans montrer aux nus et aux affamés comment ou bien où ils pourraient obtenir des vêtements ou des victuailles, les exhortait à être nourris et vêtus. James ii. 15, 16. Mais il se trouve que mon intention d'écrire et de publier ce commentaire ne s'est jamais réalisée. J'ai, en effet, de temps en temps, écrit de courtes allusions aux sentiments, aux raisonnements, etc., qui devaient y être utilisés, et j'en ai encore quelques-unes à portée de main ; mais l'attention soutenue que j'ai dû porter à mes affaires privées au début de ma vie, et les affaires publiques depuis, m'ont obligé à le remettre à plus tard ; car, comme il était lié dans mon esprit à un grand et vaste projet, dont l'exécution exigeait l'homme tout entier, et qu'une succession imprévue d'emplois m'a empêché de le réaliser, il est resté jusqu'à présent inachevé. Dans cette pièce, j'avais l'intention d'expliquer et d'appliquer cette doctrine, que les actions vicieuses ne sont pas nuisibles parce qu'elles sont interdites, mais interdites parce qu'elles sont nuisibles, la nature de l'homme seule étant prise en considération ; qu'il était donc de l'intérêt de tous ceux qui voulaient être heureux même en ce monde d'être vertueux ; et j'aurais dû, à partir de cette circonstance (il y a toujours dans le monde un certain nombre de riches marchands, de nobles, d'états et de princes, qui ont besoin d'instruments honnêtes pour la gestion de leurs affaires, et ceux-ci étant si rares), m'efforcer de convaincre les jeunes gens qu'aucune qualité n'était aussi susceptible de faire la fortune d'un pauvre homme que celles de la probité et de l'intégrité. Ma liste de vertus n'en contenait d'abord que douze ; mais un ami quaker m'ayant gentiment informé que j'étais généralement considéré comme orgueilleux ; que mon orgueil se manifestait fréquemment dans la conversation ; que je ne me contentais pas d'avoir raison quand je discutais d'un point quelconque, mais que j'étais dominateur et plutôt insolent, ce dont il m'a convaincu en mentionnant plusieurs exemples ; j'ai décidé de m'efforcer de me guérir, si je le pouvais, de ce vice ou de cette folie parmi les autres, et j'ai ajouté l'Humilité à ma liste, donnant un sens étendu à ce mot. Je ne peux pas me vanter d'avoir beaucoup de succès dans l'acquisition de la réalité de cette vertu, mais j'en ai eu beaucoup en ce qui concerne l'apparence. Je me suis fait une règle de m'interdire toute contradiction directe avec les sentiments des autres, et toute affirmation positive des miens. Je m'interdisais même, conformément aux anciennes lois de notre Junto, l'usage de tous les mots ou expressions de la langue qui impliquaient une opinion arrêtée, tels que certainement, indubitablement, etc., et j'adoptais, à leur place, je conçois, j'appréhende, ou j'imagine qu'une chose est telle ou telle, ou qu'elle me paraît telle actuellement. Quand un autre affirmait quelque chose que je considérais comme une erreur, je me refusais le plaisir de le contredire brusquement, et de montrer immédiatement quelque absurdité dans sa proposition ; et en répondant, je commençais par observer que dans certains cas ou circonstances son opinion serait juste, mais que dans le cas présent il y avait ou me semblait y avoir quelque différence, etc. Je trouvai bientôt l'avantage de ce changement dans mes manières ; les conversations que j'engageais se déroulaient plus agréablement. La façon modeste dont je proposais mes opinions leur procurait une réception plus prompte et moins de contradiction ; j'avais moins de mortification quand on me trouvait dans l'erreur, et je persuadais plus facilement les autres de renoncer à leurs erreurs et de se joindre à moi quand il m'arrivait d'avoir raison. Et cette façon de faire, que j'ai d'abord adoptée avec une certaine violence à l'encontre de mon penchant naturel, est devenue si facile et si habituelle pour moi que, peut-être depuis cinquante ans, personne n'a jamais entendu une expression dogmatique m'échapper. Et je pense que c'est principalement à cette habitude (après mon caractère intègre) que je dois d'avoir eu au début tant de poids auprès de mes concitoyens lorsque je proposais de nouvelles institutions ou des modifications aux anciennes, et tant d'influence dans les conseils publics lorsque je suis devenu membre ; car je n'étais qu'un mauvais orateur, jamais éloquent, sujet à beaucoup d'hésitations dans le choix de mes mots, à peine correct dans mon langage, et pourtant j'arrivais généralement à faire valoir mes arguments. En réalité, il n'y a peut-être aucune de nos passions naturelles qui soit aussi difficile à maîtriser que l'orgueil. Qu'on le déguise, qu'on le combatte, qu'on le batte, qu'on l'étouffe, qu'on le mortifie autant qu'on le veut, il est toujours vivant, et de temps en temps, il surgit et se montre ; vous le verrez peut-être souvent dans cette histoire ; car, même si je pouvais concevoir que je l'ai complètement surmonté, je serais probablement fier de mon humilité. [Jusqu'ici écrit à Passy, 1784.]

["Je suis maintenant sur le point d'écrire à la maison, en août 1788, mais je ne peux pas avoir l'aide attendue de mes papiers, beaucoup d'entre eux ayant été perdus pendant la guerre. J'ai cependant trouvé ce qui suit".]

[73] APRES AVOIR mentionné un grand et vaste projet que j'avais conçu, il semble approprié de rendre compte ici de ce projet et de son objet. Il est apparu pour la première fois dans mon esprit dans le petit document suivant, conservé par hasard, à savoir... :

Observations sur l'histoire de mes lectures, dans la Bibliothèque, le 19 mai 1731.

" Que les grandes affaires du monde, les guerres, les révolutions, etc, sont menées et effectuées par des partis."

"Que l'opinion de ces partis est leur intérêt général actuel, ou ce qu'elles considèrent comme tel !"

"Que les différents points de vue de ces différents partis occasionnent toute la confusion."

"Pendant qu'un parti poursuit un but général, chaque homme a son intérêt privé particulier en vue. "Dès qu'un parti a acquis son point de vue général, chaque membre s'attache à son intérêt particulier, ce qui, en contrariant les autres, divise le parti et engendre une plus grande confusion."

"Que peu de personnes dans les affaires publiques agissent dans le seul but d'assurer le bien de leur pays, quoi qu'elles puissent prétendre ; et, bien que leurs actions apportent un bien réel à leur pays, les hommes ont d'abord considéré que leur propre intérêt et celui de leur pays étaient unis, et n'ont pas agi par principe de bienveillance.

"Que moins nombreux encore sont ceux qui, dans les affaires publiques, agissent en vue du bien de l'humanité."

"Il me semble qu'il y a actuellement une grande occasion de créer un parti uni pour la vertu, en formant les hommes vertueux et bons de toutes les nations en un corps régulier, qui serait gouverné par des règles appropriées, bonnes et sages, auxquelles les hommes bons et sages pourraient probablement obéir plus unanimement que les gens ordinaires ne le font pour les lois communes."

"Je pense actuellement que celui qui s'y prend bien, et qui est bien qualifié, ne peut manquer de plaire à Dieu, et de rencontrer le succès.

(Signé) B. F."

Ayant à l'esprit ce projet, que je devais entreprendre plus tard, lorsque ma situation me donnerait le loisir nécessaire, je notais de temps en temps, sur des morceaux de papier, les pensées qui me venaient à l'esprit à ce sujet. La plupart d'entre elles sont perdues, mais j'en ai trouvé une qui semblait être la substance d'un credo prévu, contenant, comme je le pensais, les éléments essentiels de toutes les religions connues, et exempte de tout ce qui pourrait choquer les professeurs de toute religion. Il est exprimé en ces termes, à savoir... :

"Qu'il y a un seul Dieu, qui a fait toutes choses !"

"Qu'il gouverne le monde par sa providence."

"Qu'il doit être adoré par l'adoration, la prière et l'action de grâce ! "

"Mais que le service le plus acceptable de Dieu est de faire du bien à l'homme."

"Que l'âme est immortelle ! "

"Et que Dieu récompensera certainement la vertu et punira le vice, ici ou dans l'au-delà !"

Mes idées à ce moment-là étaient que la secte devait être commencée et répandue d'abord parmi les hommes jeunes et célibataires seulement ; que chaque personne à initier devait non seulement déclarer son assentiment à ce credo, mais devait s'exercer à l'examen et à la pratique des vertus pendant treize semaines, comme dans le modèle mentionné ci-dessus ; que l'existence d'une telle société soit tenue secrète jusqu'à ce qu'elle devienne considérable, afin d'empêcher les sollicitations pour l'admission de personnes inappropriées, mais que les membres recherchent chacun parmi leurs connaissances des jeunes gens ingénus et bien disposés, à qui, avec une prudence prudente, le plan soit progressivement communiqué ; que les membres s'engagent à se donner des conseils, une assistance et un soutien mutuel pour promouvoir les intérêts, les affaires et l'avancement de chacun dans la vie ; que, pour la distinction, nous nous appelions la Société des libres et des faciles : libres, comme étant, par la pratique générale et l'habitude des vertus, libérés de la domination du vice ; et particulièrement par la pratique de l'industrie et de la frugalité, libérés de la dette, qui expose un homme à la réclusion, et à une espèce d'esclavage envers ses créanciers.

C'est tout ce dont je me souviens aujourd'hui de ce projet, sauf que je l'ai communiqué en partie à deux jeunes gens, qui l'ont adopté avec un certain enthousiasme ; mais mes circonstances étroites d'alors, et la nécessité que j'avais de m'en tenir étroitement à mes affaires, ont fait que j'ai remis à plus tard la poursuite de ce projet à ce moment-là ; et mes occupations diverses, publiques et privées, m'ont incité à continuer à le remettre à plus tard, de sorte qu'il a été omis jusqu'à ce que je n'aie plus de force ou d'activité suffisante pour une telle entreprise ; je n'ai pas été découragé par l'ampleur apparente de l'entreprise, car j'ai toujours pensé qu'un homme d'une capacité moyenne peut opérer de grands changements et accomplir de grandes choses dans l'humanité, s'il élabore d'abord un bon plan et, en supprimant tous les amusements ou autres emplois qui pourraient détourner son attention, fait de l'exécution de ce plan sa seule étude et son seul travail.

[66] Comparer avec Philippiens iv, 8.

[67] Célèbre philosophe grec, qui vécut environ 582-500 AVANT J.-C. Les Versets d'or qui lui sont attribués ici sont probablement d'origine plus tardive. "Le moment qu'il recommande pour ce travail est vers le soir ou le coucher, afin que nous puissions conclure l'action du jour avec le jugement de la conscience, en faisant de l'examen de notre conversation un chant du soir à Dieu."

[68] Ce "petit livre" est daté du 1er juillet 1733.-W. T. F.

[69] "Ô philosophie, guide de la vie ! Ô chercheur de la vertu et exterminateur du vice ! Un jour passé bien et conformément à tes préceptes vaut une immortalité de péchés. "Enquêtes de Tusculan, Livre V.

[70] Le professeur McMaster nous dit que lorsque Franklin était agent américain en France, son manque d'ordre dans les affaires était une source d'ennui pour ses collègues et amis. "Les étrangers qui venaient le voir étaient stupéfaits de voir des papiers de la plus haute importance éparpillée de la manière la plus négligente sur la table et le sol."

[71] Bien qu'il ne fasse aucun doute que l'amélioration morale et le bonheur de Franklin étaient dus à la pratique de ces vertus, la plupart des gens seront d'accord pour dire que nous devons revenir à son plan pour trouver le motif qui pousse à une vie vertueuse. La suggestion de Franklin lui-même, selon laquelle ce plan sent la "fantaisie dans les mœurs", semble justifiée. Woodrow Wilson le dit bien : "Les hommes ne s'enflamment pas devant de telles pensées, à moins que quelque chose de plus profond, qui manque ici, ne brille à travers elles. Ce qui pouvait sembler au dix-huitième siècle un système de morale ne nous semble rien de plus vital qu'une collection de préceptes de bon sens et de conduite saine. Ce qui sauve ce livre de la mesquinerie, c'est l'étendue de la puissance et de l'utilité que l'on peut constater chez Franklin lui-même, qui a établi ces normes avec sérieux et candeur pour sa propre vie." Voir Galates, chapitre V, pour le plan chrétien de perfection morale.

[72] Rien n'est plus susceptible de faire la fortune d'un homme que la vertu Note de marge.

[73] Il s'agit d'une note marginale. -B

Chapitre 10 : L'Almanach du pauvre Richard et autres activités

En 1732, j'ai publié pour la première fois mon Almanach, sous le nom de Richard Saunders ; je l'ai continué pendant environ vingt-cinq ans, et il est communément appelé l'Almanach du pauvre Richard [74]. [Je m'efforçai de le rendre à la fois divertissant et utile, et il devint en conséquence si demandé que j'en tirai un profit considérable, le vendant annuellement près de dix mille. Et constatant qu'il était généralement lu, qu'il n'y avait pratiquement aucun quartier de la province qui n'en possédait pas, je le considérais comme un véhicule approprié pour transmettre l'instruction parmi les gens du peuple, qui n'achetaient guère d'autres livres ; j'ai donc rempli tous les petits espaces qui se trouvaient entre les jours remarquables du calendrier avec des phrases proverbiales, principalement celles qui inculquaient l'industrie et la frugalité, comme le moyen de se procurer des richesses, et par conséquent d'assurer la vertu ; il est plus difficile pour un homme dans le besoin, d'agir toujours honnêtement, comme, pour utiliser ici un de ces proverbes, il est difficile pour un sac vide de se tenir debout. Ces proverbes, contenant la sagesse de nombreux âges et nations, j'ai rassemblé et formé un discours relié préfixé à l'Almanach de 1757, comme la harangue d'un vieux sage aux personnes assistant à une vente aux enchères. Le fait de rassembler tous ces conseils épars en un seul point leur permettait de faire une plus grande impression. La pièce, universellement approuvée, a été copiée dans tous les journaux du continent ; réimprimée en Grande-Bretagne sur une face large, pour être affichée dans les maisons ; deux traductions ont été faites en français, et le clergé et la noblesse en ont acheté un grand nombre pour le distribuer gratuitement à leurs paroissiens et locataires pauvres. En Pennsylvanie, comme il décourageait les dépenses inutiles en superficialités étrangères, certains pensaient qu'il avait sa part d'influence dans la production de cette abondance croissante d'argent qui a été observée pendant plusieurs années après sa publication.

"Deux pages de l'Almanach du pauvre Richard pour 1736. Taille de l'original. Reproduit à partir d'un exemplaire de la bibliothèque publique de New York."

Je considérais également mon journal comme un autre moyen de communiquer l'instruction, et dans cette optique, j'y réimprimais fréquemment des extraits du Spectator et d'autres auteurs de morale ; et je publiais parfois de petites pièces de mon cru, qui avaient d'abord été composées pour être lues dans notre Junto. Parmi ces textes, il y a un dialogue socratique qui tend à prouver que, quelles que soient ses qualités et ses capacités, un homme vicieux ne peut pas être appelé à juste titre un homme de sens ; et un discours sur l'abnégation, qui montre que la vertu n'est pas sûre tant que sa pratique n'est pas devenue une habitude et qu'elle n'est pas libérée de l'opposition d'inclinations contraires. On peut trouver ces textes dans les journaux au début de 1735. [75] Dans la conduite de mon journal, j'ai soigneusement exclu toute diffamation et tout abus personnel, qui sont devenus ces dernières années si honteux pour notre pays. Chaque fois qu'on me sollicitait pour insérer quelque chose de ce genre, et que les auteurs plaidaient, comme ils le faisaient généralement, la liberté de la presse, et qu'un journal était comme une diligence, dans laquelle quiconque voulait payer avait droit à une place, je répondais que j'imprimerais l'article séparément si on le souhaitait, et que l'auteur pouvait avoir autant d'exemplaires qu'il voulait pour le distribuer lui-même, mais que je ne prendrais pas sur moi de répandre sa détraction ; et que, ayant passé un contrat avec mes abonnés pour leur fournir ce qui pouvait être utile ou divertissant, je ne pouvais pas remplir leurs journaux avec des altercations privées, dans lesquelles ils n'étaient pas concernés, sans leur faire une injustice manifeste. Or, beaucoup de nos imprimeurs n'ont aucun scrupule à satisfaire la méchanceté des individus en accusant faussement les plus beaux personnages parmi nous, augmentant l'animosité jusqu'à produire des duels ; et ils sont, en outre, si indiscrets qu'ils impriment des réflexions calomnieuses sur le gouvernement des États voisins, et même sur la conduite de nos meilleurs alliés nationaux, ce qui peut avoir les conséquences les plus pernicieuses. Je mentionne ces choses pour mettre en garde les jeunes imprimeurs, et pour les encourager à ne pas polluer leurs presses et à ne pas déshonorer leur profession par des pratiques aussi infâmes, mais à refuser fermement, car ils peuvent voir par mon exemple qu'une telle ligne de conduite ne sera pas, dans l'ensemble, préjudiciable à leurs intérêts. En 1733, j'ai envoyé un de mes compagnons à Charleston, en Caroline du Sud, où il manquait un imprimeur. Je lui ai fourni une presse et des lettres, sur la base d'un accord de partenariat, en vertu duquel je devais recevoir un tiers des bénéfices de l'entreprise et payer un tiers des dépenses. C'était un homme instruit, honnête, mais ignorant en matière de comptabilité ; et, bien qu'il me fasse parfois des versements, je n'ai pu obtenir aucun compte de sa part ni aucun état satisfaisant de notre partenariat tant qu'il vivait. À son décès, l'entreprise fut poursuivie par sa veuve, qui, étant née et élevée en Hollande, où, comme on me l'a dit, la connaissance des comptes fait partie de l'éducation féminine, non seulement m'envoya un état aussi clair qu'elle put trouver des transactions passées, mais continua à rendre des comptes avec la plus grande régularité et exactitude chaque trimestre par la suite, et géra l'entreprise avec un tel succès, qu'elle éleva non seulement une famille d'enfants réputée, mais, à l'expiration du terme, put m'acheter l'imprimerie et y établir son fils. Je mentionne cette affaire principalement dans le but de recommander cette branche de l'éducation pour nos jeunes femmes, comme susceptible d'être plus utile pour elles et leurs enfants, en cas de veuvage, que la musique ou la danse, en les préservant des pertes par l'imposition d'hommes rusés, et en leur permettant de continuer, peut-être, une maison commerciale rentable, avec une correspondance établie, jusqu'à ce qu'un fils soit adulte et apte à l'entreprendre et à la poursuivre, pour l'avantage durable et l'enrichissement de la famille. Vers l'année 1734, un jeune prédicateur presbytérien nommé Hemphill arriva d'Irlande parmi nous. Il prononçait d'une bonne voix, et apparemment improvisait, d'excellents discours, qui attiraient un grand nombre de personnes de différentes convictions, qui se joignaient à lui pour les admirer. Parmi les autres, je devins un de ses auditeurs constants, ses sermons me plaisant, car ils étaient peu dogmatiques, mais inculquaient fortement la pratique de la vertu, ou ce que l'on appelle dans le style religieux les bonnes œuvres. Cependant, ceux de notre congrégation qui se considéraient comme des presbytériens orthodoxes désapprouvaient sa doctrine et étaient rejoints par la plupart des anciens membres du clergé, qui l'accusaient d'hétérodoxie devant le synode, afin de le faire taire. Je suis devenu son partisan zélé, et j'ai contribué de toutes mes forces à lever un parti en sa faveur, et nous avons combattu pour lui pendant un certain temps avec quelques espoirs de succès. Il y eut beaucoup de gribouillages pour et contre à cette occasion ; et trouvant que, bien qu'il soit un prédicateur élégant, il n'était qu'un piètre écrivain, je lui prêtai ma plume et écrivis pour lui deux ou trois pamphlets, et un article dans la Gazette d'avril 1735. Ces pamphlets, comme c'est généralement le cas pour les écrits controversés, bien qu'ils aient été lus avec empressement à l'époque, ont rapidement disparu de la circulation, et je me demande s'il en existe un seul exemplaire aujourd'hui. [76] Au cours du concours, un événement malheureux a nui à sa cause de manière excessive. Un de nos adversaires l'ayant entendu prêcher un sermon très admiré pensa qu'il avait déjà lu quelque part ce sermon, ou du moins une partie de celui-ci. En cherchant, il trouva cette partie citée longuement, dans une des revues britanniques, d'un discours du Dr Foster [77]. Cette découverte a dégoûté beaucoup de gens de notre parti, qui ont donc abandonné sa cause, ce qui a entraîné notre déconfiture plus rapide au synode. Je l'ai cependant soutenu, car je préférais qu'il nous donne de bons sermons composés par d'autres, plutôt que de mauvais sermons de sa propre fabrication, bien que cette dernière soit la pratique de nos professeurs ordinaires. Il me reconnut par la suite qu'aucun de ceux qu'il prêchait n'était de lui, ajoutant que sa mémoire était telle qu'il pouvait retenir et répéter n'importe quel sermon après une seule lecture. Après notre défaite, il nous a quittés pour chercher ailleurs une meilleure fortune, et j'ai quitté la congrégation, sans jamais la rejoindre par la suite, bien que j'aie continué pendant de nombreuses années à cotiser pour soutenir ses ministres. J'avais commencé en 1733 à étudier les langues ; je me rendis bientôt maître du français au point de pouvoir lire les livres avec facilité. J'entrepris alors l'italien. Une connaissance, qui l'apprenait aussi, me tentait souvent de jouer aux échecs avec lui. Trouvant que cela prenait trop de temps pour l'étude, j'ai fini par refuser de jouer à nouveau, sauf à cette condition que le vainqueur de chaque partie ait le droit d'imposer une tâche, soit des parties de la grammaire à apprendre par cœur, soit des traductions, etc. Comme nous jouions à peu près également, nous nous sommes donc mutuellement battus dans cette langue. Par la suite, avec un peu d'assiduité, j'ai acquis autant d'espagnol que je pouvais lire leurs livres. J'ai déjà mentionné que je n'ai reçu qu'une seule année d'instruction dans une école de latin, et ce alors que j'étais très jeune, après quoi j'ai entièrement négligé cette langue. Mais, lorsque j'eus atteint une certaine connaissance du français, de l'italien et de l'espagnol, je fus surpris de constater, en examinant un testament latin, que je comprenais beaucoup plus de cette langue que je ne l'avais imaginé, ce qui m'encouragea à m'appliquer de nouveau à l'étudier, et j'obtins plus de succès, car ces langues précédentes m'avaient grandement facilité la tâche. À partir de ces circonstances, j'ai pensé qu'il y avait une certaine incohérence dans notre mode commun d'enseignement des langues. On nous dit qu'il est bon de commencer par le latin, et qu'après l'avoir acquis, il sera plus facile d'atteindre les langues modernes qui en dérivent ; et pourtant nous ne commençons pas par le grec, afin d'acquérir plus facilement le latin. Il est vrai que, si vous pouvez grimper et arriver au sommet d'un escalier sans utiliser les marches, vous les gagnerez plus facilement en descendant ; mais certainement, si vous commencez par le plus bas, vous monterez plus facilement au sommet ; et je soumets donc à la considération de ceux qui dirigent l'éducation de notre jeunesse, si, puisque beaucoup de ceux qui commencent par le latin l'abandonnent après quelques années sans avoir acquis une grande compétence, et que ce qu'ils ont appris devient presque inutile, de sorte qu'ils ont perdu leur temps, il n'aurait pas mieux valu commencer par le français, puis l'italien, etc., car, si, après avoir passé le même temps, ils abandonnaient l'étude des langues et n'arrivaient jamais au latin, ils auraient cependant acquis une ou deux autres langues qui, étant d'usage moderne, pourraient leur être utiles dans la vie courante. [78] Après dix ans d'absence de Boston, et une fois que ma situation s'est améliorée, j'ai fait un voyage là-bas pour rendre visite à mes parents, ce que je ne pouvais pas me permettre plus tôt. Au retour, je fis escale à Newport pour voir mon frère, alors installé là avec son imprimerie. Nos anciens différends étaient oubliés, et notre rencontre fut très cordiale et affectueuse. Sa santé déclinait rapidement et il m'a demandé, au cas où il mourait, ce qu'il pensait être proche, de prendre son fils, alors âgé de dix ans, et de l'initier au métier d'imprimeur. C'est ce que j'ai fait, en l'envoyant quelques années à l'école avant de le mettre au travail. Sa mère s'est occupée de l'entreprise jusqu'à ce qu'il soit adulte, et je l'ai alors aidé avec un assortiment de nouveaux caractères, ceux de son père étant en quelque sorte usés. C'est ainsi que j'ai largement dédommagé mon frère pour le service dont je l'avais privé en le quittant si tôt.

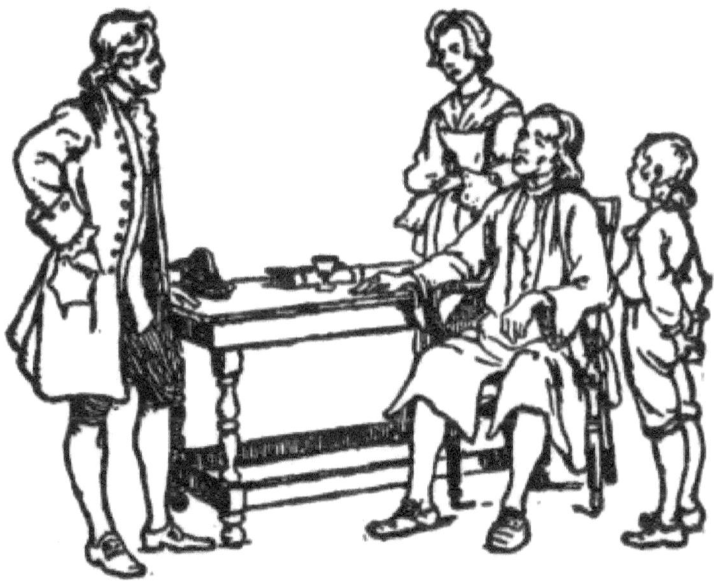

EN 1736, J'AI PERDU l'un de mes fils, un beau garçon de quatre ans, par la variole, prise de la manière commune. J'ai longtemps regretté amèrement, et je regrette encore de ne pas lui avoir donné la variole par inoculation. Je le mentionne pour les parents qui omettent cette opération, en supposant qu'ils ne se pardonneraient jamais si un enfant en mourait ; mon exemple montre que le regret peut être le même dans les deux cas, et qu'il faut donc choisir le plus sûr. Notre club, le Junto, s'est révélé si utile et a donné tant de satisfaction à ses membres que plusieurs d'entre eux ont souhaité y introduire leurs amis, ce qui ne pouvait se faire sans dépasser le nombre que nous avions fixé comme convenable, à savoir douze. Dès le début, nous avions pris pour règle de garder notre institution secrète, ce qui a été assez bien observé ; l'intention était d'éviter les demandes d'admission de personnes inappropriées, dont certaines, peut-être, nous aurions du mal à refuser. J'étais l'un de ceux qui s'opposaient à toute augmentation de notre nombre, mais au lieu de cela, j'ai proposé par écrit que chaque membre séparément s'efforce de former un club subordonné, avec les mêmes règles concernant les questions, etc., et sans les informer du lien avec la Junte. Les avantages proposés étaient les suivants : l'amélioration d'un plus grand nombre de jeunes citoyens par l'utilisation de nos institutions ; notre meilleure connaissance des sentiments généraux des habitants en toute occasion, puisque le membre de la Junte pouvait proposer les questions que nous désirions, et devait rapporter à la Junte ce qui se passait dans son club séparé ; la promotion de nos intérêts particuliers dans les affaires par une recommandation plus étendue, et l'augmentation de notre influence dans les affaires publiques, et notre pouvoir de faire le bien en répandant dans les différents clubs les sentiments de la Junte. Le projet fut approuvé, et chaque membre entreprit de former son club, mais tous ne réussirent pas. Cinq ou six seulement ont été constitués, sous différents noms, comme la Vigne, l'Union, la Bande, etc. Ils étaient utiles à eux-mêmes et nous ont procuré beaucoup d'amusement, d'information et d'instruction, en plus de répondre, dans une certaine mesure, à notre désir d'influencer l'opinion publique en certaines occasions, dont je donnerai quelques exemples au fur et à mesure qu'ils se produiront. Ma première promotion fut d'être choisi, en 1736, comme greffier de l'Assemblée générale. Le choix s'est fait cette année-là sans opposition ; mais l'année suivante, lorsque j'ai été à nouveau proposé (le choix, comme celui des membres, étant annuel), un nouveau membre a fait un long discours contre moi, afin de favoriser un autre candidat. J'ai cependant été choisi, ce qui était d'autant plus agréable pour moi que, outre le salaire pour le service immédiat en tant que greffier, le poste me donnait une meilleure occasion de maintenir un intérêt parmi les membres, ce qui me garantissait l'impression des votes, des lois, du papier-monnaie et d'autres travaux occasionnels pour le public, qui, dans l'ensemble, étaient très rentables. Je n'aimais donc pas l'opposition de ce nouveau membre, qui était un gentilhomme de fortune et d'éducation, avec des talents qui étaient susceptibles de lui donner, avec le temps, une grande influence dans la Chambre, ce qui, en effet, se produisit par la suite. Je n'ai cependant pas cherché à gagner sa faveur en lui témoignant un respect servile, mais, après quelque temps, j'ai adopté cette autre méthode. Ayant entendu dire qu'il avait dans sa bibliothèque un certain livre très rare et curieux, je lui écrivis un mot, exprimant mon désir de lire ce livre, et le priant de me faire la faveur de me le prêter pour quelques jours. Il me l'a envoyé immédiatement, et je l'ai renvoyé environ une semaine plus tard avec une autre note, exprimant fortement mon sentiment de faveur. Lorsque nous nous sommes rencontrés à la Chambre, il m'a adressé la parole (ce qu'il n'avait jamais fait auparavant), et ce, avec beaucoup de civilité ; par la suite, il s'est toujours montré prêt à me servir en toute occasion, de sorte que nous sommes devenus de grands amis, et notre amitié s'est poursuivie jusqu'à sa mort. C'est un autre exemple de la vérité d'une vieille maxime que j'avais apprise, qui dit : "Celui qui vous a fait une fois une faveur sera plus disposé à vous en faire une autre que celui que vous avez vous-même obligé". Et cela montre combien il est plus profitable d'éloigner prudemment, que de résister, de retourner et de poursuivre des procédures inimitables. En 1737, le colonel Spotswood, ancien gouverneur de la Virginie et alors ministre des Postes, n'étant pas satisfait de la conduite de son adjoint à Philadelphie, en raison d'une certaine négligence dans l'exécution et de l'inexactitude de ses comptes, lui retira la commission et me l'offrit. Je l'ai acceptée sans hésiter, et j'y ai trouvé un grand avantage ; car, bien que le salaire fût faible, il facilitait la correspondance qui improvisait mon journal, augmentait le nombre de demandes, ainsi que les annonces à insérer, de sorte qu'il en est venu à me procurer un revenu considérable. Le journal de mon ancien concurrent diminua proportionnellement, et je fus satisfait sans riposter de son refus, lorsqu'il était maître de poste, de faire transporter mes journaux par les cavaliers. Il a donc beaucoup souffert de sa négligence en matière de comptabilité ; et je le mentionne comme une leçon pour les jeunes hommes qui pourraient être employés à gérer des affaires pour d'autres, afin qu'ils rendent toujours les comptes et fassent les remises avec une grande clarté et ponctualité. L'observation d'une telle conduite est la plus puissante de toutes les recommandations pour de nouveaux emplois et l'augmentation des affaires.

[74] L'almanach était à l'époque une sorte de périodique ainsi qu'un guide des phénomènes naturels et de la météo. Franklin a emprunté son titre à Poor Robin, un célèbre almanach anglais, et à Richard Saunders, un éditeur d'almanachs bien connu. Pour les maximes de Poor Richard, voir les pages 331-335.

[75]23 juin et 7 juillet 1730.-Smyth.

[76] Voir "Une liste de livres écrits par ou relatifs à Benjamin Franklin", par Paul Leicester Ford. 1889. p. 15.-Smyth.

[77] Dr James Foster (1697-1753): -

"Que le modeste Foster, s'il veut bien exceller Dix métropolitains dans le puits de prédication." -Pope (Épilogue aux Satires, I, 132)." "Ceux qui n'avaient pas entendu Farinelli chanter et Foster prêcher n'étaient pas qualifiés pour apparaître en bonne compagnie", Hawkins. "Histoire de la musique."-Smyth.

[78] L'autorité de Franklin, l'homme le plus éminemment pratique de son époque, en faveur de la réserve de l'étude des langues mortes jusqu'à ce que l'esprit ait atteint une certaine maturité, est confirmée par la confession de l'un des plus éminents savants de tous les temps. "Nos séminaires d'apprentissage, dit Gibbon, ne correspondent pas exactement au précepte d'un roi spartiate, selon lequel l'enfant doit être instruit dans les arts qui seront utiles à l'homme ; car un savant fini peut sortir de la tête de Westminster ou d'Eton, dans une ignorance totale des affaires et de la conversation des gentilshommes anglais à la fin du XVIIIe siècle. Mais ces écoles peuvent avoir le mérite d'enseigner tout ce qu'elles prétendent enseigner, c'est-à-dire le latin et le grec" - Bigelow.

Chapitre 11 : Intérêt pour les affaires publiques

J'AI COMMENCÉ À ME pencher un peu sur les affaires publiques, en commençant, toutefois, par les petites choses. La surveillance de la ville a été l'une des premières choses que j'ai conçues comme devant être réglementées. Elle était gérée par les gendarmes des quartiers respectifs. À tour de rôle ; le gendarme avertissait un certain nombre de ménagères de se présenter à lui pour la nuit. Celles qui choisissaient de ne jamais venir, lui payaient six shillings par an pour être excusées, ce qui était censé servir à engager des remplaçants, mais était, en réalité, beaucoup plus que nécessaire à cette fin, et faisait de la fonction de gendarme un lieu de profit ; et le gendarme, pour un peu d'alcool, avait souvent autour de lui comme garde de tels farceurs, que les ménagères respectables ne choisissaient pas de les côtoyer. Les rondes étaient souvent négligées, et la plupart des nuits étaient consacrées à la consommation d'alcool. J'écrivis alors un article pour être lu à Junto, représentant ces irrégularités, mais insistant plus particulièrement sur l'inégalité de cette taxe de six shillings des gendarmes, en ce qui concerne les circonstances de ceux qui la payaient, puisqu'une pauvre veuve ménagère, dont tous les biens à garder par le guet ne dépassaient peut-être pas la valeur de cinquante livres, payait autant que le plus riche marchand, qui avait dans ses magasins des marchandises valant des milliers de livres. Dans l'ensemble, j'ai proposé, comme moyen de surveillance plus efficace, d'engager des hommes compétents pour s'occuper constamment de cette activité, et comme moyen plus équitable de soutenir la charge, de lever une taxe proportionnelle à la propriété. Cette idée, approuvée par le Junto, a été communiquée aux autres clubs, mais telle qu'elle se présentait dans chacun d'eux ; et bien que le plan n'ait pas été immédiatement mis à exécution, cependant, en préparant l'esprit des gens au changement, il a préparé le terrain pour la loi obtenue quelques années plus tard, lorsque les membres de nos clubs ont acquis plus d'influence. À peu près à cette époque, j'ai écrit un article (qui devait d'abord être lu dans le Junto, mais qui a été publié par la suite) sur les différents accidents et négligences par lesquels les maisons étaient incendiées, avec des mises en garde contre ces accidents et les moyens proposés pour les éviter. On a beaucoup parlé de cet ouvrage comme d'une pièce utile, et il a donné lieu à un projet, qui l'a bientôt suivi, de former une compagnie pour l'extinction plus rapide des incendies, et l'assistance mutuelle dans le déplacement et la sécurisation des biens en danger. Les associés à ce projet furent bientôt au nombre de trente. Nos articles d'accords obligeaient chaque membre à garder toujours en bon ordre et en état d'utilisation, un certain nombre de seaux en cuir, avec des sacs et des paniers solides (pour l'emballage et le transport des marchandises), qui devaient être apportés à chaque incendie ; et nous avons convenu de nous réunir une fois par mois et de passer une soirée sociale ensemble, en discutant et en communiquant les idées qui nous venaient à l'esprit sur les sujets des incendies, qui pourraient être utiles dans notre conduite en de telles occasions. L'utilité de cette institution est vite apparue, et comme il y avait beaucoup plus de personnes désireuses d'être admises que ce que nous pensions être convenable pour une seule compagnie, on leur a conseillé d'en former une autre, ce qui a été fait en conséquence ; et cela a continué, une nouvelle compagnie étant formée après l'autre, jusqu'à ce qu'elles deviennent si nombreuses qu'elles incluent la plupart des habitants qui étaient des hommes de propriété ; et maintenant, au moment où j'écris ces lignes, bien que plus de cinquante ans se soient écoulés depuis sa création, la première compagnie que j'ai formée, appelée Union Fire Company, subsiste et prospère toujours, bien que les premiers membres soient tous décédés, sauf moi-même et un autre, qui est âgé d'un an de plus que moi. Les petites amendes payées par les membres pour leur absence aux réunions mensuelles ont été appliquées à l'achat de moteurs à incendie, d'échelles, de crochets d'incendie et d'autres outils utiles pour chaque compagnie, de sorte que je me demande s'il existe une ville au monde mieux pourvue en moyens pour arrêter des débuts d'incendies ; et, en fait, depuis ces institutions, la ville n'a jamais perdu par le feu plus d'une ou deux maisons à la fois, et les flammes ont souvent été éteintes avant que la maison dans laquelle elles avaient commencé soit à moitié consumée.

EN 1739 ARRIVA PARMI nous d'Irlande le révérend M. Whitefield [79] qui s'y était fait remarquer comme prédicateur itinérant. Il fut d'abord autorisé à prêcher dans certaines de nos églises, mais le clergé, qui ne l'appréciait guère, lui refusa bientôt sa chaire, et il fut obligé de prêcher dans les champs. Les multitudes de toutes les sectes et dénominations qui assistaient à ses sermons étaient énormes, et c'était un sujet de spéculation pour moi, qui étais l'un d'entre eux, d'observer l'influence extraordinaire de son éloquence sur ses auditeurs, et combien ils l'admiraient et le respectaient, malgré l'abus qu'il faisait d'eux, en les assurant qu'ils étaient naturellement mi-bêtes et mi-démons. Il était merveilleux de voir le changement qui s'opéra bientôt dans les manières de nos habitants. D'être irréfléchis ou indifférents à la religion, il semblait que le monde entier devenait religieux, de sorte qu'on ne pouvait pas se promener dans la ville le soir sans entendre des psaumes chantés dans différentes familles de chaque rue. Et comme il n'était pas commode de se réunir en plein air, soumis à ses inconvénients, la construction d'une maison pour se réunir n'a pas tardé à être proposée, et des personnes ont été nommées pour recevoir des contributions, et des sommes suffisantes ont été bientôt reçues pour obtenir le terrain et ériger le bâtiment, qui était de cent pieds de long et soixante-dix de large, à peu près la taille de

Westminster Hall ; [80] et le travail a été mené avec un tel esprit qu'il a été terminé dans un temps beaucoup plus court que ce qui aurait pu être prévu. La maison et le terrain ont été confiés à des administrateurs, expressément pour l'usage de tout prédicateur de toute persuasion religieuse qui pourrait désirer dire quelque chose aux gens de Philadelphie ; le but de la construction n'était pas d'accommoder une secte particulière, mais les habitants en général ; de sorte que même si le Mufti de Constantinople devait envoyer un missionnaire pour nous prêcher le mahométisme, il trouverait une chaire à son service. M. Whitefield, en nous quittant, alla prêcher dans toutes les colonies jusqu'en Géorgie. La colonisation de cette province venait d'être commencée, mais, au lieu d'être faite par des paysans robustes, industrieux, habitués au travail, les seules personnes aptes à une telle entreprise, elle le fut par des familles de commerçants brisés et d'autres débiteurs insolvables, beaucoup d'entre eux ayant des habitudes indolentes et oisives, sorties des prisons, qui, étant installés dans les bois, non qualifiés pour défricher la terre, et incapables de supporter les difficultés d'une nouvelle colonie, périrent en grand nombre, laissant beaucoup d'enfants sans défense. La vue de leur situation misérable inspira au cœur bienveillant de M. Whitefield l'idée de construire une maison pour orphelins, dans laquelle ils pourraient être soutenus et éduqués. Revenant vers le nord, il prêcha cette charité et fit de grandes collectes, car son éloquence avait un pouvoir merveilleux sur les cœurs et les bourses de ses auditeurs, dont j'étais moi-même un exemple. Je ne désapprouvais pas ce projet, mais, comme la Géorgie manquait alors de matériaux et d'ouvriers, et qu'on se proposait de les faire venir de Philadelphie à grands frais, je pensais qu'il aurait mieux valu construire la maison ici, et y faire venir les enfants. C'est ce que je lui ai conseillé ; mais il était résolu dans son premier projet, a rejeté mon conseil, et j'ai donc refusé de contribuer. Peu après, j'ai assisté à l'un de ses sermons, au cours duquel j'ai compris qu'il avait l'intention de terminer par une collecte, et j'ai décidé en silence qu'il ne devait rien obtenir de moi. J'avais dans ma poche une poignée d'argent en cuivre, trois ou quatre dollars en argent et cinq pistoles en or. Au fur et à mesure qu'il avançait, j'ai commencé à m'attendrir et j'ai décidé de donner les pièces de cuivre. Un autre trait de sa rhétorique m'en fit honte, et me détermina à donner l'argent ; et il termina si admirablement que je vidai entièrement ma poche dans le plat du collecteur, or, et tout. Lors de ce sermon, il y avait aussi un membre de notre club qui, partageant mes sentiments à l'égard de la construction en Géorgie, et soupçonnant qu'une collecte pourrait être envisagée, avait, par précaution, vidé ses poches avant de venir de chez lui. Vers la fin du discours, cependant, il a ressenti un fort désir de donner, et a demandé à un voisin qui se trouvait près de lui, d'emprunter de l'argent à cette fin. La demande fut malheureusement faite au seul homme de la compagnie qui avait la fermeté de ne pas être affecté par le prédicateur. Sa réponse fut la suivante : "En tout autre temps, ami Hopkinson, je te prêterais volontiers de l'argent, mais pas maintenant, car tu sembles avoir perdu la raison". " Certains des ennemis de M. Whitefield ont commencé à supposer qu'il utiliserait ces collections pour son propre enrichissement personnel ; mais moi, qui le connaissais intimement (étant employé à l'impression de ses sermons et journaux, etc.), je n'ai jamais eu le moindre soupçon quant à son intégrité, mais je suis à ce jour résolument d'avis qu'il était dans toute sa conduite un homme parfaitement honnête ; et je pense que mon témoignage en sa faveur devrait avoir d'autant plus de poids que nous n'avions aucun lien religieux. Il lui arrivait de prier pour ma conversion, mais il n'a jamais eu la satisfaction de croire que ses prières étaient entendues. La nôtre était une simple amitié civile, sincère de part et d'autre, qui a duré jusqu'à sa mort. L'exemple suivant montrera un peu les conditions dans lesquelles nous nous trouvions. Lors de l'une de ses arrivées d'Angleterre à Boston, il m'écrivit qu'il devait venir bientôt à Philadelphie, mais qu'il ne savait pas où loger une fois là-bas, car il avait compris que son vieil ami et hôte, M. Bénézet, avait déménagé à Germantown. Je lui ai répondu : " Vous connaissez ma maison ; si vous pouvez vous accommoder de ses maigres installations, vous serez le bienvenu de tout cœur. " Il m'a répondu que si je faisais cette offre pour l'amour du Christ, je ne manquerais pas d'être récompensé. Et je lui répondis : " Ne vous trompez pas, ce n'est pas pour l'amour du Christ, mais pour l'amour de vous ". "Une de nos connaissances communes remarqua avec humour que, sachant que les saints avaient l'habitude, lorsqu'ils recevaient une faveur, de se décharger du fardeau de l'obligation sur leurs propres épaules et de la placer au ciel, je m'étais arrangé pour la fixer sur la terre. La dernière fois que j'ai vu M. Whitefield, c'était à Londres, lorsqu'il m'a consulté au sujet de son orphelinat et de son intention de l'affecter à l'établissement d'un collège. Il avait une voix forte et claire, et articulait ses mots et ses phrases si parfaitement, qu'il pouvait être entendu et compris à une grande distance, d'autant plus que ses auditeurs, pourtant nombreux, observaient le silence le plus exact. Il a prêché un soir du haut des marches du palais de justice, qui se trouvent au milieu de la rue Market et du côté ouest de la rue Second, qui la croise à angle droit. Les deux rues étaient remplies de ses auditeurs jusqu'à une distance considérable. Étant parmi les derniers dans la Market-street, j'ai eu la curiosité d'apprendre jusqu'où il pouvait être entendu, en me retirant à reculons dans la rue vers la rivière ; et j'ai trouvé sa voix distincte jusqu'à ce que j'arrive près de la Front-street, quand un bruit dans cette rue l'a obscurcie. Imaginant alors un demi-cercle, dont ma distance devait être le rayon, et qu'il était rempli d'auditeurs, à chacun desquels j'accordais deux pieds carrés, j'ai calculé qu'il pourrait bien être entendu par plus de trente mille personnes. Cela me conciliait avec les récits des journaux selon lesquels il avait prêché à vingt-cinq mille personnes dans les champs, et avec les histoires anciennes de généraux haranguant des armées entières, ce dont j'avais parfois douté. En l'entendant souvent, j'en suis venu à distinguer facilement les sermons nouvellement composés, de ceux qu'il avait souvent prêchés au cours de ses voyages. Sa façon de prononcer ces derniers était tellement améliorée par de fréquentes répétitions que chaque accent, chaque emphase, chaque modulation de la voix était si parfaitement tournés et placés, que, sans être intéressé par le sujet, on ne pouvait s'empêcher de se réjouir du discours ; un plaisir du même genre que celui que l'on reçoit d'un excellent morceau de musique. C'est un avantage que les prédicateurs itinérants ont sur ceux qui sont stationnaires, car ces derniers ne peuvent pas améliorer leur prestation de sermon par autant de répétitions. Ses écrits et ses impressions ont parfois donné un grand avantage à ses ennemis ; des expressions imprudentes, et même des opinions erronées, prononcées dans des prédications, auraient pu être expliquées ou nuancées par la suite en supposant que d'autres les auraient accompagnées, ou elles auraient pu être niées, mais les paroles s'envolent, les écrits restent. Les critiques ont attaqué ses écrits avec violence, et avec tant d'apparences de raison qu'ils ont diminué le nombre de ses adeptes et empêché leur augmentation ; de sorte que je suis d'avis que s'il n'avait jamais rien n'écrit, il aurait laissé derrière lui une secte beaucoup plus nombreuse et importante, et sa réputation aurait pu dans ce cas continuer à croître, même après sa mort, car comme il n'y aurait rien eu d'écrit sur lequel fonder une censure et lui donner un caractère inférieur, ses prosélytes auraient été laissés libres de feindre pour lui une aussi grande variété d'excellences que leur admiration enthousiaste aurait pu souhaiter qu'il possédât. Mes affaires ne cessaient d'augmenter, et ma situation s'améliorait de jour en jour, mon journal étant devenu très rentable, puisqu'il a été pendant un certain temps presque le seul de cette province et des provinces voisines. J'ai également pu constater la véracité de l'observation selon laquelle " après avoir obtenu la première centaine de livres, il est plus facile d'en obtenir une deuxième ", l'argent étant lui-même de nature prolifique. Le partenariat en Caroline ayant réussi, j'ai été encouragé à en engager d'autres, et à promouvoir plusieurs de mes ouvriers qui s'étaient bien comportés, en les établissant dans des imprimeries de différentes colonies, aux mêmes conditions que celles de la Caroline. La plupart d'entre eux ont bien réussi et ont pu, à la fin de notre mandat de six ans, acheter mes caractères et continuer à travailler pour eux-mêmes, ce qui a permis d'élever plusieurs familles. Les partenariats se terminent souvent par des querelles ; mais j'ai été heureux de constater que les miens ont tous été menés et se sont terminés à l'amiable, grâce, je pense, à la précaution d'avoir réglé très explicitement, dans nos articles, tout ce qui devait être fait ou attendu de chaque partenaire, de sorte qu'il n'y avait rien à contester, précaution que je recommande donc à tous ceux qui s'engagent dans des partenariats ; car, quelque estime et confiance que les associés puissent avoir les uns pour les autres au moment du contrat, de petites jalousies et dégoûts peuvent naître, avec des idées d'inégalité dans le soin et le fardeau de l'entreprise, etc., qui entraînent souvent la rupture de l'amitié et du lien, voire des procès et d'autres conséquences désagréables.

[79] George Whitefield, prononcé Hwit'field (1714-1770), célèbre ecclésiastique et orateur anglais, l'un des fondateurs du méthodisme.

[80] Une partie du palais de Westminster, formant aujourd'hui le vestibule des Chambres du Parlement à Londres.

Chapitre 12 : Défense de la Province

Avait, dans l'ensemble, d'abondantes raisons d'être satisfait de mon établissement en Pennsylvanie. Il y avait, cependant, deux choses que je regrettais : il n'y avait aucune disposition pour la défense ni pour une éducation complète de la jeunesse ; pas de milice ni de collège. En conséquence, en 1743, j'ai élaboré une proposition pour établir une académie ; et à ce moment-là, pensant que le révérend M. Peters, qui n'était pas employé, était une personne apte à diriger une telle institution, je lui ai communiqué le projet ; mais il avait des vues plus profitables au service des propriétaires, ce qui lui a réussi, et il a décliné l'entreprise ; et, ne connaissant personne d'autre à ce moment-là qui soit apte à remplir une telle mission, j'ai laissé le projet en suspens pendant un certain temps. J'ai mieux réussi l'année suivante, en 1744, à proposer et à établir une société philosophique. L'article que j'ai écrit à cette fin se trouvera parmi mes écrits, lorsqu'ils seront rassemblés. Quant à la défense, l'Espagne ayant été en guerre pendant plusieurs années contre la Grande-Bretagne, puis rejointe par la France, ce qui nous a mis en grand danger, et les efforts laborieux et continus de notre gouverneur, Thomas, pour convaincre notre assemblée de quakers d'adopter une loi sur la milice et de prendre d'autres dispositions pour la sécurité de la province, ayant échoué, j'ai décidé d'essayer ce qui pourrait être fait par une associatAvaition volontaire du peuple. Pour ce faire, j'ai d'abord écrit et publié un pamphlet, intitulé PLAIN TRUTH, dans lequel j'exposais en termes forts notre situation sans défense, ainsi que la nécessité de l'union et de la discipline pour notre défense, et je promettais de proposer dans quelques jours une association, qui serait généralement signée à cette fin. Le pamphlet a eu un effet soudain et surprenant. On m'a demandé l'instrument d'association, et après en avoir réglé le projet avec quelques amis, j'ai convoqué une réunion des citoyens dans le grand bâtiment mentionné précédemment. La maison était assez pleine ; j'avais préparé un certain nombre de copies imprimées, et fourni des plumes et de l'encre dispersées dans toute la salle. Je les ai harangués un peu sur le sujet, j'ai lu le document et je l'ai expliqué, puis j'ai distribué les copies, qui ont été signées avec empressement, sans qu'il y ait la moindre objection. Lorsque la compagnie s'est séparée, et que les journaux ont été rassemblés, nous avons trouvé plus de mille deux cents mains ; et, d'autres copies ayant été dispersées dans le pays, les abonnés se sont finalement élevés à plus de dix mille. Tous ces gens se sont procuré des armes dès qu'ils l'ont pu, se sont constitués en compagnies et en régiments, ont choisi leurs propres officiers et se sont réunis chaque semaine pour recevoir des instructions sur les exercices manuels et les autres aspects de la discipline militaire. Les femmes, par des souscriptions entre elles, fournirent des couleurs de soie, qu'elles présentèrent aux compagnies, peintes de différents dispositifs et devises, que je fournis. Un des drapeaux de l'Association de Pennsylvanie, 1747. Conçu par Franklin et fabriqué par les femmes de Philadelphie.

"Un des drapeaux de l'Association de Pennsylvanie, 1747. Conçu par Franklin et fabriqué par les femmes de Philadelphie."

LES OFFICIERS DES COMPAGNIES composant le régiment de Philadelphie se sont réunis et m'ont choisi comme colonel ; mais, me jugeant inapte, j'ai refusé ce poste et recommandé M. Lawrence, une personne de qualité et un homme d'influence, qui a été nommé en conséquence. J'ai ensuite proposé une loterie pour défrayer les dépenses liées à la construction d'une batterie sous la ville et à son équipement en canons. La loterie a été remplie rapidement et la batterie a été érigée, les merlons étant encadrés de rondins et remplis de terre. Nous avons acheté quelques vieux canons à Boston, mais, comme ils ne suffisaient pas, nous avons écrit à l'Angleterre pour en obtenir d'autres, sollicitant en même temps l'aide de nos propriétaires, mais sans grand espoir de l'obtenir. Entre-temps, le colonel Lawrence, William Allen, Abram Taylor et moi-même avons été envoyés à New York par les associateurs, chargés d'emprunter quelques canons au gouverneur Clinton. Il nous a d'abord opposé un refus péremptoire, mais au cours d'un dîner avec son conseil, où l'on a beaucoup bu de vin de Madère, comme c'était la coutume à cet endroit à l'époque, il s'est adouci par degrés et a dit qu'il nous en prêterait six. Après quelques autres coups, il est passé à dix, et finalement, il en a concédé dix-huit avec beaucoup de bonhomie. C'étaient de beaux canons. Dix-huit propulseurs, avec leurs affûts, que nous avons rapidement transportés et montés sur notre batterie, où les associés ont monté une garde de nuit pendant toute la durée de la guerre, et parmi les autres, j'y ai régulièrement pris mon tour de service comme un simple soldat.

"J'ai régulièrement pris mon tour de service là-bas comme un simple soldat "
MON ACTIVITÉ DANS CES opérations était agréable pour le gouverneur et le conseil ; ils m'ont pris en confiance, et j'ai été consulté par eux dans chaque mesure où leur concours a été jugé utile à l'association. Faisant appel à l'aide de la religion, je leur ai proposé de proclamer un jeûne pour promouvoir la réforme et implorer la bénédiction du Ciel sur notre entreprise. Ils ont accepté la proposition ; mais, comme c'était le premier jeûne jamais envisagé dans la province, le secrétaire n'avait aucun précédent dont il pouvait s'inspirer pour la proclamation. L'éducation que j'avais reçue en Nouvelle-Angleterre, où un jeûne est proclamé chaque année, m'a été utile ici : je l'ai rédigé dans le style habituel, il a été traduit en allemand [81]

imprimé dans les deux langues et divulgué dans toute la province. Cela donna au clergé des différentes sectes l'occasion d'influencer leurs congrégations pour qu'elles se joignent à l'association, et elles se seraient probablement généralisées parmi tous, sauf chez les quakers, si la paix n'était pas bientôt intervenue. Certains de mes amis pensaient que, par mon activité dans ces affaires, je devais offenser ces sectes, et perdre ainsi mon intérêt dans l'Assemblée de la province, où ils formaient une grande majorité. Un jeune homme qui avait également des amis dans la Chambre et qui souhaitait me succéder comme greffier, m'a informé qu'il avait été décidé de m'évincer à la prochaine élection ; il m'a donc conseillé, en toute bonne volonté, de démissionner, comme étant plus conforme à mon honneur que d'être évincé. Je lui répondis que j'avais lu ou entendu parler d'un homme public qui avait pour règle de ne jamais demander une charge et de ne jamais la refuser quand on la lui offrait.

"J'approuve, lui dis-je, sa règle, et je la mettrai en pratique avec une petite addition ; je ne demanderai jamais, je ne refuserai jamais, et je ne démissionnerai jamais d'une charge. S'ils veulent disposer de ma charge de greffier au profit d'un autre, ils me la prendront. Je ne perdrai pas, en y renonçant, le droit d'exercer un jour ou l'autre des représailles sur mes adversaires."

Je n'entendis cependant plus parler de cela ; je fus à nouveau choisi à l'unanimité comme d'habitude à l'élection suivante. Peut-être, comme ils n'aimaient pas ma récente intimité avec les membres du conseil, qui s'étaient joints aux gouverneurs dans toutes les disputes au sujet des préparatifs militaires, avec lesquels la Chambre avait été longtemps harcelée, ils auraient pu être satisfaits si je les avais quittés volontairement ; mais ils ne se souciaient pas de me déplacer à cause de mon zèle pour l'association, et ils ne pouvaient pas donner une autre raison. En effet, j'avais des raisons de croire que la défense du pays ne déplaisait à aucun d'entre eux, à condition qu'ils ne soient pas obligés d'y participer. Et j'ai constaté qu'un nombre beaucoup plus important d'entre eux que je ne l'aurais imaginé, bien qu'opposés à une guerre offensive, étaient clairement pour la défense.

De nombreux pamphlets pour et contre ont été publiés sur le sujet, et certains par de bons quakers, en faveur de la défense, qui, je crois, ont convaincu la plupart de leurs jeunes gens. Une transaction dans notre compagnie de pompiers m'a donné un aperçu de leurs sentiments dominants. Il avait été proposé que nous encouragions le projet de construction d'une batterie en distribuant le stock actuel, alors d'environ soixante livres, en billets de loterie. Selon nos règles, aucun argent ne pouvait être disposé avant la prochaine réunion après la proposition. La société se composait de trente membres, dont vingt-deux quakers, et huit seulement d'autres convictions. Nous étions huit à assister ponctuellement à la réunion ; mais, bien que nous pensions que certains quakers se joindraient à nous, nous n'étions nullement sûrs d'obtenir une majorité. Un seul quaker, M. James Morris, s'est opposé à la mesure. Il s'est dit très peiné qu'elle ait été proposée, car il a dit que les Amis étaient tous contre, et qu'elle créerait une discorde qui pourrait briser la société. Nous lui avons répondu que nous ne voyions aucune raison pour cela ; nous étions la minorité, et si les Amis étaient contre la mesure et nous mettaient en minorité, nous devions et devrions, conformément à l'usage de toutes les sociétés, nous soumettre. Lorsque l'heure des affaires arriva, il fut proposé de mettre le vote aux voix ; il permit que nous le fassions alors selon les règles, mais, comme il pouvait nous assurer qu'un certain nombre de membres avaient l'intention d'être présents dans le but de s'y opposer, il ne serait que candide de leur accorder un peu de temps pour se manifester. Alors que nous étions en train de disputer, un serveur est venu me dire que deux messieurs, en bas, désiraient me parler. Je suis descendu et j'ai découvert qu'il s'agissait de deux de nos membres quakers. Ils m'ont dit que huit d'entre eux étaient réunis dans une taverne juste à côté ; qu'ils étaient déterminés à venir voter avec nous si l'occasion se présentait, ce qu'ils espéraient ne pas être le cas, et qu'ils souhaitaient que nous ne fassions pas appel à leur aide si nous pouvions nous en passer, car leur vote en faveur d'une telle mesure pourrait les brouiller avec leurs aînés et leurs amis ! Étant ainsi assuré d'une majorité, je suis monté, et après une petite hésitation apparente, j'ai accepté un retard d'une heure supplémentaire. Ce que M. Morris a considéré comme extrêmement équitable. Pas un seul de ses amis opposants ne s'est présenté, ce qui l'a beaucoup étonné ; et, à l'expiration de l'heure, nous avons adopté la résolution à huit contre un ; et comme, sur les vingt-deux quakers, huit étaient prêts à voter avec nous, et treize, par leur absence, ont manifesté qu'ils n'étaient pas enclins à s'opposer à la mesure, j'ai par la suite estimé la proportion de quakers sincèrement opposés à la défense à un contre vingt et un seulement ; car ils étaient tous des membres réguliers de cette société, en bonne réputation parmi eux, et avaient été dûment informés de ce qui était proposé à cette réunion. L'honorable et savant M. Logan, qui avait toujours été de cette secte, fut l'un de ceux qui leur écrivit un courrier, déclarant son approbation de la guerre défensive, et soutenant son opinion par de nombreux arguments solides. Il me remit entre les mains soixante livres à dépenser en billets de loterie pour la batterie, avec la consigne d'affecter les prix tirés entièrement à ce service. Il m'a raconté l'anecdote suivante de son ancien maître, William Penn, concernant la défense. Il est venu d'Angleterre, alors qu'il était jeune homme, avec ce propriétaire, et en tant que son secrétaire. C'était le temps de la guerre, et leur navire a été chassé par un navire armé, supposé être un ennemi. Leur capitaine se prépara à la défense, mais dit à William Penn et à sa compagnie de quakers qu'il n'attendait pas leur aide et qu'ils pouvaient se retirer dans la cabine, ce qu'ils firent, à l'exception de James Logan [82] qui choisit de rester sur le pont et a évité un coup de feu. L'ennemi supposé se révéla être un ami, de sorte qu'il n'y eut pas de combat ; mais lorsque le secrétaire descendit pour communiquer l'information, William Penn le réprimanda sévèrement pour être resté sur le pont et avoir entrepris d'aider à défendre le navire, contrairement aux principes des Amis, d'autant plus que le capitaine ne l'avait pas exigé. Ce reproche, adressé à toute la compagnie, a piqué le secrétaire, qui a répondu :

" Moi étant ton serviteur, pourquoi ne m'as-tu pas ordonné de descendre ? Mais tu étais assez disposé à ce que je reste et aide à combattre le navire quand tu pensais qu'il y avait du danger."

Le fait d'avoir siégé pendant de nombreuses années à l'Assemblée, dont la majorité était constamment composée de quakers, m'a donné de fréquentes occasions de constater l'embarras dans lequel les mettait leur principe contre la guerre, chaque fois qu'on leur demandait, par ordre de la Couronne, d'accorder des aides à des fins militaires. Ils ne voulaient pas offenser le gouvernement, d'une part, par un refus direct, et leurs amis, le corps des quakers, d'autre part, par une conformité contraire à leurs principes ; d'où une variété d'évasions pour éviter de se conformer, et de modes de dissimulation de la conformité lorsqu'elle devenait inévitable. Le mode commun, enfin, était d'accorder de l'argent en disant qu'il était "pour l'usage du roi", et de ne jamais demander comment il était utilisé. Mais si la demande ne provenait pas directement de la Couronne, cette expression n'était pas jugée appropriée et il fallait en inventer une autre. Ainsi, lorsqu'il manquait de la poudre (je crois que c'était pour la garnison de Louisbourg), le gouvernement de la Nouvelle-Angleterre a demandé à la Pennsylvanie de lui en accorder. Le gouverneur Thomas a beaucoup insisté auprès de la Chambre, car elle ne pouvait pas accorder d'argent pour acheter de la poudre, parce qu'il s'agissait d'un outil de guerre ; mais elle a voté une aide de trois mille livres à la Nouvelle-Angleterre, à remettre entre les mains du gouverneur, et l'a affectée à l'achat de pain, de farine, de blé ou d'autres céréales. Certains membres du conseil, désireux de mettre la Chambre encore plus dans l'embarras, conseillèrent au gouverneur de ne pas accepter la provision, car ce n'était pas ce qu'il avait demandé ; mais il répondit :

"Je prendrai l'argent, car je comprends très bien ce qu'ils veulent dire ; les autres grains sont de la poudre à canon", qu'il acheta en conséquence, et ils ne s'y opposèrent jamais. [83] C'est par allusion à ce fait que, lorsque dans notre compagnie de pompiers nous craignions le succès de notre proposition en faveur de la loterie, j'avais dit à mon ami M. Syng, l'un de nos membres: " Si nous échouons, proposons l'achat d'une machine à feu avec l'argent ; les quakers ne peuvent y faire aucune objection ; et alors, si vous nous nommez, vous et moi comme comité à cet effet, nous achèterons un grand canon, qui est certainement une machine à feu. "

"Je vois," dit-il, "que vous avez improvisé en restant si longtemps à l'Assemblée ; votre projet équivoque serait tout à fait à la hauteur de leur blé ou autre grain."

Ces embarras que les quakers ont subis pour avoir établi et publié comme l'un de leurs principes qu'aucune sorte de guerre n'était légale, et dont, une fois publié, ils ne pouvaient pas ensuite, même s'ils changeaient d'avis, se débarrasser facilement, me rappelle ce que je pense être une conduite plus prudente dans une autre secte parmi nous, celle des Dunkers. J'ai connu l'un de ses fondateurs, Michael Welfare, peu après son apparition. Il s'est plaint à moi qu'ils étaient gravement calomniés par les zélateurs d'autres convictions, et accusés de principes et de pratiques abominables auxquels ils étaient totalement étrangers. Je lui ai dit que cela avait toujours été le cas avec les nouvelles sectes, et que, pour mettre fin à de tels abus, je pensais qu'il serait bon de publier les articles de leur croyance et les règles de leur discipline. Il a dit que cela avait été proposé parmi eux, mais pas convenu, pour cette raison :

"Lorsque nous avons été réunis pour la première fois comme une société", dit-il, "il avait plu à Dieu d'éclairer nos esprits jusqu'à voir que certaines doctrines, que nous avons d'abord estimées vérités, étaient des erreurs, et que d'autres, que nous avions estimés erreurs, étaient des vérités réelles.

De temps en temps, il a été heureux de nous fournir plus de lumière, et nos principes ont été améliorés, et nos erreurs diminuer. Maintenant, nous ne sommes pas sûrs d'être arrivés à la fin de cette progression, et à la perfection de la connaissance spirituelle ou théologique ; et nous craignons que, si nous devions imprimer une fois notre confession de foi, nous nous sentirions comme liés et confinés par elle, et peut-être ne serions-nous pas disposés à recevoir d'autres améliorations, et nos successeurs encore plus, comme concevant ce que nous, leurs aînés et fondateurs, avions fait, comme quelque chose de sacré, dont on ne doit jamais s'écarter". Cette modestie dans une secte est peut-être un exemple singulier dans l'histoire de l'humanité, chaque autre secte supposant qu'elle possède toute la vérité, et que ceux qui diffèrent sont dans l'erreur ; comme un homme voyageant par temps de brouillard, ceux qui sont à une certaine distance devant lui sur la route, il les voit enveloppés dans le brouillard, ainsi que ceux qui sont derrière lui, et aussi les gens dans les champs de chaque côté, mais près de lui tout semble clair, bien qu'en vérité il soit autant dans le brouillard que n'importe lequel d'entre eux. Pour éviter ce genre d'embarras, les quakers ont, ces dernières années, progressivement décliné le service public à l'Assemblée et dans la magistrature, choisissant plutôt d'abandonner leur pouvoir que leur principe. Dans l'ordre du temps, j'aurais dû mentionner auparavant qu'ayant, en 1742, inventé un poêle ouvert [84] pour mieux réchauffer les pièces, et en même temps économiser le combustible, puisque l'air frais admis était réchauffé en entrant, j'ai fait cadeau du modèle à M. Robert Grace, un de mes premiers amis, qui, ayant un fourneau de fer [85], trouvait que la fonte des plaques pour ces poêles était une chose profitable, car ils étaient de plus en plus demandés. Pour promouvoir cette demande, j'ai écrit et publié un pamphlet intitulé " Un compte des cheminées de Pennsylvanie nouvellement inventées ; dans lequel leur construction et leur mode d'exploitation sont particulièrement expliqués ; leurs avantages au-dessus de toute autre méthode de chauffage de pièces démontrées; et toutes les objections qui soulevées contre l'utilisation d'entre eux répondue et évitées". Ce pamphlet a eu un bon effet. Le gouverneur Thomas a été si satisfait de la construction de ce poêle, telle qu'elle y est décrite, qu'il a offert de me donner un brevet pour la vente exclusive de ces poêles pendant un certain nombre d'années ; mais je l'ai refusé en vertu d'un principe qui m'a toujours pesé en de telles occasions, à savoir que, comme nous jouissons de grands avantages grâce aux inventions des autres, nous devrions être heureux d'avoir l'occasion de servir les autres par nos propres inventions, et que nous devrions le faire librement et généreusement. Cependant, un quincaillier de Londres, reprenant une bonne partie de mon pamphlet, l'adaptant à son goût, et apportant quelques petits changements à la machine, ce qui nuisait plutôt à son fonctionnement, en obtint le brevet et fit, m'a-t-on dit, une petite fortune. Et ce n'est pas le seul cas où des brevets ont été pris pour mes inventions par d'autres, bien que pas toujours avec le même succès, ce que je n'ai jamais contesté, n'ayant aucun désir de profiter moi-même des brevets, et détestant les disputes. L'utilisation de ces foyers dans de très nombreuses maisons, tant dans cette colonie que dans les colonies voisines, a été, et est, une grande économie de bois pour les habitants.

[81] Les agents de Wm. Penn cherchaient des recrues pour la colonie de Pennsylvanie dans les pays bas de l'Allemagne, et il y a encore dans l'est de la Pennsylvanie beaucoup d'Allemands, appelés à tort Hollandais de Pennsylvanie. Beaucoup d'entre eux utilisent un Anglais germanisé.

[82] James Logan (1674-1751) est venu en Amérique avec William Penn en 1699, et était l'agent commercial de la famille Penn. Il a légué à la ville de Philadelphie sa précieuse bibliothèque, conservée dans sa résidence de campagne, "Senton". -Smyth

[83] Voir les votes. -Marg. Note.

[84] Le poêle Franklin est toujours utilisé.

[80] Warwick Furnace, Comté de Chester, Pennsylvanie, en face de Pottstown, sur la rivière Schuylkill.

Chapitre 13 : Services et devoirs publics (1749-1753)

L'EACE ÉTANT CONCLU, et les affaires de l'association étant donc terminées, je me suis à nouveau tourné vers l'affaire de la création d'une académie. La première mesure que je pris fut d'associer à ce projet un certain nombre d'amis actifs, dont le Junto fournissait une bonne partie ; la suivante fut d'écrire et de publier un pamphlet intitulé Propositions relatives à l'éducation de la jeunesse en Pennsylvanie. Je l'ai distribué gratuitement aux principaux habitants et, dès que j'ai pu supposer que leur esprit était un peu préparé par sa lecture, j'ai lancé une souscription pour l'ouverture et le soutien d'une académie ; elle devait être payée en quotas annuels pendant cinq ans ; en la divisant ainsi, j'ai jugé que la souscription pourrait être plus importante, et je crois qu'elle l'a été, s'élevant à pas moins de cinq mille livres, si je me souviens bien. Dans l'introduction à ces propositions, j'ai déclaré que leur publication n'était pas un acte de ma part, mais de celle de quelques messieurs à l'esprit public, évitant autant que possible, selon ma règle habituelle, de me présenter au public comme l'auteur d'un plan pour leur bénéfice. Les souscripteurs, pour mettre le projet à exécution immédiatement, choisirent parmi eux vingt-quatre administrateurs, et nommèrent M. Francis [86] alors procureur général, et moi-même pour rédiger des constitutions pour le gouvernement de l'académie ; ce qui étant fait et signé, une maison fut louée, des maîtres engagés, et les écoles ouvertes, je pense, dans la même année, 1749. Les étudiants augmentant rapidement frent, la maison a été bientôt trouvée trop petite, et nous étions à la recherche d'un morceau de terrain, bien situé, avec l'intention de construire, quand la Providence a jeté dans notre chemin une grande maison prête à être construite, qui, avec quelques modifications, pourrait bien servir notre objectif. Il s'agissait du bâtiment mentionné précédemment, érigé par les auditeurs de M. Whitefield, et nous l'avons obtenu de la manière suivante. Il est à noter que les contributions à ce bâtiment étant faites par des personnes de différentes sectes, on a pris soin, lors de la nomination des administrateurs, à qui le soin du bâtiment et du terrain devait être dévolu, qu'une prédominance ne soit pas donnée à une secte, de peur que dans le temps cette prédominance pourrait être un moyen de s'approprier l'ensemble à l'usage de cette secte, contrairement à l'intention initiale. Il a donc été décidé de nommer un membre de chaque secte, à savoir un membre de l'Église d'Angleterre, un presbytérien, un baptiste, un morave, etc., qui, en cas de vacances par décès, devait être remplacé par une élection parmi les contributeurs. Le Morave ne plut pas à ses collègues, et à sa mort, ils résolurent de ne pas avoir d'autre membre de cette secte. La difficulté était alors de savoir comment éviter d'en avoir deux d'une autre secte, au moyen du nouveau choix. Plusieurs personnes furent nommées, et pour cette raison ne furent pas acceptées. Finalement, l'une d'entre elles me mentionna, avec l'observation que je n'étais qu'un honnête homme, et que je n'appartenais à aucune secte, ce qui les incita à me choisir. L'enthousiasme qui existait au moment de la construction de la maison s'était depuis longtemps éteint, et ses administrateurs n'avaient pas été en mesure de se procurer de nouvelles contributions pour payer le loyer du terrain et s'acquitter de certaines autres dettes que la construction avait occasionnées, ce qui les embarrassait beaucoup. Étant maintenant membre des deux groupes d'administrateurs, celui du bâtiment et celui de l'académie, j'ai eu l'occasion de négocier avec les deux, et je les ai finalement amenés à un accord, par lequel les administrateurs du bâtiment devaient le céder à ceux de l'académie, ces derniers s'engageant à acquitter la dette, à garder toujours ouverte dans le bâtiment une grande salle pour les prédicateurs occasionnels, selon l'intention originale, et à maintenir une école gratuite pour l'instruction des enfants pauvres. Des écrits ont été rédigés en conséquence et, après paiement des dettes, les administrateurs de l'académie ont été mis en possession des locaux ; et en divisant la grande et haute salle en étages, et différentes pièces au-dessus et en dessous pour les différentes écoles, et en achetant un terrain supplémentaire, l'ensemble a été rapidement adapté à notre objectif, et les étudiants ont déménagé dans le bâtiment. C'est à moi qu'incombèrent les soins et les ennuis liés à l'entente avec les ouvriers, à l'achat des matériaux et à la supervision des travaux, et je m'en suis acquitté d'autant plus gaiement que cela n'interférait pas avec mes affaires privées, ayant pris l'année précédente un partenaire très compétent, industrieux et honnête, M. David Hall, dont je connaissais bien le caractère puisqu'il avait travaillé pour moi pendant quatre ans. Il me déchargea de tous les soins de l'imprimerie, me versant ponctuellement ma part des bénéfices. Le partenariat a duré dix-huit ans, avec succès pour nous deux. Les administrateurs de l'académie, après un certain temps, ont été incorporés par une charte du gouverneur ; leurs fonds ont été augmentés par des contributions en Grande-Bretagne et des concessions de terres des propriétaires, auxquelles l'Assemblée a depuis fait un ajout considérable, et ainsi, a été établie l'Université actuelle de Philadelphie. J'ai été l'un de ses administrateurs depuis le début, il y a maintenant près de quarante ans, et j'ai eu le très grand plaisir de voir un certain nombre des jeunes gens qui y ont reçu leur éducation, se distinguer par leurs capacités améliorées, servir dans des postes publics et être des ornements pour leur pays. Lorsque je me désengageai, comme il a été dit plus haut, des affaires privées, je me flattais que, grâce à la fortune suffisante quoique modérée que j'avais acquise, je m'étais assuré le loisir, pendant le reste de ma vie, de faire des études philosophiques et de m'amuser. J'ai acheté tous les appareils du Dr Spence, qui était venu d'Angleterre pour donner des conférences ici, et j'ai poursuivi mes expériences électriques avec beaucoup d'empressement ; mais le public, qui me considérait maintenant comme un homme de loisir, s'est emparé de moi à ses fins, chaque partie de notre gouvernement civil, et presque en même temps, m'a imposé un devoir. Le gouverneur me plaça dans la commission de la paix ; la corporation de la ville me choisit comme membre du conseil commun, et peu après comme échevin ; et les citoyens en général me choisirent comme bourgmestre pour les représenter à l'Assemblée. Ce dernier poste m'était d'autant plus agréable que j'en avais assez d'être assis là pour entendre des débats auxquels, en tant que greffier, je ne pouvais prendre part, et qui étaient souvent si peu divertissants que j'étais obligé de m'amuser à faire des carrés ou des cercles magiques, ou n'importe quoi d'autre pour éviter la lassitude ; et je pensais que le fait de devenir membre augmenterait mon pouvoir de faire le bien. Je ne voudrais pas, cependant, insinuer que mon ambition n'a pas été flattée par toutes ces promotions ; elle l'a certainement été ; car, compte tenu de mes faibles débuts, c'étaient de grandes choses pour moi ; et elles étaient encore plus agréables, comme étant autant de témoignages spontanés de la bonne opinion du public, et par moi entièrement non sollicités. J'ai fait un peu l'essai de la fonction de juge de paix, en assistant à quelques tribunaux et en m'asseyant sur le banc pour entendre les causes ; mais, constatant qu'il fallait plus de connaissances du droit commun que je n'en possédais pour agir avec crédit dans cette fonction, je m'en suis peu à peu retiré, m'excusant d'être obligé de m'occuper des fonctions plus importantes de législateur à l'Assemblée. Mon élection à ce poste s'est répétée chaque année pendant dix ans, sans que je ne demande jamais le vote d'un électeur ou que je manifeste, directement ou indirectement, le désir d'être choisi. En prenant mon siège à la Chambre, mon fils a été nommé leur greffier. L'année suivante, un traité devant être tenu avec les Indiens à Carlisle, le gouverneur a envoyé un message à la Chambre, proposant qu'ils devraient nommer certains de leurs membres, qui seront joints à certains membres du conseil, comme commissaires à cette fin. [88] La Chambre a nommé l'orateur (M. Norris) et moi-même ; et, étant commissionnés, nous nous sommes rendus à Carlisle, et avons rencontré les Indiens en conséquence. Comme ces gens sont extrêmement enclins à s'enivrer et, lorsqu'ils le font, sont très querelleurs et désordonnés, nous avons strictement interdit de leur vendre de l'alcool ; et lorsqu'ils se sont plaints de cette restriction, nous leur avons dit que s'ils restaient sobres pendant le traité, nous leur donnerions beaucoup de rhum lorsque les affaires seraient terminées. Ils l'ont promis et ont tenu leur promesse, car ils n'ont pas pu se procurer d'alcool, et le traité a été mené de façon très ordonnée et conclu à la satisfaction de tous. Ils réclamèrent et reçurent le rhum dans l'après-midi. Ils étaient près de cent hommes, femmes et enfants, et étaient logés dans des cabanes temporaires, construites en forme de carré, juste à l'extérieur de la ville. Le soir, ayant entendu un grand bruit parmi eux, les commissaires sont sortis pour voir ce qui se passait. Nous avons découvert qu'ils avaient fait un grand feu de joie au milieu de la place ; ils étaient tous ivres, hommes et femmes, se querellant et se battant. Leurs corps aux couleurs sombres, à moitié nus, visibles seulement à la lueur lugubre du feu de joie, courant les uns après les autres et se frappant avec des tisons, accompagnés de leurs hurlements horribles, formaient une scène ressemblant le plus à nos idées de l'enfer que l'on puisse imaginer ; il n'y avait pas moyen d'apaiser le tumulte, et nous nous retirâmes dans notre logement. À minuit, un certain nombre d'entre eux sont venus tonner à notre porte, réclamant plus de rhum, ce à quoi nous n'avons pas prêté attention. Le lendemain, conscients d'avoir mal agi en nous causant ce trouble, ils envoyèrent trois de leurs anciens conseillers pour s'excuser. L'orateur reconnut la faute, mais la mit sur le compte du rhum ; puis il s'efforça d'excuser le rhum en disant : "Le Grand Esprit, qui a créé toutes choses, a créé toute chose pour un certain usage, et, quel que soit l'usage pour lequel il a conçu une chose, elle doit toujours être utilisée. Or, lorsqu'il a créé le rhum, il a dit : " Que ce soit pour que les Indiens s'enivrent avec ", et il doit en être ainsi. "Et, en effet, si c'est le dessein de la Providence d'extirper ces sauvages pour faire place aux cultivateurs de la terre, il ne semble pas improbable que le rhum soit le moyen désigné. Il a déjà anéanti toutes les tribus qui habitaient autrefois le littoral.

"Le soir, entendant un grand bruit parmi eux, les commissaires sont sortis pour voir ce qui se passait."

EN 1751, LE DR THOMAS Bond, un de mes amis, a conçu l'idée d'établir un hôpital à Philadelphie (un projet très bénéfique qui m'a été attribué, mais qui était à l'origine le sien), pour l'accueil et la guérison des malades pauvres, qu'ils soient habitants de la province ou étrangers. Il s'est montré zélé et actif dans ses efforts pour obtenir des souscriptions pour cet hôpital, mais la proposition étant nouvelle en Amérique, et n'étant pas bien comprise au début, il n'a rencontré qu'un faible succès. Finalement, il vint à moi avec le compliment qu'il trouvait qu'il n'y avait rien de tel pour mener à bien un projet d'intérêt public sans que j'y sois associé. "Car, dit-il, ceux à qui je propose de souscrire me demandent souvent : "Avez-vous consulté Franklin sur cette affaire ? Et qu'en pense-t-il ? Et quand je leur réponds que je ne l'ai pas fait (supposant que c'est plutôt en dehors de votre ligne), ils ne souscrivent pas, mais disent qu'ils vont y réfléchir." Je me suis renseigné sur la nature et l'utilité probable de son projet et, ayant reçu de lui une explication très satisfaisante, non seulement j'y ai souscrit moi-même, mais je me suis engagé de tout cœur à obtenir des souscriptions d'autres personnes. Avant cette sollicitation, cependant, je me suis efforcé de préparer l'esprit du peuple en écrivant sur le sujet dans les journaux, ce qui était ma coutume habituelle dans de tels cas, mais qu'il avait omis. Par la suite, les souscriptions ont été plus libres et généreuses ; mais, commençant à faiblir, j'ai vu qu'elles seraient insuffisantes sans l'aide de l'Assemblée, et j'ai donc proposé d'en faire la demande, ce qui a été fait. Les membres de la campagne n'ont pas tout de suite apprécié le projet ; ils ont objecté qu'il ne pouvait être utile qu'à la ville, et que, par conséquent, seuls les citoyens devaient en faire les frais ; et ils doutaient que les citoyens eux-mêmes l'approuvent généralement. Mon allégation, au contraire, indiquant qu'il avait reçu une telle approbation qu'il ne laissait aucun doute sur notre capacité à collecter deux mille livres par des dons volontaires, a été considérée comme une supposition extravagante et tout à fait impossible. Sur ce, j'ai formé mon plan et, demandant la permission de présenter un projet de loi pour incorporer les contributeurs selon la prière de leur pétition, et leur accorder une somme d'argent en blanc, permission qui a été obtenue principalement sur la considération que la Chambre pourrait rejeter le projet de loi si elle ne l'aimait pas, je l'ai rédigé de manière à faire de la clause importante une clause conditionnelle, à savoir, "Et qu'il soit décrété, par l'autorité susmentionnée, que lorsque lesdits contributeurs se seront réunis et auront choisi leurs directeurs et leur trésorier, et qu'ils auront réuni par leurs contributions un capital social de— valeur (dont l'intérêt annuel doit être appliqué à l'hébergement des pauvres malades dans ledit hôpital, sans frais pour la nourriture, les soins, les conseils et les médicaments), et qu'ils le fassent apparaître à la satisfaction du président de l'Assemblée pour le moment, alors il sera et pourra être légal pour ledit président, et il est par la présente, requis de signer un ordre sur le trésorier provincial pour le paiement de deux mille livres, en deux versements annuels, au trésorier dudit hôpital, à appliquer à la fondation, la construction et la finition de celui-ci." Cette condition a permis l'adoption du projet de loi ; en effet, les membres, qui s'étaient opposés à la subvention et qui concevaient maintenant qu'ils pourraient avoir le crédit d'être charitables sans la dépense, ont accepté son adoption ; et ensuite, en sollicitant des souscriptions parmi le peuple, nous avons fait valoir la promesse conditionnelle de la loi comme un motif supplémentaire de donner, puisque le don de chaque homme serait doublé ; ainsi, la clause a fonctionné dans les deux sens. Les souscriptions ont donc rapidement dépassé la somme requise, et nous avons réclamé et reçu le don public, qui nous a permis de réaliser notre projet. Un bel édifice pratique fut bientôt érigé ; l'institution s'est révélée utile par une expérience constante, et elle prospère jusqu'à ce jour ; et je ne me souviens d'aucune de mes manœuvres politiques dont le succès m'ait procuré à l'époque plus de plaisir, ou pour laquelle, après y avoir réfléchi, je me sois excusé plus facilement d'avoir fait usage de ruse. C'est à peu près à cette époque qu'un autre porteur de projet, le révérend Gilbert Tennent [89], est venu me voir pour me demander de l'aider à obtenir une souscription pour la construction d'une nouvelle maison de réunion. Elle devait être destinée à une congrégation qu'il avait rassemblée parmi les presbytériens, qui étaient à l'origine des disciples de M. Whitefield. Ne voulant pas me rendre désagréable à mes concitoyens en sollicitant trop fréquemment leurs contributions, j'ai refusé catégoriquement. Il a alors souhaité que je lui fournisse une liste de noms de personnes que je connaissais par expérience comme étant généreuses et ayant l'esprit public. J'ai pensé qu'il serait inconvenant de ma part, après qu'elles aient répondu à mes sollicitations, de les désigner pour être inquiétées par d'autres mendiants, et j'ai donc également refusé de donner une telle liste. Il désirait alors que je lui donnasse au moins mon avis. "Je le ferai volontiers, lui dis-je, et, en premier lieu, je vous conseille de vous adresser à tous ceux dont vous savez qu'ils donneront quelque chose ; ensuite, à ceux dont vous n'êtes pas sûr qu'ils donneront quelque chose ou non, et montrez-leur la liste de ceux qui ont donné ; enfin, ne négligez pas ceux dont vous êtes sûr qu'ils ne donneront rien, car vous pouvez vous tromper sur certains d'entre eux." Il rit et me remercia, et dit qu'il suivrait mon conseil. Il l'a fait, car il a demandé à tout le monde, et il a obtenu une somme beaucoup plus importante que prévu, avec laquelle il a érigé la maison de réunion spacieuse et très élégante qui se trouve dans Arch-street. Notre ville, bien que tracée avec une belle régularité, les rues étant larges, droites et se croisant à angle droit, avait le déshonneur de laisser ces rues longtemps non pavées, et par temps de pluie, les roues des lourds chariots les transformaient en bourbier, de sorte qu'il était difficile de les traverser ; et par temps sec, la poussière était omniprésente. J'avais habité près de ce qu'on appelait le marché de Jersey, et j'ai vu avec peine les habitants patauger dans la boue en achetant leurs provisions. Une bande de terrain au milieu de ce marché a finalement été pavée de briques, de sorte qu'une fois dans le marché, ils avaient un pied ferme, mais devaient souvent se chausser dans la boue pour y arriver. À force de parler et d'écrire sur le sujet, j'ai fini par obtenir que la rue soit pavée de pierres entre le marché et le trottoir en briques, de chaque côté des maisons. Pendant un certain temps, cela a permis d'accéder facilement au marché à pied sec ; mais, le reste de la rue n'étant pas pavé, chaque fois qu'une voiture sortait de la boue sur ce pavé, elle s'ébranlait et laissait sa saleté dessus, et il était bientôt couvert de boue, qui n'était pas enlevée, la ville n'ayant pas encore de charognards. Après quelques recherches, j'ai trouvé un homme pauvre et laborieux, qui était prêt à s'engager à garder le trottoir propre, en le balayant deux fois par semaine, en enlevant la saleté de devant les portes de tous les voisins, pour la somme de six pence par mois, pour être payé par chaque maison. J'ai alors écrit et imprimé un document exposant les avantages pour le voisinage qui pourraient être obtenus par cette petite dépense ; la plus grande facilité à garder nos maisons propres, tant de saleté n'étant pas apportée par les pieds des gens ; l'avantage pour les magasins par plus de coutumes, etc., etc., puisque les acheteurs pourraient plus facilement les atteindre ; et en n'ayant pas, par temps de vent, la poussière soufflée sur leurs marchandises, etc. J'envoyai un de ces papiers à chaque maison, et un jour ou deux, je fis le tour pour voir qui souscrirait un accord pour payer ces six pence ; il fut signé à l'unanimité, et pour un temps bien exécuté. Tous les habitants de la ville ont été ravis de la propreté du pavé qui entourait le marché, ce qui était une commodité pour tous, et cela a suscité un désir général de faire paver toutes les rues, et a rendu le peuple plus disposé à se soumettre à une taxe à cette fin. Quelque temps après, j'ai rédigé un projet de loi pour le pavage de la ville, et je l'ai présenté à l'Assemblée. C'était juste avant que je parte pour l'Angleterre, en 1757, et il n'a pas été adopté jusqu'à mon départ [90] et alors avec une modification du mode d'évaluation, qui, à mon avis, n'était pas pour le mieux, mais avec une disposition supplémentaire pour l'éclairage et le pavage des rues, ce qui était une grande amélioration. C'est grâce à un particulier, feu M. John Clifton, qui a donné un exemple de l'utilité des lampes en en plaçant une à sa porte, que le peuple a été impressionné par l'idée d'éclairer toute la ville. L'honneur de ce bienfait public m'a également été attribué, mais il appartient véritablement à ce gentleman. Je n'ai fait que suivre son exemple, et je n'ai que quelques mérites à revendiquer en ce qui concerne la forme de nos lampes, car elle diffère de celle des lampes à globe que nous avons d'abord reçues de Londres. Celles-ci nous paraissaient incommodes sous ces rapports : elles n'admettaient pas d'air au-dessous ; la fumée, par conséquent, ne sortait pas facilement au-dessus, mais circulait dans le globe, se logeait à l'intérieur, et obstruait bientôt la lumière qu'elles étaient destinées à donner ; en outre, il fallait chaque jour les essuyer ; et un coup accidentel sur l'une d'elles la démolissait, et la rendait totalement inutile. J'ai donc suggéré de les composer de quatre vitres plates, avec un long entonnoir au-dessus pour aspirer la fumée, et des fentes admettant l'air en dessous, pour faciliter l'ascension de la fumée ; par ce moyen, elles restaient propres, et ne s'obscurcissaient pas en quelques heures, comme le font les lampes de Londres, mais continuaient à briller jusqu'au matin, et un coup accidentel ne brisait généralement qu'une seule vitre, facile à réparer. Je me suis quelquefois étonné que les Londoniens n'aient pas appris, d'après l'effet que font les trous dans le fond des lampes à globe que l'on utilise à Vauxhall [91] pour les garder propres, à avoir de tels trous dans leurs réverbères. Mais, ces trous étant faits dans un autre but, c'est-à-dire pour communiquer la flamme plus soudainement à la mèche par un peu de lin suspendu à travers eux, l'autre usage, celui de laisser entrer l'air, ne semble pas avoir été pris en considération ; et par conséquent, après que les lampes ont été allumées quelques heures, les rues de Londres sont très mal éclairées. La mention de ces améliorations me fait penser à une proposition que j'ai faite, quand j'étais à Londres, au Dr Fothergill, qui était l'un des meilleurs hommes que j'aie connus, et un grand promoteur de projets utiles. J'avais observé que les rues, lorsqu'elles étaient sèches, n'étaient jamais balayées, et que la poussière légère était enlevée ; mais on la laissait s'accumuler jusqu'à ce que le temps humide la réduise en boue, et alors, après avoir reposé quelques jours si profondément sur la chaussée et qu'il n'y avait pas d'autre passage que dans des chemins maintenus propres par de pauvres gens avec des balais, on la ratissait à grand-peine et on la jetait dans des charrettes ouvertes en haut, dont les côtés subissaient une partie de la boue à chaque secousse sur la chaussée, pour la secouer et la faire tomber, parfois au grand désagrément des passagers à pied. La raison invoquée pour ne pas balayer les rues poussiéreuses était que la poussière s'envolerait dans les fenêtres des magasins et des maisons.

UN ÉVÉNEMENT ACCIDENTEL m'avait appris combien de balayages pouvaient être faits en peu de temps. Un matin, j'ai trouvé à ma porte, dans

Craven-street [92], une pauvre femme qui balayait mon trottoir avec un balai de bouleau ; elle paraissait très pâle et faible, comme sortant d'une crise de maladie. Je lui ai demandé qui l'employait pour balayer là ; elle m'a répondu : "Personne, mais je suis très pauvre et dans la détresse, et je balaie devant la porte des gentilshommes, en espérant qu'ils me donneront quelque chose". Je lui ai demandé de balayer toute la rue, et je lui ai donné un shilling ; c'était à neuf heures ; à midi, elle est venue chercher le shilling. À cause de la lenteur que j'avais vue au début dans son travail, je ne pouvais pas croire que le travail avait été fait si vite, et j'ai envoyé mon domestique pour l'examiner, qui m'a rapporté que toute la rue avait été balayée parfaitement propre, et que toute la poussière s'était déposée dans le caniveau, qui était au milieu ; et la pluie suivante l'a complètement enlevée, de sorte que le trottoir et même le chenil étaient parfaitement propres. Je jugeai alors que si cette faible femme pouvait balayer une telle rue en trois heures, un homme fort et actif aurait pu le faire en la moitié du temps. Et ici, permettez-moi de faire remarquer la commodité d'avoir une seule gouttière dans une rue aussi étroite, courant en son milieu, au lieu de deux, une de chaque côté, près de la chaussée ; car lorsque toute la pluie qui tombe sur une rue vient des côtés et se réunit au milieu, elle forme là un courant assez fort pour emporter toute la boue qu'elle rencontre ; mais lorsqu'elle se divise en deux canaux, elle est souvent trop faible pour nettoyer l'un ou l'autre, et ne fait que rendre la boue qu'elle trouve plus fluide, de sorte que les roues des voitures et les pieds des chevaux la projettent et l'écrasent sur le pavé, qui est ainsi rendu sale et glissant, et parfois l'éclaboussent sur ceux qui marchent. Ma proposition, communiquée au bon docteur, était la suivante : "Pour mieux nettoyer et garder propres les rues de Londres et de Westminster, il est proposé que les différents gardiens soient engagés par contrat à faire balayer la poussière pendant les saisons sèches, et à ratisser la boue à d'autres moments, chacun dans les différentes rues et ruelles de son secteur ; qu'ils soient équipés de balais et d'autres instruments appropriés à ces fins, à garder à leurs postes respectifs, prêts à fournir les pauvres gens qu'ils peuvent employer pour ce service. "Que, pendant les mois secs de l'été, la poussière soit balayée en tas à des distances appropriées, avant l'ouverture habituelle des magasins et des fenêtres des maisons, et que les charognards, avec des charrettes bien couvertes, l'emportent également. "Que la boue, une fois ratissée, ne soit pas laissée en tas pour être répandue de nouveau par les roues des voitures et le piétinement des chevaux, mais que les charognards soient pourvus de caisses de charrettes, non pas placées haut sur des roues, mais bas sur des glissières, avec des fonds de treillis, qui, étant couverts de paille, retiendront la boue qu'on y aura jetée, et permettront à l'eau de s'en écouler, ce qui la rendra beaucoup plus légère, l'eau faisant la plus grande partie de son poids ; ces caisses de charrettes seront placées à des distances convenables, et la boue leur sera apportée dans des brouettes ;

elles resteront là jusqu'à ce que la boue se soit écoulée, et alors on amènera des chevaux pour les retirer." J'ai depuis douté de la faisabilité de la dernière partie de cette proposition, à cause de l'étroitesse de certaines rues, et de la difficulté de placer les traîneaux d'égouttage de manière à ne pas trop encombrer le passage ; mais je suis toujours d'avis que la première, qui exige que la poussière soit balayée et emportée avant l'ouverture des magasins, est très praticable en été, quand les journées sont longues ; car, en me promenant un matin à sept heures dans le Strand et la Fleet-street, j'ai observé qu'il n'y avait pas une seule boutique ouverte, bien qu'il ait fait jour et que le soleil soit levé depuis plus de trois heures ; les habitants de Londres choisissent volontairement de vivre à la lumière des bougies et de dormir au soleil, et pourtant ils se plaignent souvent, un peu absurdement, de la taxe sur les bougies et du prix élevé du suif. Certains peuvent penser que ces choses insignifiantes ne méritent pas qu'on s'y attarde ou qu'on les relate ; mais s'ils considèrent que, même si la poussière projetée dans les yeux d'une seule personne ou dans un seul magasin un jour de vent est de peu d'importance, le grand nombre de cas dans une ville populeuse et sa répétition fréquente lui donnent du poids et des conséquences, ils ne blâmeront peut-être pas très sévèrement ceux qui accordent une certaine attention à des affaires de cette nature apparemment basse. La félicité humaine est produite non pas tant par de grands coups de chance qui arrivent rarement, que par de petits avantages qui se produisent tous les jours. Ainsi, si vous apprenez à un jeune homme pauvre à se raser et à tenir son rasoir en ordre, vous pouvez contribuer davantage au bonheur de sa vie qu'en lui donnant mille guinées. L'argent peut être vite dépensé, avec le seul regret de l'avoir sottement consommé ; mais dans l'autre cas, ce jeune homme échappe à la fréquente vexation d'attendre les barbiers, et à leurs doigts parfois sales, à leur haleine désagréable, et à leurs rasoirs émoussés ; il se rase quand cela lui convient le mieux, et jouit chaque jour du plaisir de le faire avec un bon instrument. C'est avec ces sentiments que j'ai hasardé les quelques pages qui précèdent, espérant qu'elles pourront fournir des indications qui, un jour ou l'autre, pourront être utiles à une ville que j'aime, y ayant vécu de nombreuses années très heureuses, et peut-être à certaines de nos villes d'Amérique. Après avoir été pendant quelque temps employé par le maître des postes d'Amérique comme contrôleur pour réglementer plusieurs bureaux et demander des comptes aux officiers, j'ai été, à sa mort en 1753, nommé, conjointement avec M. William Hunter, pour lui succéder, par une commission du maître des postes d'Angleterre. Le bureau américain n'avait jusqu'alors jamais rien payé à celui de la Grande-Bretagne. Nous devions avoir six cents livres par an à nous deux, si nous pouvions faire cette somme sur les bénéfices du bureau. Pour ce faire, diverses améliorations étaient nécessaires ; certaines d'entre elles étaient inévitablement coûteuses au début, de sorte qu'au cours des quatre premières années, le bureau avait une dette de plus de neuf cents livres envers nous. Mais il commença bientôt à nous rembourser et, avant que je ne sois remplacé par un groupe de ministres dont je parlerai plus loin, nous l'avions amené à rapporter à la couronne trois fois plus de recettes nettes que le bureau de poste d'Irlande. Depuis cette imprudente transaction, ils n'en ont reçu pas un sou ! Les affaires du bureau de poste m'ont amené à faire un voyage en Nouvelle-Angleterre cette année, où le Collège de Cambridge m'a décerné de son propre chef le diplôme de Master of Arts. Le Yale College, dans le Connecticut, m'avait auparavant fait un compliment similaire. C'est ainsi que, sans avoir étudié dans aucun collège, j'ai eu droit à ces honneurs. Ils m'ont été conférés en considération de mes améliorations et de mes découvertes dans la branche électrique de la philosophie naturelle.

[86] Tench Francis, oncle de Sir Philip Francis, émigra d'Angleterre au Maryland et devint avocat de Lord Baltimore. Il s'installa à Philadelphie et fut procureur général de Pennsylvanie de 1741 à 1755. Il est mort à Philadelphie le 16 août 1758.-Smyth.

[87] Appelée plus tard l'Université de Pennsylvanie.

[88] Voir les votes pour avoir cela plus correctement.-Note de marge.

[89] Gilbert Tennent (1703-1764) est venu en Amérique avec son père, le révérend William Tennent, et a enseigné pendant un certain temps au "Log College", d'où est issu le College of New Jersey.

[90] Voir les votes.

[91] Les jardins de Vauxhall, autrefois une station balnéaire londonienne populaire et à la mode, situés sur la Tamise au-dessus de Lambeth. Les jardins ont été fermés en 1859, mais on s'en souviendra toujours à cause de la visite de Sir Roger de Coverley dans le Spectator et des descriptions dans Humphry Clinker de Smollett et Vanity Fair de Thackeray.

[92] Une petite rue près de Charing Cross, à Londres.

Chapitre 14 : Plan d'union D'Albany

En 1754, la guerre avec la France étant à nouveau appréhendée, un congrès de commissaires des différentes colonies devait, en vertu d'un ordre des lords du commerce, être réuni à Albany, afin de conférer avec les chefs des Six Nations sur les moyens de défendre à la fois leur pays et le nôtre. Le gouverneur Hamilton, ayant reçu cet ordre, en a informé la Chambre, en lui demandant de fournir des cadeaux appropriés pour les Indiens, qui seront remis à cette occasion ; et en désignant le président de la Chambre (M. Norris) et moi-même pour nous joindre à M. Thomas Penn et à M. Secretary Peters comme commissaires chargés d'agir pour la Pennsylvanie. La Chambre a approuvé la nomination et a fourni les marchandises pour les présents, bien qu'elle n'ait pas beaucoup aimé traiter avec les provinces, et nous avons rencontré les autres commissaires à Albany vers la mi-juin. En chemin, j'ai conçu et dessiné un plan pour l'union de toutes les colonies sous un seul gouvernement, dans la mesure où cela serait nécessaire pour la défense et d'autres objectifs généraux importants. En passant par New York, j'avais montré mon projet à messieurs James Alexander et Kennedy, deux messieurs très au fait des affaires publiques, et, fort de leur approbation, je me suis aventuré à le présenter au Congrès. Il est alors apparu que plusieurs des commissaires avaient formé des plans du même genre. Une question préalable fut d'abord posée, à savoir si une union devait être établie, et elle fut adoptée à l'unanimité. Un comité a ensuite été nommé, un membre de chaque colonie, pour examiner les différents plans et faire rapport. Il se trouve que le mien a été préféré, et, avec quelques amendements, il a été rapporté en conséquence.

SELON CE PLAN, LE GOUVERNEMENT général devait être administré par un président général, nommé et soutenu par la couronne, et un grand conseil devait être choisi par les représentants du peuple des différentes colonies, réunis dans leurs assemblées respectives. Les débats sur cette question au Congrès se poursuivaient quotidiennement, parallèlement aux affaires indiennes. Beaucoup d'objections et de difficultés furent soulevées, mais finalement elles furent toutes surmontées, et le plan fut accepté à l'unanimité, et des copies ordonnées pour être transmises au Board of Trade et aux assemblées des différentes provinces. Son sort fut singulier ; les assemblées ne l'adoptèrent pas, parce qu'elles trouvaient toutes qu'il contenait trop de prérogatives, et qu'en Angleterre on jugeait qu'il tenait trop de la démocratie. Le Board of Trade ne l'a donc pas approuvé et ne l'a pas recommandé à l'approbation de Sa Majesté ; mais un autre plan a été élaboré, censé mieux répondre au même objectif, selon lequel les gouverneurs des provinces, avec certains membres de leurs conseils respectifs, devaient se réunir et ordonner la levée de troupes, la construction de forts, etc., et puiser dans le trésor de la Grande-Bretagne pour la dépense, qui devait ensuite être remboursée par un acte du Parlement établissant une taxe sur l'Amérique.

Mon plan, avec mes raisons à l'appui, se trouve parmi mes documents politiques imprimés. Étant l'hiver suivant à Boston, j'ai eu beaucoup de conversation avec le gouverneur Shirley concernant les deux plans. Une partie de ce qui s'est passé entre nous à cette occasion peut également être vue dans ces documents. Les raisons différentes et contraires pour lesquelles mon plan n'a pas été apprécié me font soupçonner qu'il s'agissait du véritable moyen, et je suis toujours d'avis qu'il aurait été heureux pour les deux côtés de l'eau s'il avait été adopté. Les colonies, ainsi unies, auraient été suffisamment fortes pour se défendre ; il n'aurait alors pas été nécessaire de faire venir des troupes d'Angleterre ; bien sûr, le prétexte ultérieur pour taxer l'Amérique, et la lutte sanglante qu'il a entraînée auraient été évités. Mais de telles erreurs ne sont pas nouvelles ; l'histoire est pleine d'erreurs d'états et de princes. " Regardez autour du monde habitable, combien peu connaissent leur propre bien, ou, le sachant, le poursuivent ! " Les gouvernants, ayant beaucoup d'affaires à régler, n'aiment généralement pas se donner la peine d'envisager et de réaliser de nouveaux projets. Les meilleures mesures publiques sont donc rarement adoptées en vertu d'une sagesse préalable, mais forcées par l'occasion. Le gouverneur de la Pennsylvanie, en le transmettant à l'Assemblée, a exprimé son approbation du plan, " car il lui a semblé qu'il avait été élaboré avec beaucoup de clarté et de force de jugement, et il l'a donc recommandé comme méritant leur attention la plus étroite et la plus sérieuse ". Cependant, la Chambre, par l'entremise d'un certain membre, l'a repris lorsque j'étais absent, ce que je n'ai pas trouvé très juste, et l'a réprouvé sans y prêter la moindre attention, à ma grande mortification.

Chapitre 15 : Querelles avec les gouverneurs propriétaires

LORS DE MON VOYAGE à Boston cette année, j'ai rencontré à New York notre nouveau gouverneur, M. Morris, qui venait d'arriver d'Angleterre et que j'avais déjà connu intimement. Il apportait une commission pour remplacer M. Hamilton, qui, fatigué par les disputes auxquelles ses instructions de propriétaire l'avaient soumis, avait démissionné. M. Morris me demanda si je pensais qu'il devait s'attendre à une administration aussi inconfortable. Je lui répondis : "Non ; vous pouvez, au contraire, en avoir une très confortable, si seulement vous prenez soin de ne pas entrer en conflit avec l'Assemblée." "Mon cher ami," dit-il, plaisamment, "comment pouvez-vous me conseiller d'éviter les disputes ? Vous savez que j'aime les disputes ; c'est un de mes plus grands plaisirs ; cependant, pour montrer la considération que j'ai pour vos conseils, je vous promets que je les éviterai, si possible." Il avait quelques raisons d'aimer la dispute, étant éloquent, sophiste aigu, et, par conséquent, réussissant généralement dans la conversation argumentée. Il y avait été élevé dès son enfance, son père, comme je l'ai entendu dire, habituant ses enfants à se disputer les uns les autres pour se distraire, lorsqu'ils étaient à table après le dîner ; mais je crois que cette pratique n'était pas sage ; car, d'après mes observations, ces gens qui se disputent, se contredisent et se confondent sont généralement malheureux dans leurs affaires. Ils obtiennent parfois la victoire, mais jamais la bonne volonté, qui leur serait plus utile. Nous nous sommes séparés, lui allant à Philadelphie, et moi à Boston. En revenant, je rencontrai à New York les votes de l'Assemblée, par lesquels il apparut que, nonobstant la promesse qu'il m'avait faite, lui et la Chambre étaient déjà en grande contestation ; et ce fut une bataille continuelle entre eux tant qu'il conserva le gouvernement. J'en ai eu ma part, car, dès que j'ai repris mon siège à l'Assemblée, j'ai été mis dans tous les comités pour répondre à ses discours et messages, et les comités m'ont toujours demandé de rédiger les projets. Nos réponses, ainsi que ses messages, étaient souvent acerbes, et parfois indécemment abusives ; et, comme il savait que j'écrivais pour l'Assemblée, on aurait pu s'imaginer que, lorsque nous nous rencontrions, nous pouvions difficilement éviter de nous couper la gorge ; mais il était un homme si bien nanti qu'aucune différence personnelle entre lui et moi n'était occasionnée par la contestation, et nous dinions souvent ensemble.

UN APRÈS-MIDI, AU PLUS fort de cette querelle publique, nous nous rencontrâmes dans la rue. "Franklin, me dit-il, vous devriez venir chez moi et y passer la soirée ; je dois avoir une compagnie qui vous plaira" et, me prenant par le bras, il me conduisit chez lui. Après le souper, dans une conversation gaie autour de notre vin, il nous dit, en plaisantant, qu'il admirait beaucoup l'idée siège Sancho Panza [93], qui, lorsqu'on lui proposa de lui donner un gouvernement, demanda que cela devait être un gouvernement de Noirs, car alors, s'il ne pouvait pas s'entendre avec son peuple, il pourrait le vendre.

Un de ses amis, qui était assis à côté de moi, dit : " Franklin, pourquoi continuez-vous à vous ranger du côté de ces maudits quakers ? Ne feriez-vous pas mieux de les vendre ? Le propriétaire vous en donnerait un bon prix." "Le gouverneur," dis-je, "ne les a pas encore assez noircis." En effet, il s'était efforcé de noircir l'Assemblée dans tous ses messages, mais ils lui ôtaient sa couleur aussi vite qu'il la mettait, et la plaquaient, en retour, sur son propre visage ; de sorte que, constatant qu'il risquait d'être lui-même noirci, il se lassa de la lutte, ainsi que M. Hamilton, et quitta le gouvernement. Ces querelles publiques [94] étaient toutes dues au fond aux propriétaires, nos gouverneurs héréditaires, qui, lorsqu'il fallait faire quelque dépense pour la défense de leur province, ordonnaient avec une incroyable mesquinerie à leurs députés de ne passer aucun acte pour lever les impôts nécessaires, à moins que leurs vastes domaines ne fussent dans le même acte expressément excusés ; et ils avaient même pris des obligations de ces députés pour observer ces instructions. Pendant trois ans, les assemblées s'opposèrent à cette injustice, mais furent finalement contraintes de céder. Finalement, le capitaine Denny, qui était le successeur du gouverneur Morris, s'est aventuré à désobéir à ces instructions ; je montrerai plus loin comment cela s'est produit. Mais j'avance trop vite dans mon récit : il y a encore quelques transactions à mentionner qui se sont produites pendant l'administration du gouverneur Morris. La guerre étant en quelque sorte commencée avec la France, le gouvernement de la baie du Massachusetts projetait une attaque contre Crown Point [95] et envoya M. Quincy en Pennsylvanie et M. Pownall, plus tard gouverneur Pownall, à New York, pour solliciter de l'aide. Comme je faisais partie de l'Assemblée, que je connaissais son tempérament et que j'étais un compatriote de M. Quincy, il s'adressa à moi pour obtenir mon influence et mon aide. Je leur dictai son discours, qui fut bien reçu. Ils ont voté une aide de dix mille livres, à dépenser en provisions. Mais le gouverneur refusant son assentiment à leur projet de loi (qui incluait cette somme avec d'autres sommes accordées pour l'usage de la couronne), à moins qu'une clause ne soit insérée pour exempter les propriétaires de supporter toute partie de l'impôt qui serait nécessaire, l'Assemblée, bien que très désireuse de rendre leur subvention à la Nouvelle-Angleterre effective, ne savait pas comment l'accomplir. M. Quincy a travaillé fort avec le gouverneur pour obtenir son assentiment, mais il s'est obstiné. J'ai alors suggéré une méthode pour faire l'affaire sans le gouverneur, par des ordres sur les fiduciaires du bureau de prêt, que, selon la loi, l'Assemblée avait le droit de tirer. Il y avait, en effet, peu ou pas d'argent à ce moment-là dans le bureau, et j'ai donc proposé que les ordres soient payables en un an, et qu'ils portent un intérêt de cinq pour cent. Avec ces ordres, je supposais que les provisions pourraient facilement être achetées. L'Assemblée, avec très peu d'hésitation, a adopté la proposition. Les ordres ont été immédiatement imprimés, et je faisais partie du comité chargé de les signer et d'en disposer. Le fonds pour les payer était l'intérêt de tous les billets de banque qui existaient alors dans la province et qui avaient été prêtés, ainsi que les revenus provenant de l'accise. Comme on savait qu'ils étaient plus que suffisants, ils ont obtenu un crédit instantané et ont été non seulement reçus en paiement des provisions, mais beaucoup de gens riches, qui avaient de l'argent liquide à portée de main, l'ont investi dans ces ordres, ce qu'ils ont trouvé avantageux, car ils portaient intérêt tant qu'ils étaient en main, et pouvaient en toute occasion être utilisés comme argent ; de sorte qu'ils ont tous été achetés avec empressement, et en quelques semaines, on n'en voyait plus aucun. C'est ainsi que cette importante affaire a été menée à bien par mes soins. M. Quincy remercia l'Assemblée dans un beau mémorial, rentra chez lui très heureux du succès de son ambassade, et me témoigna par la suite la plus cordiale et la plus affectueuse amitié.

[93] L'écuyer "rond, égoïste et imbu de lui-même" de Don Quichotte dans le roman de Cervantès du même nom.

[94] Mes actes au temps de Morris, militaires, etc.-Note de Marg.

[95] Sur le lac Champlain, à 90 miles au nord d'Albany. Elle a été capturée par les Français en 1731, attaquée par les Anglais en 1755 et 1756, et abandonnée par les Français en 1759. Elle a finalement été prise aux Anglais par les Américains en 1775.

Chapitre 16 : L'expédition de Braddock

Le gouvernement britannique, ne voulant pas permettre l'union des colonies telle que proposée à Albany, et confier à cette union leur défense, de peur qu'elles ne deviennent trop militaires et ne sentent leur propre force (des soupçons et des jalousies étant alors entretenus à leur égard), envoya le général Braddock avec deux régiments de troupes régulières anglaises dans ce but. Il débarqua à Alexandria, en Virginie, et de là marcha jusqu'à Frederictown, dans le Maryland, où il s'arrêta pour prendre des voitures. Notre Assemblée, craignant, d'après certaines informations, qu'il n'ait conçu de violents préjugés contre eux, comme étant opposé au service, m'a demandé de l'attendre, non pas en tant que membre de l'Assemblée, mais en tant que ministre des Postes, sous prétexte de lui proposer de régler avec lui la manière de conduire avec la plus grande célérité et certitude les dépêches entre lui et les gouverneurs des différentes provinces, avec lesquels il doit nécessairement avoir une correspondance continue, et dont ils ont proposé de payer les frais. Mon fils m'a accompagné dans ce voyage. Nous avons trouvé le général à Frederictown, attendant impatiemment le retour de ceux qu'il avait envoyés dans les régions reculées du Maryland et de la Virginie pour rassembler des chariots. Je suis resté avec lui plusieurs jours, j'ai dîné avec lui tous les jours et j'ai eu l'occasion de dissiper tous ses préjugés en l'informant de ce que l'Assemblée avait fait avant son arrivée et de ce qu'elle était encore prête à faire pour faciliter ses opérations. Au moment où j'étais sur le point de partir, on m'a apporté le nombre de wagons à obtenir, et il s'est avéré qu'il n'y en avait que vingt-cinq, et qu'ils n'étaient pas tous en état de marche. Le général et tous les officiers furent surpris, déclarèrent que l'expédition était alors terminée, étant impossible, et s'exclamèrent contre les ministres pour les avoir ignorés en les débarquant dans un pays dépourvu de moyens de transporter leurs magasins, bagages, etc. Il m'est arrivé de dire que je trouvais dommage qu'ils n'aient pas été débarqués plutôt en Pennsylvanie, car dans ce pays, presque chaque fermier avait son chariot. Le général a saisi mes paroles avec empressement et a dit : " Alors vous, monsieur, qui êtes un homme d'intérêt là-bas, vous pouvez probablement nous les procurer, et je vous supplie de vous en charger ". J'ai demandé quelles conditions devaient être offertes aux propriétaires des wagons, et on m'a demandé de mettre sur papier les conditions qui me semblaient nécessaires. Je l'ai fait, et elles ont été acceptées, et une commission et des instructions ont été préparées immédiatement. Ces conditions apparaissent dans l'annonce que j'ai publiée dès mon arrivée à Lancaster, et qui, en raison de l'effet important et soudain qu'elle a produite, est une pièce d'une certaine curiosité, je vais l'insérer au long, comme suit :

"PUBLICITE". "LANCASTER, 26 avril 1755. "

Attendu que cent cinquante wagons, avec quatre chevaux par wagon, et quinze cents chevaux de selle ou de bât, sont nécessaires pour le service des forces de Sa Majesté qui sont sur le point de se rendre à Will's Creek, et que son excellence le général Braddock a eu le plaisir de m'habiliter à passer un contrat pour la location de ceux-ci, je donne par la présente avis que je me présenterai à cette fin à Lancaster d'aujourd'hui à mercredi soir prochain, et à York de jeudi matin prochain à vendredi soir, où je serai prêt à accepter des wagons et des équipes, ou des chevaux seuls, selon les conditions suivantes, à savoir: 1. Il sera payé pour chaque wagon, avec quatre bons chevaux et un conducteur, quinze shillings par jour ; et pour chaque cheval capable avec une selle de bât, ou autre selle et meubles, deux shillings par jour ; et pour chaque cheval capable sans selle, dix-huit pence par jour. 2. Que la solde commence à partir du moment où ils rejoignent les forces à Will's Creek, soit le 20 mai suivant ou avant, et qu'une allocation raisonnable soit versée en sus pour le temps nécessaire à leur déplacement jusqu'à Will's Creek et à leur retour après leur libération. 3. Chaque wagon et attelage, et chaque cheval de selle ou de bât sera évalué par des personnes indifférentes choisies entre moi et le propriétaire ; et en cas de perte d'un wagon, d'un attelage ou d'un autre cheval en service, le prix correspondant à cette évaluation sera accordé et payé. 4. Sept jours de solde seront avancés et payés en main propre par moi au propriétaire de chaque chariot, attelage ou cheval, au moment du contrat, si nécessaire, et le reste sera payé par le général Braddock, ou par le trésorier de l'armée, au moment de leur libération, ou de temps à autre, selon les besoins. 5. Aucun conducteur de chariot ni aucune personne s'occupant des chevaux loués ne doit en aucun cas être appelé à faire le devoir des soldats ni être employé autrement qu'à conduire ou à prendre soin de leurs chariots ou chevaux. 6. Toute avoine, tout maïs indien, ou tout autre fourrage que les chariots ou les chevaux apportent au camp, au-delà de ce qui est nécessaire pour la subsistance des chevaux, doit être pris pour l'usage de l'armée, et un prix raisonnable doit être payé pour cela.

"Note. - Mon fils, William Franklin, est habilité à conclure des contrats similaires avec toute personne du comté de Cumberland.

"B. FRANKLIN."

"Aux habitants des comtés de Lancaster, York, et Cumberland.

"Amis et compatriotes,

"Étant occasionnellement [96] au camp de Frederic depuis quelques jours, j'ai trouvé le général et les officiers extrêmement exaspérés parce qu'on ne leur avait pas fourni de chevaux et de voitures, ce qui était attendu de cette province, la plus apte à les fournir ; mais, à cause des dissensions entre notre gouverneur et l'Assemblée, l'argent n'avait pas été fourni, et aucune mesure n'avait été prise à cet effet.

"Il a été proposé d'envoyer immédiatement une force armée dans ces comtés, de saisir le plus grand nombre possible des meilleures voitures et des meilleurs chevaux, et d'obliger autant de personnes à s'engager dans le service qu'il serait nécessaire pour les conduire et en prendre soin.

"Je craignais que la progression des soldats britanniques à travers ces comtés dans une telle occasion, surtout si l'on considère l'humeur dans laquelle ils se trouvent et leur ressentiment à notre égard, ne soit accompagnée de nombreux et grands inconvénients pour les habitants, et j'ai donc pris plus volontiers la peine d'essayer d'abord ce qui pourrait être fait par des moyens justes et équitables.

Les habitants de ces comtés de l'arrière-pays se sont récemment plaints à l'Assemblée qu'il manquait une monnaie suffisante ; vous avez l'occasion de recevoir et de répartir entre vous une somme très considérable ; car, si le service de cette expédition se poursuit, comme il est plus que probable, pendant cent vingt jours, la location de ces chariots et de ces chevaux s'élèvera à plus de trente mille livres, qui vous seront payées en argent et en or de la monnaie du roi.

"Le service sera léger et facile, car l'armée ne marchera guère plus de douze milles par jour, et les chariots et les chevaux à bagages, comme ils transportent les choses absolument nécessaires au bien-être de l'armée, doivent marcher avec l'armée, et pas plus vite ; et sont, pour le bien de l'armée, toujours placés là où ils peuvent être le plus en sécurité, que ce soit dans une marche ou dans un camp.

"Si vous êtes vraiment, comme je le crois, de bons et loyaux sujets de Sa Majesté, vous pouvez maintenant rendre un service des plus acceptables et vous faciliter la tâche ; en effet, trois ou quatre de ceux qui ne peuvent pas consacrer séparément aux affaires de leurs plantations un chariot, quatre chevaux et un conducteur, peuvent le faire ensemble, l'un fournissant le chariot, un autre un ou deux chevaux, et un autre le conducteur, et diviser le salaire proportionnellement entre vous ; mais si vous ne rendez pas volontairement ce service à votre roi et à votre pays, alors qu'on vous offre un si bon salaire et des conditions raisonnables, votre loyauté sera fortement soupçonnée.

Les affaires du roi doivent être faites ; tant de braves troupes, venues de si loin pour votre défense, ne doivent pas rester inactives à cause de votre incapacité à faire ce que l'on peut raisonnablement attendre de vous ; il faut avoir des chariots et des chevaux ; des mesures violentes seront probablement utilisées, et vous devrez chercher une récompense où vous pourrez la trouver, et votre cas, peut-être, ne sera guère pris en pitié ou considéré.

"Je n'ai aucun intérêt particulier dans cette affaire, car, hormis la satisfaction de m'efforcer de faire le bien, je n'aurai que mon travail pour mes peines. Si cette méthode pour obtenir les chariots et les chevaux n'a pas de chance de réussir, je suis obligé d'envoyer un mot au général dans quatorze jours ; et je suppose que Sir John St. Clair, le hussard, avec un corps de soldats, entrera immédiatement dans la province à cette fin, ce que je serai désolé d'apprendre, car je suis très sincèrement et véritablement votre ami et votre bienfaiteur."

B. FRANKLIN.

J'ai reçu du général environ huit cents livres, à verser en avance aux propriétaires de wagons, etc. ; mais cette somme étant insuffisante, j'ai avancé plus de deux cents livres de plus, et en deux semaines les cent cinquante wagons, avec deux cent cinquante-neuf chevaux porteurs, étaient en marche vers le camp. L'annonce promettait un paiement selon l'évaluation, au cas où un wagon ou un cheval serait perdu. Les propriétaires, cependant, affirmant qu'ils ne connaissaient pas le général Braddock, ou qu'ils ne savaient pas si l'on pouvait compter sur sa promesse, ont insisté pour que je me porte garant de l'exécution, ce que j'ai fait. Alors que j'étais au camp et que je dînais un soir avec les officiers du régiment du colonel Dunbar, il m'a fait part de son inquiétude pour les subalternes, qui, disait-il, n'étaient généralement pas dans l'aisance et ne pouvaient se permettre, dans ce cher pays, de faire les provisions nécessaires à une si longue marche, à travers une région sauvage où rien ne pouvait être acheté. J'ai compati à leur situation et j'ai résolu de m'efforcer de leur procurer quelque secours. Je ne lui ai cependant pas fait part de mon intention, mais j'ai écrit le lendemain matin au comité de l'Assemblée, qui disposait de quelques fonds publics, pour lui recommander vivement le cas de ces officiers et lui proposer de leur envoyer des produits de première nécessité et des rafraîchissements. Mon fils, qui avait une certaine expérience de la vie dans un camp et de ses besoins, a dressé pour moi une liste que j'ai jointe à ma lettre. Le comité l'approuva et fit preuve d'une telle diligence que, sous la conduite de mon fils, les provisions arrivèrent au camp dès que les wagons furent arrivés. Ils se composaient de vingt colis, contenant chacun

6 livres de sucre en pain.	1 fromage de Gloucester.
6 livres de bon sucre Muscovado	1 baril contenant 20 livres de bon beurre.
1 livre de bon thé vert.	2 douzaines de vieux vin de Madère.
1 livre de bon thé noir de Chine	2 ballons d'alcool de Jamaïque.
6 livres de bon café moulu.	1 bouteille de farine de moutarde.
6 livres de chocolat.	2 jambons bien cuits.
1-2 livre du meilleur biscuit blanc.	1-2 douzaines de langues séchées.
1-2 livre de poivre.	6 livres de riz.
1 quart du meilleur vin blanc	6 livres de raisins secs.
1 quart du meilleur vinaigre de vin blanc.	

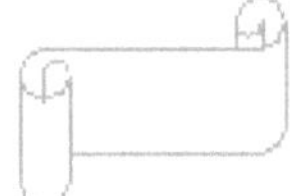

Ces vingt colis, bien emballés, ont été placés sur autant de chevaux, chaque colis, avec le cheval, étant destiné à être offert à un officier. Ils ont été très bien reçus et les colonels des deux régiments m'en ont remercié par des lettres rédigées dans les termes les plus reconnaissants. Le général, lui aussi, était très satisfait de la façon dont je lui avais procuré les chariots, etc., et il a volontiers payé mon compte de dépenses, me remerciant à plusieurs reprises et me demandant de l'aider à envoyer des provisions après lui. J'ai entrepris cela aussi, et je m'y suis employé activement jusqu'à ce que nous apprenions sa défaite, avançant pour le service de mon propre argent, plus de mille livres sterling, dont je lui ai envoyé un compte.

Il est arrivé entre ses mains, heureusement pour moi, quelques jours avant la bataille, et il m'a retourné immédiatement un ordre sur le payeur pour la somme ronde de mille livres, laissant le reste pour le prochain compte. Je considère ce paiement comme une chance, n'ayant jamais pu obtenir ce reste, dont je parlerai plus loin. Ce général était, je pense, un homme courageux, et il aurait probablement pu s'illustrer comme un bon officier dans une guerre européenne. Mais il avait une trop grande confiance en lui, une trop haute opinion de la validité des troupes régulières, et une trop mauvaise opinion des Américains et des Indiens. George Croghan, notre interprète indien, l'a rejoint dans sa marche avec une centaine de ces gens, qui auraient pu être d'une grande utilité pour son armée en tant que guides, éclaireurs, etc. s'il les avait traités avec gentillesse ; mais il les a méprisés et négligés, et ils l'ont graduellement quitté. Un jour qu'il conversait avec lui, il me rendait compte de la marche qu'il comptait suivre. "Après avoir pris le fort Duquesne," dit-il, "je dois me rendre à Niagara ; et, après l'avoir pris, à Frontenac [98] si la saison me le permet ; et je suppose qu'elle le permettra, car Duquesne ne peut guère me retenir plus de trois ou quatre jours ; et puis je ne vois rien qui puisse entraver ma marche vers Niagara". Ayant auparavant tourné dans mon esprit la longue ligne que son armée doit faire dans leur marche par une route très étroite, à être coupé pour eux à travers les bois et les buissons, et aussi ce que j'avais lu d'une défaite antérieure de quinze cents Français, qui ont envahi le pays Iroquois, j'avais conçu quelques doutes et quelques craintes pour l'événement de la campagne. Mais je me suis aventuré à dire, "Pour être sûr, monsieur, si vous arrivez bien avant Duquesne, avec ces bonnes troupes, si bien fourni avec l'artillerie, ce lieu pas encore complètement fortifié, et comme nous l'entendons avec aucune garnison très forte, peut probablement faire un peu de résistance. Le seul danger que j'appréhende pour entraver votre marche est celui des embuscades des Indiens, qui, par une pratique constante, sont habiles à les préparer et à les exécuter ; et la ligne mince, d'environ quatre milles de long, que votre armée doit faire, peut l'exposer à être attaquée par surprise dans ses flancs, et à être coupée comme un fil en plusieurs morceaux, qui, à cause de leur distance, ne peuvent pas arriver à temps pour se soutenir les uns les autres." Il sourit de mon ignorance et répondit : "Ces sauvages peuvent, en effet, être un ennemi redoutable pour votre milice américaine brute, mais pour les troupes régulières et disciplinées du roi, monsieur, il est impossible qu'ils fassent la moindre impression". J'étais conscient qu'il n'était pas convenable que je discute avec un militaire des questions relatives à sa profession, et je n'en dis pas plus. L'ennemi, cependant, n'a pas pris l'avantage sur son armée, ce que je craignais, car sa longue ligne de marche l'exposait, mais il l'a laissé avancer sans interruption jusqu'à neuf milles de l'endroit ; puis, lorsqu'il était plus en groupe (car il venait de passer une rivière, où le front s'était arrêté jusqu'à ce que tout le monde soit passé), et dans une partie des bois plus ouverte que toutes celles qu'il avait traversées, il a attaqué sa garde avancée par un feu nourri provenant de derrière les arbres et les buissons, ce qui a été la première information que le général a eue de la présence d'un ennemi près de lui. Cette garde étant désorganisée, le général a précipité les troupes à leur secours, ce qui a été fait dans une grande confusion, avec des chariots, des bagages et du bétail ; et bientôt le feu est venu sur leur flanc : les officiers, qui étaient à cheval, étaient plus faciles à distinguer, ils étaient pris pour cible et tombaient très vite ; les soldats étaient entassés les uns sur les autres, n'ayant ou n'entendant aucun ordre, et ils restaient là à se faire tirer dessus jusqu'à ce que les deux tiers d'entre eux soient tués ; puis, saisis de panique, ils se sont tous enfuis avec précipitation.

LES WAGONNIERS ONT pris chacun un cheval de leur attelage et ont détalé ; leur exemple a été immédiatement suivi par d'autres, de sorte que tous les wagons, les provisions, l'artillerie et les magasins ont été abandonnés à l'ennemi. Le général, blessé, a eu de la difficulté à se dégager ; son secrétaire, M. Shirley, a été tué à ses côtés ; sur quatre-vingt-six officiers, soixante-trois ont été tués ou blessés, et sept cent quatorze hommes ont été tués sur onze cents. Ces onze cents hommes avaient été choisis parmi toute l'armée ; le reste avait été laissé derrière avec le colonel Dunbar, qui devait suivre avec la plus grande partie des magasins, des provisions et des bagages. Les voltigeurs, n'ayant pas été poursuivis, arrivèrent au camp de Dunbar, et la panique qu'ils apportèrent avec eux le saisit instantanément, lui et tous ses gens ; et, bien qu'il ait maintenant plus de mille hommes, et que l'ennemi qui avait battu Braddock ne dépassait pas tout au plus quatre cents Indiens et Français ensemble, au lieu d'agir et d'essayer de récupérer une partie de l'honneur perdu, il ordonna de détruire tous les magasins, munitions, etc., afin d'avoir plus de chevaux pour l'aider dans sa fuite vers les colonies et moins de bois à transporter. Les gouverneurs de la Virginie, du Maryland et de la Pennsylvanie lui demandèrent de poster ses troupes à la frontière, afin de protéger les habitants, mais il continua sa marche rapide dans tout le pays, ne se croyant pas en sécurité avant d'arriver à Philadelphie, où les habitants pourraient le protéger. Toute cette transaction nous a donné, à nous Américains, le premier soupçon que nos idées exaltées sur les prouesses des réguliers britanniques n'étaient pas fondées. [99] Au cours de leur première marche, depuis leur débarquement jusqu'à ce qu'ils aient dépassé les colonies, ils avaient pillé et dépouillé les habitants, ruinant totalement certaines familles pauvres, en plus d'insulter, d'abuser et de séquestrer les gens s'ils se plaignaient. C'était assez pour nous faire perdre la foi en de tels défenseurs, si nous en avions vraiment voulu. Combien différente fut la conduite de nos amis français en 1781, qui, au cours d'une marche à travers la partie la plus habitée de notre pays, de Rhode Island à la Virginie, près de sept cents miles, n'ont pas suscité la moindre plainte pour la perte d'un cochon, d'un poulet, ou même d'une pomme ! Le capitaine Orme, qui était l'un des aides de camp du général et qui, grièvement blessé, a été emmené avec lui et a continué à le suivre jusqu'à sa mort, qui est survenue quelques jours plus tard, m'a dit qu'il était resté totalement silencieux tout le premier jour et que, le soir, il avait seulement dit : " Qui l'eût cru ? "Il a été de nouveau silencieux le jour suivant, disant seulement à la fin : " nous saurons mieux comment nous y prendre avec eux une autre fois ", et il est mort quelques minutes plus tard. Les papiers du secrétaire, avec tous les ordres, les instructions et la correspondance du général, étant tombés entre les mains de l'ennemi, ils ont choisi et traduit en français un certain nombre d'articles, qu'ils ont imprimés, pour prouver les intentions hostiles de la cour britannique avant la déclaration de guerre. Parmi ces articles, j'ai vu quelques lettres du général au ministère, qui parlaient en termes élogieux des grands services que j'avais rendus à l'armée, et me recommandaient à leur attention. David Hume [100] lui aussi, qui fut quelques années plus tard secrétaire de Lord Hertford, lorsqu'il était ministre en France, puis du général Conway, lorsqu'il était secrétaire d'État, m'a dit qu'il avait vu parmi les papiers de ce bureau des lettres de Braddock me recommandant chaudement. Mais, l'expédition ayant été malheureuse, mon service, semble-t-il, n'a pas été jugé de grande valeur, car ces recommandations ne m'ont jamais été utiles. Pour ce qui est des récompenses de sa part, je n'en ai demandé qu'une, à savoir qu'il donne l'ordre à ses officiers de ne plus enrôler d'autres de nos serviteurs achetés, et qu'il libère ceux qui étaient déjà enrôlés. Ce qu'il a accordé avec empressement, et plusieurs ont été rendus à leurs maîtres, à ma demande ! Dunbar, lorsque le commandement lui a été dévolu, n'a pas été aussi généreux. Comme il était à Philadelphie, lors de sa retraite, ou plutôt de sa fuite, je lui ai demandé de libérer les serviteurs de trois pauvres fermiers du comté de Lancaster qu'il avait enrôlés, en lui rappelant les ordres du défunt général à ce sujet. Il m'a promis que si les maîtres venaient le voir à Trenton, où il devait se rendre dans quelques jours pour se rendre à New York, il leur remettrait leurs hommes. Ils ont donc dû faire les frais et se donner la peine d'aller à Trenton, où il a refusé d'exécuter sa promesse, à leur grande perte et déception. Dès que la perte des chariots et des chevaux a été connue, tous les propriétaires sont venus me voir pour obtenir l'évaluation que j'avais donné en garantie. Leurs demandes m'ont causé beaucoup d'ennuis ; je les ai informés que l'argent était prêt entre les mains du trésorier, mais que les ordres de paiement devaient d'abord être obtenus du général Shirley [101], et je les ai assurés que j'avais envoyé une lettre à ce général ; mais, comme il était loin, une réponse ne pouvait pas être reçue de sitôt et qu'ils devaient être patients, tout cela ne suffisait pas à les satisfaire, et certains ont commencé à me poursuivre. Le général Shirley m'a finalement libéré de cette terrible situation en nommant des commissaires pour examiner les réclamations et en ordonnant le paiement. Elles s'élevaient à près de vingt mille livres, dont le paiement m'aurait ruiné. Avant que nous n'apprenions la nouvelle de cette défaite, les deux docteurs Bond sont venus me voir avec un document de souscription pour recueillir de l'argent afin de défrayer les coûts d'un grand feu d'artifice, qu'ils avaient l'intention de présenter lors d'une réjouissance à la réception de la nouvelle de notre prise du fort Duquesne. J'ai pris un air grave et j'ai dit qu'il serait, je pense, assez temps de se préparer à la fête quand nous saurions que nous aurions l'occasion de nous réjouir. Ils ont semblé surpris que je ne me sois pas immédiatement conformé à leur proposition. "Mais qu'est-ce que... ! " dit l'un d'eux, " vous ne pensez tout de même pas que le fort ne sera pas pris ? " "Je ne sais pas s'il ne sera pas pris, mais je sais que les événements de la guerre sont sujets à une grande incertitude." Je leur ai donné les raisons de mes doutes ; la souscription a été abandonnée, et les anticipateurs ont ainsi évité la mortification qu'ils auraient subie si le feu d'artifice avait été préparé. Le Dr Bond, à une autre occasion par la suite, a dit qu'il n'aimait pas les prévisions de Franklin. Le gouverneur Morris, qui, avant la défaite de Braddock, n'avait cessé d'inquiéter l'Assemblée en lui adressant message sur message, afin de l'obliger à adopter des lois visant à lever des fonds pour la défense de la province, sans taxer, entre autres, les domaines propriétaires, et qui avait rejeté tous leurs projets de loi parce qu'ils ne contenaient pas une telle clause d'exemption, redoublait maintenant ses attaques avec plus d'espoir de succès, le danger et la nécessité étant plus grands. L'Assemblée, cependant, resta ferme, croyant qu'elle avait la justice de son côté, et que ce serait renoncer à un droit essentiel si elle permettait au gouverneur de modifier ses projets de loi de finances. Dans l'un des derniers, en effet, qui visait à accorder cinquante mille livres, l'amendement proposé par le gouverneur ne comportait qu'un seul mot. Il indiquait "que tous les domaines, réels et personnels, devaient être taxés, ceux des propriétaires n'étant pas exclus". Son amendement n'était pas seulement : une petite, mais une très importante modification. Cependant, lorsque la nouvelle de ce désastre atteignit l'Angleterre, nos amis là-bas, à qui nous avions pris soin de fournir toutes les réponses de l'Assemblée aux messages du gouverneur, poussèrent une clameur contre les propriétaires pour leur mesquinerie et leur injustice en donnant de telles instructions à leur gouverneur ; on allait jusqu'à dire qu'en faisant obstacle à la défense de leur province, ils perdaient leur droit à celle-ci. Ils furent intimidés par cela et envoyèrent des ordres à leur receveur général pour qu'il ajoute cinq mille livres de leur argent à toute somme que l'Assemblée pourrait accorder à cette fin. Ceci, ayant été notifié à la Chambre, a été accepté au lieu de leur part d'une taxe générale, et un nouveau projet de loi a été formé, avec une clause d'exemption, qui a été adopté en conséquence. En vertu de cette loi, je fus nommé l'un des commissaires chargés de disposer de l'argent, soit soixante mille livres. J'avais participé activement à l'élaboration du projet de loi et à son adoption, et j'avais, en même temps, rédigé un projet de loi pour l'établissement et la discipline d'une milice volontaire, que j'ai fait passer à la Chambre sans trop de difficulté, car on avait pris soin d'y laisser les quakers libres. Pour promouvoir l'association nécessaire à la formation de la milice, j'écrivis un dialogue [102] exposant et répondant à toutes les objections auxquelles je pouvais penser concernant une telle milice, qui fut imprimé et eut, comme je le pensais, un grand effet.

[96] Par hasard.

[97] Pittsburg.

[98] Kingston, à l'extrémité orientale du lac Ontario.

[99] D'autres récits de cette expédition et de cette défaite peuvent être trouvés dans Washington and his Country de Fiske, ou George Washington de Lodge, vol. 1.

[100] Un célèbre philosophe et historien écossais (1711-1776).

[101] Gouverneur du Massachusetts et commandant des forces britanniques en Amérique.

[102] Ce dialogue et l'acte de milice sont dans le Gentleman's Magazine de février et mars 1756.-Note de marge.

Chapitre 17 : La défense de la frontière par Franklin

Tandis que les diverses compagnies de la ville et du pays se formaient et apprenaient leur exercice, le gouverneur m'a convaincu de prendre en charge notre frontière nord-ouest, qui était infestée par l'ennemi, et d'assurer la défense des habitants en levant des troupes et en construisant une ligne de forts. J'ai entrepris cette activité militaire, bien que je ne me sois pas considéré comme qualifié pour cela. Il me donna une commission avec tous les pouvoirs, ainsi qu'une partie de commissions en blanc pour des officiers, à donner à qui je le jugerais bon. Je n'ai eu que peu de difficultés à lever des hommes, ayant bientôt cinq cent soixante sous mon commandement. Mon fils, qui avait été officier dans l'armée levée contre le Canada lors de la guerre précédente, était mon aide de camp et m'était d'une grande utilité. Les Indiens avaient brûlé Gnadenhut [103] un village établit par les Moraves, et massacré les habitants ; mais l'endroit était considéré comme un bon emplacement pour l'un des forts. Pour y marcher, je rassemblai les compagnies à Bethléem, principal établissement de ce peuple. Je fus surpris de le trouver en si bonne posture de défense ; la destruction de Gnadenhut leur avait fait appréhender le danger. Les principaux bâtiments étaient défendus par une palissade ; ils avaient acheté une quantité d'armes et de munitions à New York, et avaient même placé des quantités de petits pavés entre les fenêtres de leurs hautes maisons de pierres, pour que leurs femmes puissent les jeter sur la tête de tout Indien qui tenterait d'y pénétrer. Les frères armés, eux aussi, montaient la garde et faisaient la relève aussi méthodiquement que dans toute ville de garnison. Lors d'une conversation avec l'évêque, Spangenberg, j'ai fait part de ma surprise ; car, sachant qu'ils avaient obtenu un acte du Parlement les exemptant des droits militaires dans les colonies, j'avais supposé qu'ils étaient consciencieusement scrupuleux de porter des armes. Il m'a répondu que ce n'était pas un de leurs principes établis, mais qu'au moment où ils ont obtenu cette loi, on pensait que c'était un principe pour beaucoup de leurs gens. À cette occasion, cependant, ils ont été surpris de constater qu'il n'était adopté que par quelques-uns. Il semble qu'ils se soient trompés eux-mêmes ou qu'ils aient trompé le Parlement ; mais le bon sens, aidé par le danger présent, est parfois trop fort pour les opinions fantaisistes. C'est au début du mois de janvier que nous nous sommes lancés dans la construction de forts. J'ai envoyé un détachement vers le Minisink, avec des instructions pour en ériger un pour la sécurité de cette partie supérieure du pays, et un autre vers la partie inférieure, avec des instructions similaires ; et j'ai conclu d'aller moi-même avec le reste de ma force à Gnadenhut, où un fort était plus immédiatement nécessaire. Les Moraves m'ont procuré cinq wagons pour nos outils, nos provisions, nos bagages, etc. Juste avant notre départ de Bethléem, onze fermiers, qui avaient été chassés de leurs plantations par les Indiens, sont venus me voir pour me demander une provision d'armes à feu, afin de pouvoir retourner chercher leur bétail. Je leur ai donné à chacun un fusil avec des munitions appropriées. Nous n'avions pas parcouru beaucoup de milles avant qu'il se mette à pleuvoir, et la pluie a continué toute la journée ; il n'y avait aucune habitation sur la route pour nous abriter, jusqu'à ce que nous arrivions vers la nuit à la maison d'un Allemand, où, et dans sa grange, nous étions tous serrés les uns contre les autres, aussi mouillés que l'eau pouvait nous rendre. Heureusement, nous n'avons pas été attaqués au cours de notre marche, car nos armes étaient des plus ordinaires et nos hommes ne pouvaient pas garder les verrous de leurs fusils [104] au sec. Les Indiens sont habiles à fabriquer des dispositifs à cet effet, ce que nous n'avions pas. Ils ont rencontré ce jour-là les onze pauvres fermiers mentionnés ci-dessus, et en ont tué dix. Celui qui s'est échappé nous a informés que ses fusils et ceux de ses compagnons ne partaient pas, l'amorce étant mouillée par la pluie.

"LE JOUR SUIVANT ÉTANT beau, nous continuâmes notre marche, et arrivâmes à Gnadenhut, un endroit désolé."

Il y avait près de là une scierie, autour de laquelle il restait plusieurs piles de planches, avec lesquelles nous nous sommes rapidement hissés ; une opération d'autant plus nécessaire en cette saison inclémente, que nous n'avions pas de tentes. Notre premier travail fut d'enterrer plus efficacement les morts que nous trouvâmes là, qui avaient été à moitié enterrés par les gens du pays. Le lendemain matin, notre fort fut planifié et marqué, la circonférence mesurant quatre cent cinquante-cinq pieds, ce qui nécessitait autant de palissades faites d'arbres, les uns avec les autres, d'un pied de diamètre chacun. Nos haches, dont nous disposions de soixante-dix, furent immédiatement mises à contribution pour abattre les arbres, et, nos hommes étant habiles à s'en servir, une grande rapidité fut atteinte. Voyant les arbres tomber si vite, j'ai eu la curiosité de regarder ma montre lorsque deux hommes ont commencé à couper un pin ; en six minutes, ils l'ont déposé sur le sol, et je l'ai trouvé d'un diamètre de quatorze pouces. Chaque pin faisait trois palissades de dix-huit pieds de long, pointues à une extrémité. Pendant que ces palissades se préparaient, nos autres hommes creusèrent tout autour une tranchée de trois pieds de profondeur, dans laquelle les palissades devaient être plantées ; et, nos chariots, les corps étant enlevés, et les roues avant et arrière séparées en enlevant la goupille qui unissait les deux parties de la perche [105] nous avions dix voitures, avec deux chevaux chacune, pour amener les palissades du bois à l'endroit. Une fois qu'elles furent installées, nos charpentiers construisirent une estrade de planches tout autour, d'environ six pieds de haut, pour que les hommes puissent se tenir debout lorsqu'ils devaient tirer à travers les meurtrières. Nous avions un canon pivotant, que nous avons monté sur l'un des angles, et nous l'avons tiré dès qu'il a été fixé, pour que les Indiens sachent, s'ils étaient à portée de voix, que nous avions de telles pièces ; et ainsi notre fort, si un nom aussi magnifique peut être donné à une si misérable palissade, a été terminé en une semaine, bien qu'il ait plu si fort tous les deux jours que les hommes ne pouvaient pas travailler.

"Nos haches... ont été immédiatement utilisées pour couper les arbres".

CELA ME DONNA L'OCCASION d'observer que, lorsque les hommes sont employés, ils sont mieux satisfaits ; car les jours où ils travaillaient, ils étaient bien nourris et joyeux, et, avec la conscience d'avoir fait une bonne journée de travail, ils passaient la soirée gaiement ; mais pendant nos jours d'oisiveté, ils étaient mutins et querelleurs, trouvant à redire sur leur porc, le pain, etc., et d'une mauvaise humeur continuelle, ce qui m'a fait penser à un capitaine de navire qui avait pour règle de faire travailler ses hommes en permanence et qui, lorsque son second lui disait qu'ils avaient tout fait et qu'il n'y avait plus rien à faire pour les employer, lui disait : " Oh ! Ce genre de fort, aussi méprisable soit-il, constitue une défense suffisante contre les Indiens, qui n'ont pas de canons. Comme nous étions maintenant bien postés et que nous avions un endroit où nous retirer à l'occasion, nous nous sommes aventurés à parcourir le pays adjacent. Nous n'avons rencontré aucun Indien, mais nous avons trouvé les endroits sur les collines avoisinantes où ils s'étaient couchés pour surveiller nos activités. Il y avait un art dans la conception de ces endroits qui semble digne de mention. Comme c'était l'hiver, un feu leur était nécessaire, mais un feu ordinaire à la surface du sol aurait permis de découvrir leur position à distance. Ils avaient donc creusé des trous dans le sol d'environ trois pieds de diamètre, et un peu plus profonds ; nous avons vu où ils avaient, avec leurs hachettes, coupé le charbon de bois des côtés des bûches brûlées qui gisaient dans les bois. Avec ces charbons, ils avaient fait de petits feux au fond des trous, et nous avons observé parmi les mauvaises herbes et l'herbe les empreintes de leurs corps, faites en se couchant tout autour, les jambes pendantes dans les trous pour garder leurs pieds au chaud, ce qui, chez eux, est un point essentiel. Ce genre de feu, ainsi manipulé, ne pouvait pas les découvrir, ni par sa lumière, ni par sa flamme, ni par ses étincelles, ni même par sa fumée : il semble que leur nombre n'était pas grand, et il semble qu'ils aient vu que nous étions trop nombreux pour être attaqués par eux avec perspective d'avantage. Nous avions pour aumônier un ministre presbytérien zélé, M. Beatty, qui s'est plaint à moi que les hommes n'assistaient généralement pas à ses prières et exhortations. Lorsqu'ils se sont enrôlés, on leur a promis, en plus de la solde et des provisions, une pinte de rhum par jour, qui leur était servie ponctuellement, la moitié le matin et l'autre moitié le soir ; et j'ai observé qu'ils étaient aussi ponctuels pour le recevoir ; sur quoi j'ai dit à M. Beatty : " C'est peut-être au-dessous de la dignité de votre profession d'agir comme intendant du rhum, mais si vous le distribuiez et seulement après les prières, vous les auriez tous autour de vous ". Il aima la proposition, entreprit la tâche et, avec l'aide de quelques personnes pour doser la liqueur, l'exécuta de façon satisfaisante, et jamais les prières n'ont été plus généralement et plus ponctuellement suivies, de sorte que je pensais que cette méthode était préférable à la punition infligée par certaines lois militaires pour non-assistance au service divin. J'avais à peine terminé cette affaire, et mon fort était bien approvisionné en provisions, que je reçus une lettre du gouverneur, m'informant qu'il avait convoqué l'Assemblée, et souhaitait que j'y assiste, si la situation des affaires à la frontière était telle que mon maintien n'était plus nécessaire. Mes amis de l'Assemblée me pressaient aussi par leurs lettres d'être, si possible, à la réunion, et mes trois forts prévus étant maintenant terminés, et les habitants étant satisfaits de rester sur leurs fermes sous cette protection, je résolus de revenir ; d'autant plus volontiers qu'un officier de la Nouvelle-Angleterre, le colonel Clapham, expérimenté dans la guerre indienne, étant en visite dans notre établissement, consentit à accepter le commandement. Je lui ai donné une commission et, en faisant défiler la garnison, je l'ai fait lire devant eux, je l'ai présenté comme un officier qui, par son habileté dans les affaires militaires, était beaucoup plus apte que moi à les commander et, après une petite exhortation, j'ai pris congé. Je fus escorté jusqu'à Bethléem, où je me reposai quelques jours pour me remettre des fatigues que j'avais subies. La première nuit, étant dans un bon lit, je pouvais à peine dormir, c'était si différent de mon dur logement sur le plancher de notre hutte à Gnaden enveloppé seulement dans une ou deux couvertures. Pendant mon séjour à Bethléem, je me suis renseigné un peu sur les pratiques des Moraves : certains d'entre eux m'avaient accompagné, et tous ont été très gentils avec moi. J'ai découvert qu'ils travaillaient pour un stock commun, mangeaient à des tables communes et dormaient dans des dortoirs communs, en grand nombre. Dans les dortoirs, j'ai observé des meurtrières, à certaines distances, tout le long, juste sous le plafond, qui me semblaient judicieusement placées pour changer d'air. J'ai été à leur église, où j'ai été diverti par une bonne musique, l'orgue étant accompagné de violons, hautbois, flûtes, clarinettes, etc. Je compris que leurs sermons n'étaient pas habituellement prêchés à des congrégations mixtes d'hommes, de femmes et d'enfants, comme c'est notre pratique courante, mais qu'ils rassemblaient tantôt les hommes mariés, tantôt leurs femmes, puis les jeunes hommes, les jeunes femmes et les petits enfants, chaque division à part. Le sermon que j'ai entendu s'adressait à ces derniers, qui entraient et étaient placés en rangs sur des bancs ; les garçons sous la conduite d'un jeune homme, leur précepteur, et les filles sous la conduite d'une jeune femme. Le discours semblait bien adapté à leurs capacités, et était prononcé d'une manière agréable et familière, les incitant, pour ainsi dire, à être bons. Ils se sont comportés de manière très ordonnée, mais avaient l'air pâle et malsain, ce qui m'a fait penser qu'ils étaient trop enfermés ou qu'ils n'avaient pas assez d'exercice. J'ai demandé, à propos des mariages moraves, s'il était vrai qu'ils se faisaient par tirage au sort. On m'a répondu que le tirage au sort n'était utilisé que dans des cas particuliers ; que généralement, lorsqu'un jeune homme se trouvait disposé à se marier, il en informait les aînés de sa classe, qui consultaient les dames aînées qui gouvernaient les jeunes femmes ! Comme ces aînées des différents sexes connaissaient bien les tempéraments et les dispositions de leurs élèves respectifs, elles étaient les mieux placées pour juger des mariages qui convenaient, et leurs jugements étaient généralement acceptés ; mais si, par exemple, il arrivait que deux ou trois jeunes femmes se trouvaient être également appropriées pour le jeune homme, on revenait alors au sort. J'ai objecté que si les mariages ne sont pas faits par le choix mutuel des parties, certaines d'entre elles pourraient être très malheureuses. "Et c'est ce qui pourrait arriver", répondit mon informateur, "si vous laissez les parties choisir elles-mêmes", ce que, en effet, je ne pouvais nier. De retour à Philadelphie, j'ai constaté que l'association se poursuivait sans problème, les habitants qui n'étaient pas quakers ayant généralement adhéré à l'association, se sont constitués en compagnies et ont choisi leurs capitaines, lieutenants et enseignes, conformément à la nouvelle loi. Le Dr B. m'a rendu visite et m'a rendu compte des efforts qu'il avait déployés pour que la loi soit généralement bien accueillie, et il a attribué beaucoup de choses à ces efforts. J'avais eu la vanité d'attribuer tout cela à mon dialogue ; cependant, ne sachant pas s'il n'avait pas raison, je l'ai laissé jouir de son opinion, ce qui, à mon avis, est généralement la meilleure façon de procéder en pareil cas. Les officiers, réunis, m'ont choisi pour être colonel du régiment, ce que j'ai accepté cette fois. J'ai oublié combien de compagnies nous avions, mais nous avons fait défiler environ mille deux cents hommes de belle apparence, avec une compagnie d'artillerie, qui avait reçu six pièces de campagne en laiton, dont ils étaient devenus si experts dans l'utilisation qu'ils pouvaient tirer douze fois en une minute. La première fois que j'ai passé mon régiment en revue, ils m'ont accompagné jusqu'à ma maison, et m'ont salué en tirant quelques coups de feu devant ma porte, qui ont ébranlé et brisé plusieurs verres de mon appareil électrique. Et mon nouvel honneur ne s'est pas avéré beaucoup moins fragile ; car toutes nos commissions ont été brisées peu après par une abrogation de la loi en Angleterre. Pendant la courte période où j'étais colonel, alors que j'étais sur le point de partir en voyage en Virginie, les officiers de mon régiment se sont mis en tête de m'escorter hors de la ville, jusqu'au ferry inférieur. Au moment où je montais à cheval, ils se sont présentés à ma porte, entre trente et quarante, montés et tous en uniforme. Je n'avais pas été informé de ce projet auparavant, sinon je l'aurais empêché, étant naturellement opposé à l'assomption de l'état en toute occasion ; et j'étais très déçu de leur apparition, car je ne pouvais pas éviter qu'ils m'accompagnent. Le pire, c'est que, dès que nous nous sommes mis en route, ils ont tiré leurs épées et ont chevauché épées nues pendant tout le trajet. Quelqu'un en a fait le récit au propriétaire, ce qui l'a beaucoup offensé. Aucun honneur de ce genre ne lui avait été rendu lorsqu'il était dans la province ni à aucun de ses gouverneurs ; il a dit que cela n'était approprié que pour les princes de sang royal, ce qui peut être vrai pour ce que j'en sais, moi qui étais, et qui suis toujours, ignorant de l'étiquette dans de tels cas. Cette sotte affaire, cependant, augmenta considérablement sa rancœur contre moi, qui n'était déjà pas mince, à cause de ma conduite à l'Assemblée concernant l'exemption de son domaine de l'impôt, à laquelle je m'étais toujours opposé très vivement, et non sans de sévères réflexions sur la mesquinerie et l'injustice qu'il avait eues à s'y opposer. Il m'a accusé auprès du ministère d'être le grand obstacle au service du roi, en empêchant, par mon influence à la Chambre, la bonne forme des projets de loi pour lever des fonds, et il a présenté cette parade avec mes officiers comme une preuve de mon intention d'arracher le gouvernement de la province de ses mains par la force. Il a également demandé à Sir Everard Fawkener, le ministre des Postes, de me priver de mon poste, mais cela n'a eu d'autre effet que d'obtenir de Sir Everard une douce admonestation. Malgré les querelles continuelles entre le gouverneur et la Chambre, dans lesquelles j'avais une si grande part en tant que membre, il y avait toujours des rapports civils entre ce monsieur et moi, et nous n'avons jamais eu de différend personnel. Depuis, j'ai parfois pensé que le peu ou l'absence de ressentiment qu'il éprouvait à mon égard, en raison des réponses que je faisais à ses messages, pouvait être l'effet d'une habitude professionnelle, et que, ayant été élevé comme avocat, il nous considérait tous deux comme de simples avocats de clients opposés dans un procès, lui pour les propriétaires et moi pour l'Assemblée. Il lui arrivait donc de m'appeler amicalement pour me conseiller sur des points difficiles, et parfois, mais pas souvent, de suivre mon avis. Nous avons agi de concert pour approvisionner l'armée de Braddock en provisions et, lorsque la nouvelle choquante de sa défaite est arrivée, le gouverneur s'est empressé de me demander de le consulter sur les mesures à prendre pour empêcher la désertion des comtés de l'arrière-pays. J'oublie maintenant le conseil que j'ai donné, mais je crois qu'il s'agissait d'écrire à Dunbar et de l'inciter, si possible, à poster ses troupes à la frontière pour les protéger, jusqu'à ce que des renforts en provenance des colonies lui permettent de poursuivre l'expédition. Et, après mon retour de la frontière, il aurait voulu que j'entreprenne la conduite d'une telle expédition avec des troupes provinciales, pour la réduction du fort Duquesne, Dunbar et ses hommes étant autrement employés ; et il a proposé de me nommer général. Je n'avais pas une aussi bonne opinion de mes capacités militaires qu'il le prétendait, et je crois que ses professions ont dû dépasser ses sentiments réels ; mais il pensait probablement que ma popularité faciliterait la levée des hommes, et mon influence à l'Assemblée, l'octroi de l'argent pour les payer, et cela, peut-être, sans taxer le domaine de la propriété. Comme je n'étais pas aussi désireux de m'engager qu'il l'avait prévu, le projet a été abandonné, et il a quitté le gouvernement peu après, remplacé par le capitaine Denny.

[103] Se prononce Gna'-den-hoot.

[104] Pistolets à silex, dont la décharge se fait au moyen d'une étincelle produite par un silex et de l'acier en poudre (amorçage) dans une casserole ouverte.

[105] Ici le poteau reliant les roues avant et arrière d'un wagon.

Chapitre 18 : Expériences scientifiques

Avant de raconter la part que j'ai prise aux affaires publiques sous l'administration de ce nouveau gouverneur, il n'est peut-être pas inutile de rendre compte ici de l'ascension et des progrès de ma réputation philosophique. En 1746, étant à Boston, j'y rencontrai un certain Dr Spence, qui venait d'arriver d'Écosse, et qui me montra quelques expériences électriques. Elles étaient imparfaites, car il n'était pas très expert ; mais, s'agissant d'un sujet tout à fait nouveau pour moi, elles me surprirent et me plurent également. Peu de temps après mon retour à Philadelphie, notre bibliothèque reçut de Monsieur Collinson, membre de la Société royale [106] de Londres, le cadeau d'un tube de verre, avec quelques explications sur l'usage qu'on en fait pour faire de telles expériences. Je saisis avec empressement l'occasion de répéter ce que j'avais vu à Boston ; et, par beaucoup de pratique, j'acquis une grande facilité à exécuter celles que nous avions reçues d'Angleterre, en ajoutant un certain nombre de nouvelles expériences. Je dis beaucoup de pratique, car ma maison était continuellement remplie, pendant quelque temps, de gens qui venaient voir ces nouvelles merveilles. Pour répartir un peu ce fardeau entre mes amis, je fis souffler un certain nombre de tubes semblables dans notre verrerie, dont ils se munirent eux-mêmes, de sorte que nous eûmes finalement plusieurs exécutants. Parmi ceux-ci, le principal était Monsieur Kinnersley, un voisin ingénieux, qui, n'ayant pas d'affaires, j'ai encouragé à entreprendre de montrer les expériences pour de l'argent, et j'ai rédigé pour lui deux conférences, dans lesquelles les expériences étaient classées dans un tel ordre, et accompagnées de telles explications, de telle sorte que ce qui précède devait aider à comprendre ce qui suit. Il se procura à cet effet un élégant appareil, dans lequel toutes les petites machines que j'avais grossièrement fabriquées pour moi-même furent joliment formées par des fabricants d'instruments. Ses conférences étaient très suivies et donnaient une grande satisfaction ; au bout de quelque temps, il fit le tour des colonies, les exposant dans toutes les capitales, et ramassa un peu d'argent. Dans les îles des Antilles, en effet, les expériences étaient faites avec difficulté, à cause de l'humidité générale de l'air. J'ai pensé qu'il était juste qu'il soit informé de notre succès dans son utilisation, et je lui ai écrit plusieurs lettres contenant des comptes rendus de nos expériences. Il les a fait lire à la Royal Society, où l'on n'a pas cru tout d'abord qu'elles valaient la peine d'être imprimées dans leurs Transactions. Un article que j'avais écrit pour Monsieur Kinnersley, sur la similitude de la foudre avec l'électricité [107], je l'ai envoyé au docteur Mitchel, une de mes connaissances, et un des membres de cette société, qui m'a écrit qu'il avait été lu, mais que les connaisseurs en avaient ri. Cependant, les documents ont été montrés au Dr Fothergill, qui les a jugés trop précieux pour être étouffés, et a conseillé de les imprimer. Monsieur Collinson les donna alors à Cave pour qu'il les publie dans son Gentleman's Magazine, mais il choisit de les imprimer séparément dans un pamphlet, et le Dr Fothergill en écrivit la préface. Cave, semble-t-il, a jugé à juste titre de son profit, car par les ajouts qui sont arrivés par la suite, ils ont gonflé un volume en quatre tomes, qui a eu cinq éditions, et ne lui a rien coûté en argent de copie. Il se passa cependant quelque temps avant que l'on prît connaissance de ces documents en Angleterre. Une copie en étant tombée entre les mains du comte de Buffon [108], philosophe d'une grande réputation en France, et même dans toute l'Europe, il persuada Monsieur Dalibard [109] de les traduire en français, et ils furent imprimés à Paris. Cette publication offensa l'abbé Nollet, précepteur en philosophie naturelle de la famille royale, et habile expérimentateur, qui avait formé et publié une théorie de l'électricité, qui avait alors la vogue générale. Il ne put d'abord croire qu'un tel ouvrage vînt d'Amérique, et dit qu'il devait avoir été fabriqué par ses ennemis de Paris, pour décrier son système. Par la suite, ayant été assuré qu'il existait réellement une personne telle que Franklin à Philadelphie, ce dont il avait douté, il a écrit et publié un volume de Lettres, principalement adressées à moi, défendant sa théorie, et niant la véracité de mes expériences, et des positions déduites de celles-ci. J'avais un jour l'intention de répondre à l'abbé, et j'ai effectivement commencé à le faire ; mais, considérant que mes écrits contenaient une description d'expériences que n'importe qui pouvait répéter et vérifier, et qui, si elles n'étaient pas vérifiées, ne pouvaient être défendues ; ou d'observations offertes comme des conjectures, et non livrées dogmatiquement, ne me mettant par conséquent dans aucune obligation de les défendre ; et pensant qu'une dispute entre deux personnes, écrivant dans des langues différentes, pourrait s'allonger considérablement par des traductions erronées, et par conséquent des idées fausses sur le sens de l'autre, une grande partie d'une des lettres de l'abbé étant fondée sur une erreur dans la traduction, j'ai conclu de laisser mes papiers se déplacer pour eux-mêmes, croyant qu'il était mieux d'employer le temps que je pouvais épargner des affaires publiques à faire de nouvelles expériences, que de disputer sur celles déjà faites. Je ne répondis donc jamais à M. Nollet, et l'événement ne me donna pas lieu de me repentir de mon silence ; car mon ami Monsieur Leroy, de l'Académie royale des sciences, prit ma cause en main et le réfuta ; mon livre fut traduit en langues italienne, allemande et latine ; et la doctrine qu'il contenait fut par degrés universellement adoptée par les philosophes de l'Europe, de préférence à celle de l'abbé ; de sorte qu'il vécut jusqu'à être le dernier de sa secte, excepté Monsieur B, de Paris, son élève et disciple immédiat. Ce qui a donné à mon livre une célébrité plus soudaine et plus générale, c'est le succès d'une des expériences qu'il proposait, faite par Messieurs Dalibard et Delor à Marly, pour tirer la foudre des nuages. Cela a attiré partout l'attention du public. Monsieur Delor, qui avait un appareil pour la philosophie expérimentale, et qui faisait des conférences dans cette branche de la science, entreprit de répéter ce qu'il appelait les expériences de Philadelphie ; et, après qu'elles eurent été faites devant le roi et la cour, tous les curieux de Paris accoururent pour les voir. Je ne vais pas gonfler ce récit avec un compte-rendu de cette expérience capitale ni du plaisir infini que j'ai reçu dans le succès d'une expérience similaire que j'ai faite peu après avec un cerf-volant à Philadelphie, car les deux se trouvent dans les histoires de l'électricité. Le Dr Wright, médecin anglais, de passage à Paris, écrivit à un ami de la Société royale un compte rendu de la haute estime dont mes expériences jouissaient auprès des savants étrangers, et de leur étonnement de voir que mes écrits avaient été si peu remarqués en Angleterre. La société, à ce sujet, reprit l'examen des lettres qui lui avaient été lues ; et le célèbre Dr Watson en fit un compte rendu sommaire, ainsi que de tout ce que j'avais envoyé par la suite en Angleterre sur ce sujet, qu'il accompagna de quelques éloges de l'auteur. Ce résumé fut ensuite imprimé dans leurs Transactions ; et certains membres de la société de Londres, en particulier le très ingénieux

Monsieur Canton, ayant vérifié l'expérience consistant à faire jaillir la foudre des nuages au moyen d'une baguette pointue, et les ayant informés du succès, ils me firent bientôt plus que réparer l'affront qu'ils m'avaient fait auparavant. Sans que j'eusse fait aucune demande pour cet honneur, ils me choisirent comme membre, et votèrent que je serais dispensé des paiements habituels, qui se seraient élevés à vingt-cinq guinées ; et depuis lors, ils m'ont donné leurs transactions gratuitement. Ils m'ont également remis la médaille d'or de Sir Godfrey Copley [110] pour l'année 1753, dont la remise a été accompagnée d'un très beau discours du président, Lord Macclesfield, dans lequel j'ai été très honoré.

[106] La Royal Society of London for Improving Natural Knowledge a été fondée en 1660 et occupe la première place parmi les sociétés anglaises pour l'avancement de la science.

[107] Voir page 327.

[108] Célèbre naturaliste français (1707-1788).

[109] Dalibard, qui avait traduit en français les lettres de Franklin à Collinson, fut le premier à démontrer, dans une application pratique de l'expérience de Franklin, que la foudre et l'électricité sont identiques. "C'était le 10 mai 1752, un mois avant que Franklin ne fasse voler son célèbre cerf-volant à Philadelphie et ne prouve lui-même le fait" - McMaster.

[110] Un baronnet anglais (mort en 1709), donateur d'un fonds de 100 £, "en fiducie pour la Société royale de Londres pour l'amélioration des connaissances naturelles".

Chapitre 19 : Agent de Pennsylvanie à Londres

LE NOUVEAU GOUVERNEUR de l'UR, le capitaine Denny, m'a apporté la médaille de la Royal Society mentionnée plus haut, qu'il m'a remise lors d'un divertissement offert par la ville. Il l'a accompagnée d'expressions très polies de son estime pour moi, ayant, comme il l'a dit, connu depuis longtemps ma personnalité. Après le dîner, alors que la compagnie, comme c'était la coutume à cette époque, était occupée à boire, il m'emmena à l'écart dans une autre pièce, et m'apprit qu'il avait été conseillé par ses amis en Angleterre de cultiver une amitié avec moi, comme quelqu'un qui était capable de lui donner les meilleurs conseils, et de contribuer le plus efficacement à rendre son administration facile ; qu'il désirait donc par-dessus tout avoir une bonne entente avec moi, et il me pria d'être assuré de sa disponibilité en toutes occasions à me rendre tous les services qui pourraient être en son pouvoir ! Il m'a aussi beaucoup parlé de la bonne disposition du propriétaire à l'égard de la province, et de l'avantage qu'il y aurait pour nous tous, et pour moi en particulier, à ce que l'opposition qui a été si longtemps maintenue à l'égard de ses mesures soit levée, et que l'harmonie soit rétablie entre lui et le peuple ; pour ce faire, il a pensé que personne ne pourrait être plus utile que moi, et que je pourrais compter sur des reconnaissances et des récompenses adéquates, etc. Les buveurs, s'apercevant que nous ne retournions pas immédiatement à table, nous envoyèrent une carafe de madère, dont le gouverneur fit un usage généreux, et en proportion devint plus prodigue de ses sollicitations et promesses. Mes réponses furent à cet effet : que ma situation, grâce à Dieu, était telle que les faveurs du propriétaire ne m'étaient pas nécessaires et que, étant membre de l'Assemblée, je ne pouvais en accepter aucune ; que, cependant, je n'avais aucune inimitié personnelle envers le propriétaire et que, chaque fois que les mesures publiques qu'il proposait semblaient être pour le bien du peuple, personne ne devait les épouser et les promouvoir avec plus de zèle que moi ; mon opposition passée était fondée sur le fait que les mesures proposées étaient manifestement destinées à servir les intérêts des propriétaires, au grand détriment de ceux du peuple ; que je lui étais très reconnaissant pour ses professions d'estime à mon égard, et qu'il pouvait compter sur tout ce qui était en mon pouvoir pour rendre son administration aussi facile que possible, en espérant en même temps qu'il n'avait pas apporté avec lui la même instruction malheureuse avec laquelle son prédécesseur avait été gêné. Il ne s'expliqua pas sur ce point ; mais lorsqu'il vint ensuite faire des affaires avec l'Assemblée, ils se présentèrent de nouveau, les disputes reprirent, et je fus aussi actif que jamais dans l'opposition, étant le rédacteur, d'abord, de la demande d'avoir une communication des instructions, et ensuite des remarques sur celles-ci, qui peuvent être trouvées dans les votes de l'époque, et dans la Revue historique que je publiai par la suite. Mais il n'y a pas eu d'inimitié entre nous personnellement ; nous étions souvent ensemble ; c'était un homme de lettres, il avait vu beaucoup de choses dans le monde, et sa conversation était très divertissante et agréable. Il me donna la première information que mon vieil ami Jas. Ralph vivait encore ; qu'il était considéré comme l'un des meilleurs écrivains politiques d'Angleterre ; qu'il avait été employé dans la dispute [111] entre le prince Frédéric et le roi, et qu'il avait obtenu une pension de trois cents dollars par an ; que sa réputation était en effet faible comme poète, Pope ayant damné sa poésie dans le Dunciad [112], mais que sa prose était considérée comme aussi bonne que celle de n'importe quel homme. L'Assemblée, constatant que le propriétaire s'obstinait à donner à ses députés des instructions incompatibles non seulement avec les privilèges du peuple, mais aussi avec le service de la couronne, décida d'adresser une pétition au roi contre eux, et me désigna comme son agent pour aller en Angleterre présenter et appuyer cette pétition. La Chambre avait envoyé un projet de loi au gouverneur, accordant une somme de soixante mille livres à l'usage du roi (dont dix mille livres étaient soumises aux ordres du général de l'époque, Lord Loudoun), que le gouverneur a absolument refusé d'adopter, conformément à ses instructions. J'avais convenu avec le capitaine du paquebot de New York, Monsieur Morris, de mon passage, et mes provisions étaient embarquées, lorsque Lord Loudoun arriva à Philadelphie, expressément, comme il me l'a dit, pour tenter de trouver un arrangement entre le gouverneur et l'Assemblée, afin que le service de Sa Majesté ne soit pas entravé par leurs dissensions. En conséquence, il souhaita que le gouverneur et moi-même le rencontrions, afin qu'il puisse entendre ce qui allait être dit des deux côtés. Nous nous sommes rencontrés et avons discuté de l'affaire. Au nom de l'Assemblée, je présentai tous les divers arguments que l'on peut trouver dans les documents publics de l'époque, qui étaient de ma plume, et qui sont imprimés avec les procès-verbaux de l'Assemblée ; et le gouverneur plaida ses instructions, l'engagement qu'il avait pris de les observer, et sa ruine s'il désobéissait, et il ne semblait pas vouloir s'y risquer si Lord Loudoun le lui conseillait. Sa Seigneurie n'a pas choisi de le faire, bien que j'aie déjà pensé que j'avais presque réussi à l'en persuader ; mais finalement, il a préféré demander à l'Assemblée de se conformer à ses instructions, et il m'a supplié d'utiliser mes efforts auprès d'elle dans ce but, déclarant qu'il n'épargnerait aucune des troupes du roi pour la défense de nos frontières, et que, si nous ne continuions pas à assurer nous-mêmes cette défense, elles devraient rester exposées à l'ennemi. J'ai informé la Chambre de ce qui s'était passé et, en leur présentant une série de résolutions que j'avais rédigées, déclarant nos droits et précisant que nous ne renoncions pas à ces droits, mais que nous en suspendions seulement l'exercice à cette occasion par la force, ce contre quoi nous avons protesté, ils ont finalement accepté de laisser tomber ce projet de loi et d'en rédiger un autre conforme aux instructions du propriétaire. Bien entendu, le gouverneur a adopté ce projet de loi et j'étais alors libre de poursuivre mon voyage. Mais, dans l'intervalle, le paquebot avait pris la mer avec mes provisions du trajet, ce qui constituait une perte pour moi, et ma seule récompense était les remerciements de Sa Seigneurie pour mes services, tout le mérite de l'obtention de l'hébergement lui revenant. Il est parti pour New York avant moi ; et, comme il décidait du moment où les paquebots devaient partir, et qu'il en restait deux, dont l'un, disait-il, devait partir très bientôt, j'ai demandé à en connaître l'heure précise, afin de ne pas le manquer par un retard de ma part. Il m'a répondu : " J'ai dit qu'il devait partir samedi prochain, mais je peux vous dire, entre nous, que si vous êtes là lundi matin, vous serez à l'heure, mais ne tardez pas plus longtemps ". À cause d'un obstacle accidentel à un bac, il était lundi midi avant que j'arrive, et je craignais beaucoup qu'il n'ait pris la mer, car le vent était bon ; mais je fus bientôt rassuré en apprenant qu'il était toujours dans le port et qu'il ne bougerait pas avant le lendemain. On pourrait croire que j'étais maintenant sur le point de partir pour l'Europe. C'est ce que je pensais, mais je ne connaissais pas encore aussi bien le caractère de Sa Seigneurie, dont l'indécision était l'un des traits les plus forts. Je vais en donner quelques exemples. C'est vers le début d'avril que je suis arrivé à New York, et je crois que c'est vers la fin de juin que nous avons pris la mer. Il y avait alors deux des paquebots, qui étaient depuis longtemps dans le port, mais qui étaient retenus pour les lettres du général, qui devaient toujours être prêtes pour demain. Un autre paquebot arriva ; il fut aussi retenu ; et, avant que nous ne mettions les voiles, un quatrième était attendu. Le nôtre fut le premier à être expédié, car il était là depuis le plus longtemps. Les passagers étaient tous occupés, et certains étaient extrêmement impatients de partir, et les marchands inquiets au sujet de leurs lettres et des ordres qu'ils avaient donnés pour l'assurance (en temps de guerre) des marchandises de l'automne ; mais leur anxiété ne servait à rien ; les lettres de Sa Seigneurie n'étaient pas prêtes ; et pourtant, quiconque le servait le trouvait toujours à son bureau, la plume à la main, et en concluait qu'il devait écrire abondamment. En allant moi-même un matin présenter mes respects, j'ai trouvé dans son antichambre un certain Innis, un messager de Philadelphie, qui était venu de là en express avec un paquebot du gouverneur Denny pour le général. Il m'a remis quelques lettres de mes amis là-bas, ce qui m'a poussé à lui demander quand il devait revenir et où il logeait, afin que je puisse lui envoyer des lettres. Il m'a dit qu'il avait reçu l'ordre d'appeler demain à neuf heures pour connaître la réponse du général au gouverneur, et qu'il devait partir immédiatement. J'ai remis mes lettres entre ses mains le jour même. Quinze jours après, je le rencontrai à nouveau au même endroit. "Alors, vous êtes bientôt de retour, Innis ? "Rentré ! Non, je ne suis pas encore parti." "Comment cela ? " "J'ai appelé ici par ordre tous les matins ces deux dernières semaines pour la lettre de Sa Seigneurie, et elle n'est pas encore prête." "Est-ce possible, alors qu'il est un si grand écrivain ? Car je le vois constamment à son écritoire." "Oui," dit Innis, "mais il est comme Saint-Georges sur les enseignes, toujours à cheval, et jamais en selle." Cette observation du messager était, paraît-il, bien fondée ; car, quand j'étais en Angleterre, j'ai compris que Monsieur Pitt [113] donnait comme une des raisons pour écarter ce général, et envoyer les généraux Amherst et Wolfe, que le ministre n'entendait jamais parler de lui, et ne pouvait savoir ce qu'il faisait. Dans l'attente quotidienne de l'appareillage et du départ des trois paquebots pour Sandy Hook, afin d'y rejoindre la flotte, les passagers ont jugé préférable d'être à bord, de peur qu'un ordre soudain ne fasse appareiller les navires et qu'ils ne soient laissés derrière. Là, si je me souviens bien, nous sommes restés environ six semaines, épuisant nos provisions de mer, et obligés de nous en procurer d'autres. Finalement, la flotte a pris la mer, avec le général et toute son armée à bord, en direction de Louisburg, avec l'intention d'assiéger et de prendre cette forteresse ; tous les paquebots en compagnie ont reçu l'ordre d'accompagner le navire du général, prêts à recevoir ses dépêches lorsqu'elles seraient prêtes. Nous sommes restés cinq jours en mer avant de recevoir une lettre nous autorisant à nous séparer, puis notre navire a quitté la flotte et s'est dirigé vers l'Angleterre. Il a gardé les deux autres paquebots, les a emmenés avec lui à Halifax, où il est resté quelque temps pour exercer les hommes à de fausses attaques sur de faux forts, puis a changé d'avis quant au siège de Louisburg, et est retourné à New York, avec toutes ses troupes, ainsi que les deux paquebots mentionnés précédemment, et tous leurs passagers ! Pendant son absence, les Français et les sauvages avaient pris le fort George, à la frontière de cette province, et les sauvages avaient massacré une grande partie de la garnison après la capitulation. Je vis ensuite à Londres le capitaine Bonnell, qui commandait un de ces paquebots. Il m'a raconté que, après un mois de détention, il a informé Sa Seigneurie que son navire s'était encrassé au point de ne plus pouvoir naviguer rapidement, ce qui est un point important pour un paquebot, et il a demandé un délai pour le mettre à la mer et nettoyer son fond. On lui demanda combien de temps cela prendrait. Il répondit : trois jours. Le général lui répondit : " Si vous pouvez le faire en un jour, je vous donne congé ; sinon, non, car vous devrez certainement partir après-demain. " Il n'a donc jamais obtenu de permission, bien qu'il ait été retenu de jour en jour pendant trois mois entiers. J'ai vu aussi à Londres un des passagers de Bonnell, qui était si furieux contre Sa Seigneurie pour l'avoir trompé et retenu si longtemps à New York, et l'avoir ensuite transporté à Halifax, qu'il a juré qu'il le poursuivrait en dommages et intérêts. Je n'ai jamais su s'il l'a fait ou non, mais, étant donnée la manière dont il expliquait le préjudice causé à ses affaires, il était très considérable. Dans l'ensemble, je me suis beaucoup étonné qu'on ait pu confier à un tel homme [114] une affaire aussi importante que la conduite d'une grande armée ; mais, ayant depuis vu davantage le grand monde, les moyens d'obtenir des places et les motifs de les donner, mon étonnement a diminué. Le général Shirley, à qui le commandement de l'armée a été confié à la mort de Braddock, aurait, à mon avis, s'il était resté en place, fait une bien meilleure campagne que celle de Loudoun en 1757, qui a été frivole, coûteuse et déshonorante pour notre nation au-delà de toute imagination ; car, bien que Shirley n'ait pas été un grand soldat, il était raisonnable et sagace en lui-même, et attentif aux bons conseils des autres, capable de former des plans judicieux, et rapide et actif dans leur exécution. Loudoun, au lieu de défendre les colonies avec sa grande armée, les a laissées totalement exposées pendant qu'il paradait oisivement à Halifax, et c'est ainsi que le fort George a été perdu. De plus, il a fait dérailler toutes nos opérations mercantiles et a mis notre commerce en difficulté en imposant un long embargo sur l'exportation des provisions, sous prétexte d'empêcher l'ennemi de s'approvisionner, mais en réalité pour faire baisser leur prix en faveur des entrepreneurs, dont on disait, peut-être par simple suspicion, qu'il avait une part des profits. Et, lorsque l'embargo a finalement été levé, en négligeant d'envoyer un avis à Charlestown, la flotte de la Caroline a été retenue près de trois mois de plus, et ses cales ont été tellement endommagées qu'une grande partie d'entre eux ont sombré pendant leur voyage de retour. Shirley était, je crois, sincèrement heureux d'être libéré d'une charge aussi lourde que doit l'être la conduite d'une armée pour un homme qui ne connaît pas les affaires militaires. J'ai assisté au spectacle donné par la ville de New York à Lord Loudoun, lorsqu'il a pris le commandement. Shirley, bien que remplacé par lui, était également présent. Il y avait une grande compagnie d'officiers, de citoyens et d'étrangers, et, quelques chaises ayant été empruntées dans le voisinage, il y en avait une parmi elles, très basse, qui a été donnée à M. Shirley. Voyant cela alors que j'étais assis près de lui, je lui dis : "Ils vous ont donné, monsieur, un siège trop bas." "Peu importe", dit-il, "M. Franklin, je trouve qu'un siège bas est le plus facile." Pendant que j'étais, comme il a été dit plus haut, détenu à New York, j'ai reçu tous les comptes des provisions que j'avais fournies à Braddock, dont certains n'ont pas pu être obtenus plus tôt des différentes personnes que j'avais employées pour m'aider dans cette entreprise. Je les ai présentés à Lord Loudoun, en demandant qu'on me paie le solde. Il les a fait examiner régulièrement par l'officier compétent, qui, après avoir comparé chaque article avec sa pièce justificative, a certifié qu'ils étaient corrects ; et le solde dû pour lequel Sa Seigneurie a promis de me donner un ordre sur le payeur. Cependant, cet ordre a été reporté de temps en temps, et bien que j'aie souvent appelé pour le recevoir sur rendez-vous, je ne l'ai pas obtenu. Enfin, juste avant mon départ, il m'a dit qu'il avait décidé, après mûre réflexion, de ne pas mélanger ses comptes avec ceux de ses prédécesseurs. "Et vous, dit-il, quand vous serez en Angleterre, vous n'aurez qu'à exhiber vos comptes au trésor, et vous serez payé immédiatement." J'ai mentionné, mais sans effet, la dépense importante et inattendue que j'avais dû faire en étant retenu si longtemps à New York, comme raison pour laquelle je désirais être payé immédiatement ; et lorsque j'ai fait remarquer qu'il n'était pas juste que je doive subir d'autres ennuis ou retards dans l'obtention de l'argent que j'avais avancé, puisque je ne demandais pas de commission pour mon service, "Oh, Monsieur, dit-il, vous ne devez pas penser à nous persuader que vous n'êtes pas gagnant ; nous comprenons mieux ces affaires, et nous savons que chaque personne concernée par le ravitaillement de l'armée trouve le moyen, en le faisant, de remplir ses propres poches"." Je lui ai assuré que ce n'était pas mon cas, et que je n'avais pas empoché un liard ; mais il semblait clairement ne pas me croire ; et, en effet, j'ai appris depuis que d'immenses fortunes sont souvent faites dans de tels emplois. Quant à mon solde, il ne m'a pas été versé à ce jour, ce dont je parlerai plus loin. Le capitaine du paquebot s'était beaucoup vanté, avant notre départ, de la rapidité de son navire ; malheureusement, lorsque nous avons pris la mer, il s'est avéré être le plus terne des quatre-vingt-seize navires, à sa grande mortification. Après de nombreuses conjectures sur la cause, lorsque nous nous sommes approchés d'un autre navire presque aussi terne que le nôtre, qui, cependant, nous a rattrapés, le capitaine a ordonné à tout le monde de venir à l'arrière et de se tenir aussi près que possible de la hampe de l'enseigne. Nous étions, passagers compris, environ quarante personnes. Pendant que nous nous tenions là, le navire a repris son allure et a bientôt laissé son voisin loin derrière, ce qui prouve clairement ce que notre capitaine soupçonnait, à savoir qu'il était trop chargé par la tête. Les fûts d'eau, semble-t-il, avaient tous été placés à l'avant ; il a donc ordonné de les déplacer plus à l'arrière, ce qui a permis au navire de retrouver son caractère et de se révéler le meilleur marin de la flotte. Le capitaine a dit qu'il était allé une fois à la vitesse de treize nœuds, c'est-à-dire treize milles à l'heure. Nous avions à bord, comme passager, le capitaine Kennedy, de la Marine, qui soutenait que c'était impossible, et qu'aucun navire n'avait jamais navigué aussi vite, et qu'il devait y avoir quelque erreur dans la division de la ligne, ou quelque erreur dans le hissage. [115]

Il s'ensuivit un pari entre les deux capitaines, qui devait être décidé quand il y aurait suffisamment de vent. Kennedy a alors examiné rigoureusement la ligne de flottaison, et, étant satisfait de cela, il a déterminé de lancer la bûche lui-même. En conséquence, quelques jours plus tard, lorsque le vent soufflait très fort et frais, le capitaine du paquebot, Lutwidge, a dit qu'il croyait qu'il allait alors à la vitesse de treize nœuds, Kennedy a fait l'expérience, et a déclaré son pari perdu. Le fait ci-dessus, je le donne pour l'observation suivante. On a fait remarquer, comme une imperfection dans l'art de la construction navale, qu'on ne peut jamais savoir, avant de l'essayer, si un nouveau navire sera ou non un bon voilier ; car le modèle d'un bon voilier a été exactement suivi dans un nouveau navire, qui s'est révélé, au contraire, remarquablement ennuyeux. Je crois que cela peut être dû en partie aux différentes opinions des marins concernant les modes de chargement, de gréement et de navigation d'un navire ; chacun a son système ; et le même navire, chargé selon le jugement et les ordres d'un capitaine, naviguera mieux ou moins bien que s'il était chargé selon les ordres d'un autre. D'ailleurs, il arrive rarement qu'un navire soit formé, équipé pour la mer et navigué par la même personne. Un homme construit la coque, un autre la grée, un troisième la borde et la fait naviguer. Aucun d'entre eux n'a l'avantage de connaître toutes les idées et l'expérience des autres et, par conséquent, ne peut tirer des conclusions justes d'une combinaison de l'ensemble. Même dans la simple opération de navigation en mer, j'ai souvent observé des jugements différents chez les officiers qui commandaient les différentes parties, le vent étant le même. L'un d'eux voulait que les voiles soient réglées plus haut ou plus bas que l'autre, de sorte qu'ils semblaient n'avoir aucune règle précise à suivre.

Pourtant, je pense qu'une série d'expériences pourrait être instituée ; d'abord, pour déterminer la forme la plus appropriée de la coque pour une navigation rapide ; ensuite, les meilleures dimensions et l'emplacement le plus approprié pour les mâts ; puis la forme et la quantité des voiles, et leur position, selon le vent ; et, enfin, la disposition du chargement. Nous sommes à une époque d'expérimentations, et je pense qu'un ensemble précisément fait et combiné serait d'une grande utilité. Je suis donc persuadé qu'un jour un philosophe ingénieux l'entreprendra, et je lui souhaite le succès.

NOUS AVONS ÉTÉ PLUSIEURS fois poursuivis dans notre passage, mais nous avons tout surpassé et, en trente jours, nous avions eu des sondages. Nous avons eu une bonne observation, et le capitaine s'est jugé si près de notre port, Falmouth, que, si nous faisions une bonne course dans la nuit, nous pourrions être au large de l'embouchure de ce port dans la matinée, et en courant dans la nuit, nous pourrions échapper à l'attention des corsaires de l'ennemi, qu'on croisait souvent près de l'entrée du canal. En conséquence, nous avons mis toutes les voiles possibles et imaginables, et le vent étant très frais et très fort, nous sommes allés droit devant et avons fait une grande route. Le capitaine, après ses observations, a modifié sa route, comme il le pensait, de manière à passer au large des îles Scilly ; mais il semble qu'il y ait parfois un fort courant d'air qui remonte le canal de Saint-Georges, qui trompe les marins et a causé la perte de l'escadron de Sir Cloudesley Shovel. Ce courant d'air est probablement la cause de ce qui nous est arrivé. Nous avions un veilleur placé à la proue, à qui l'on demandait souvent : " Regardez bien devant vous ", et il répondait aussi souvent : " Oui, oui " ; mais peut-être avait-il les yeux fermés, et était-il à moitié endormi à ce moment-là, ils répondaient parfois, comme on dit, machinalement ; car il n'a pas vu une lumière juste devant nous, qui avait été cachée par les voiles à clins à l'homme à la barre et au reste du quart, mais qui, par une embardée accidentelle du navire, a été découverte et a provoqué une grande alarme, car nous en étions très proches, la lumière me paraissant aussi grosse qu'une roue de charrette. Il était minuit, et notre capitaine dormait profondément ; mais le capitaine Kennedy, sautant sur le pont, et voyant le danger, a ordonné au navire de faire demi-tour, toutes voiles dehors ; une opération dangereuse pour les mâts, mais qui nous a permis de nous dégager, et nous avons échappé au naufrage, car nous courions juste sur les rochers sur lesquels le phare était érigé. Cette délivrance m'a fortement impressionné par l'utilité des phares, et m'a fait prendre la résolution d'encourager la construction d'un plus grand nombre d'entre eux en Amérique, si je devais vivre pour y retourner. Le matin, les sondages nous ont permis de constater que nous étions près de notre port, mais un épais brouillard cachait la terre à notre vue. Vers neuf heures, le brouillard a commencé à se lever et semblait se soulever de l'eau comme le rideau d'une salle de spectacle, découvrant au-dessous la ville de Falmouth, les navires dans son port et les champs qui l'entouraient. C'était un spectacle des plus agréables pour ceux qui avaient été si longtemps sans autre perspective que la vue uniforme d'un océan vide, et cela nous a donné d'autant plus de plaisir que nous étions maintenant libérés des anxiétés que l'état de guerre occasionnait. Je suis parti immédiatement, avec mon fils, pour Londres, et nous nous sommes seulement arrêtés un peu en chemin pour voir Stonehenge [116] dans la plaine de Salisbury, et la maison et les jardins de Lord Pembroke, avec ses antiquités très curieuses à Wilton. Nous sommes arrivés à Londres le 27 juillet 1757. [117] Dès que j'ai été installé dans un logement que Monsieur Charles m'avait fourni, je suis allé rendre visite au Dr Fothergill, à qui on m'avait fortement recommandé, et dont on m'avait conseillé d'obtenir les conseils concernant mes démarches. Il était contre une plainte immédiate au gouvernement, et pensait qu'il fallait d'abord s'adresser personnellement aux propriétaires, qui pourraient peut-être être amenés par l'interposition et la persuasion de quelques amis privés, à arranger les choses à l'amiable. J'ai ensuite rendu visite à mon vieil ami et correspondant, Monsieur Peter Collinson, qui m'a dit que John Hanbury, le grand marchand de la Virginie, avait demandé à être informé de mon arrivée, afin qu'il puisse me conduire chez Lord Granville [118] qui était alors président du Conseil et souhaitait me voir le plus tôt possible. J'ai accepté de l'accompagner le lendemain matin. En conséquence, Monsieur Hanbury m'appela et me conduisit dans sa voiture chez ce noble, qui me reçut avec beaucoup de civilité ; et après quelques questions sur l'état actuel des affaires en Amérique et un discours à ce sujet, il me dit : "Vous, Américains, vous vous faites une fausse idée de la nature de votre constitution ; vous prétendez que les instructions du roi à ses gouverneurs ne sont pas des lois, et vous vous croyez libres de les respecter ou de les ignorer à votre gré. Mais ces instructions ne sont pas comme les instructions de poche données à un ministre qui va à l'étranger, pour régler sa conduite dans quelque point de cérémonie insignifiant. Elles sont d'abord rédigées par des juges instruits des lois ; elles sont ensuite examinées, discutées, et peut-être amendées en Conseil, après quoi elles sont signées par le roi. Elles sont alors, en ce qui vous concerne, la loi du pays, car le roi est le LÉGISLATEUR DES COLONIES." [119] J'ai dit à Sa Seigneurie que cette doctrine était nouvelle pour moi. J'avais toujours compris, d'après nos chartes, que nos lois devaient être faites par nos assemblées, pour être ensuite présentées au roi pour son assentiment royal, mais qu'une fois données, le roi ne pouvait ni les abroger ni les modifier. Et comme les Assemblées ne pouvaient faire des lois permanentes sans son assentiment, il ne pouvait pas non plus faire une loi pour elles sans le leur. Il m'a assuré que je me trompais totalement. Je ne le pensais pas, cependant, et la conversation de Sa Seigneurie m'ayant un peu alarmé sur les sentiments de la cour à notre égard, je l'écrivis dès que je fus de retour dans mon logement. Je me rappelai qu'environ vingt ans auparavant, une clause d'un projet de loi présenté au Parlement par le ministère proposait de faire des instructions du roi des lois dans les colonies, mais que cette clause avait été rejetée par les Communes, ce pour quoi nous les adorions comme nos amis et les amis de la liberté, jusqu'à ce que, par leur conduite envers nous en 1765, il nous apparût qu'ils avaient refusé ce point de souveraineté au roi uniquement pour pouvoir se le réserver. Grâce à son sens aigu de la nature humaine et à sa connaissance conséquente du caractère américain, il prévoyait le résultat inévitable d'une telle attitude de la part de l'Angleterre. Cette conversation avec Grenville fait de ces dernières pages de l'Autobiographie une de ses parties les plus importantes. Quelques jours plus tard, le Dr Fothergill ayant parlé aux propriétaires, ceux-ci acceptèrent de me rencontrer chez Monsieur

T. Penn à Spring Garden. La conversation a d'abord consisté en des déclarations mutuelles de disposition à des accommodements raisonnables, mais je suppose que chaque partie avait sa propre idée de ce qu'il fallait entendre par raisonnable. Nous sommes ensuite passés à l'examen de nos différents points de plainte, que j'ai énumérés. Les propriétaires ont justifié leur conduite aussi bien qu'ils le pouvaient, et moi celle de l'Assemblée. Nous paraissions maintenant très éloignés les uns des autres, et si éloignés dans nos opinions que tout espoir d'accord était découragé. Cependant, il fut décidé que je leur remettrais par écrit l'essentiel de nos plaintes, et ils promirent alors de les examiner. Je l'ai fait peu après, mais ils ont remis le document entre les mains de leur avocat, Ferdinand John Paris, qui a géré pour eux toutes leurs affaires juridiques dans leur grand procès avec le propriétaire voisin du Maryland, Lord Baltimore, qui a duré 70 ans, et a écrit pour eux tous leurs documents et messages dans leur différend avec l'Assemblée. C'était un homme fier et colérique, et comme j'avais parfois, dans les réponses de l'Assemblée, traité ses documents avec une certaine sévérité, car ils étaient vraiment faibles en arguments et hautains dans leur expression, il avait conçu une inimitié mortelle envers moi, qui se manifestait chaque fois que nous nous rencontrions, j'ai décliné la proposition du propriétaire selon laquelle lui et moi devrions discuter des chefs de plainte entre nous, et j'ai refusé de traiter avec quelqu'un d'autre qu'eux. Ils ont alors, sur son conseil, remis le document entre les mains du procureur et du solliciteur général pour obtenir leur avis et leurs conseils, où il est resté sans réponse pendant un an et huit jours, période pendant laquelle j'ai fréquemment demandé une réponse aux propriétaires, mais sans en obtenir d'autre que le fait qu'ils n'avaient pas encore reçu l'avis du procureur et du solliciteur général. Je n'ai jamais appris ce qu'il en était lorsqu'ils l'ont reçu, car ils ne me l'ont pas communiqué, mais ont envoyé un long message à l'Assemblée, rédigé et signé par leur avocat, Ferdinand John Paris, reprenant mon document, se plaignant de son manque de formalité, comme d'une impolitesse de ma part, et donnant une piètre justification de leur conduite, ajoutant qu'ils seraient disposés à s'arranger si l'Assemblée envoyait une personne de bonne foi pour traiter avec eux dans ce but, laissant entendre par là que je n'en étais pas une.

"Nous sommes maintenant apparus très larges, et si éloignés les uns des autres dans nos opinions que nous avons découragé tout espoir d'accord".

LE MANQUE DE FORMALITÉ ou d'impolitesse était probablement dû au fait que je ne leur avais pas adressé le document avec leurs titres présumés de Propriétaires véritables et absolus de la province de Pennsylvanie, ce que j'ai omis, car je ne pensais pas que cela était nécessaire dans un document, dont l'intention était seulement de réduire à une certitude par écrit, ce que dans la conversation j'avais livré. Mais pendant ce délai, l'Assemblée ayant persuadé le gouverneur Denny de passer une loi taxant le domaine de la propriété en commun avec les domaines du peuple, ce qui était le grand point en litige, ils ont omis de répondre au message. Cependant, lorsque cet acte est arrivé, les propriétaires, conseillés par Ferdinand John Paris, ont décidé de s'opposer à ce que cet acte reçoive la sanction royale. Ils adressèrent donc une pétition au roi en conseil, et une audience fut fixée au cours de laquelle deux avocats furent employés par eux contre l'acte, et deux par moi pour le soutenir. Ils alléguaient que l'acte était destiné à accabler le domaine des propriétaires afin d'épargner celui du peuple, et que si l'on permettait qu'il reste en vigueur, et que les propriétaires, qui étaient en litige avec le peuple, soient laissés à leur merci dans la proportion des taxes, ils seraient inévitablement ruinés. Nous avons répondu que l'acte n'avait pas cette intention, et n'aurait pas cet effet. Les assesseurs étaient des hommes honnêtes et discrets qui avaient fait le serment d'évaluer de façon juste et équitable, et que tout avantage que chacun d'entre eux pouvait espérer en réduisant sa propre taxe en augmentant celle des propriétaires était trop insignifiant pour les inciter à se parjurer. C'est là l'essentiel de ce que je me rappelle avoir entendu des deux côtés, sauf que nous avons insisté fortement sur les conséquences malveillantes qui devaient accompagner une abrogation, car l'argent, 100.000 livres, étant imprimé et donné à l'usage du roi, dépensé à son service, et maintenant répandu dans le peuple, l'abrogation le frapperait de plein fouet, à la ruine d'un grand nombre de personnes, et l'on insista dans les termes les plus forts sur le découragement total des subventions futures, et sur l'égoïsme des propriétaires qui sollicitaient une telle catastrophe générale, simplement par une crainte sans fondement que leurs biens soient trop taxés. Sur ce, Lord Mansfield, l'un des avocats, se leva et, me faisant signe, m'emmena dans la chambre du greffier, pendant que les avocats plaidaient, et me demanda si j'étais vraiment d'avis que l'exécution de l'acte ne causerait aucun préjudice aux propriétaires. Je répondis que oui. "Alors," dit-il, "vous ne pouvez pas avoir beaucoup d'objection à conclure un engagement pour assurer ce point." J'ai répondu : "Aucunement." Il fit alors appel à Ferdinand John Paris, et après quelques discussions, la proposition de Sa Seigneurie fut acceptée de part et d'autre ; un document à cet effet fut rédigé par le greffier du Conseil, que je signai avec Monsieur Charles, qui était aussi un agent de la province pour ses affaires ordinaires, lorsque Lord Mansfield revint dans la salle du Conseil, où finalement la loi fut autorisée à passer. Certains changements ont toutefois été recommandés et nous nous sommes également engagés à ce qu'ils soient effectués par une loi ultérieure, mais l'Assemblée ne les a pas jugés nécessaires ; car une année d'impôt ayant été prélevée par la loi avant l'arrivée du décret du Conseil, ils ont nommé un comité pour examiner les procédures des évaluateurs, et dans ce comité ils ont mis plusieurs amis particuliers des propriétaires. Après une enquête complète, ils ont signé à l'unanimité un rapport dans lequel ils trouvaient que la taxe avait été évaluée avec une parfaite équité. L'Assemblée a considéré que ma participation à la première partie de l'engagement était un service essentiel pour la province, puisqu'elle garantissait le crédit du papier-monnaie alors répandu dans tout le pays. Ils m'ont remercié en bonne et due forme à mon retour. Mais les propriétaires étaient furieux contre le gouverneur Denny pour avoir fait passer la loi, et l'ont chassé en le menaçant de le poursuivre pour violation des instructions qu'il s'était engagé à respecter. Cependant, comme il l'avait fait à la demande du général et pour le service de Sa Majesté, et qu'il avait des intérêts puissants à la cour, il méprisa les menaces et elles ne furent jamais mises à exécution...

[111] Querelle entre George II et son fils, Frédéric, prince de Galles, qui meurt avant son père.

[112] Un poème satirique d'Alexander Pope dirigé contre divers écrivains contemporains.

[113] William Pitt, premier comte de Chatham (1708-1778), grand homme d'État et orateur anglais. Sous son administration compétente, l'Angleterre a gagné le Canada à la France. Il était un ami de l'Amérique à l'époque de notre Révolution.

[114] Cette relation illustre la corruption qui caractérise la vie publique anglaise au XVIIIe siècle. (Voir page 308). Elle fut progressivement surmontée au début du siècle suivant.

[115] Un morceau de bois façonné et lesté de manière à le maintenir stable lorsqu'il est dans l'eau. On y attache une ligne nouée à des distances régulières. Grâce à ces dispositifs, il est possible de déterminer la vitesse d'un navire.

[116] Une célèbre ruine préhistorique, probablement un temple construit par les premiers Britanniques, près de Salisbury, en Angleterre. Elle consiste en des cercles intérieurs et extérieurs d'énormes pierres, dont certains sont reliés par des dalles de pierre.

[117] "Ici se termine l'Autobiographie, telle que publiée par Wm. Temple Franklin et ses successeurs. Ce qui suit a été écrit au cours de la dernière année de la vie du Dr Franklin et n'a jamais été imprimé en anglais auparavant" - Note de M. Bigelow dans son édition de 1868.

[118] George Granville ou Grenville (1712-1770). Premier ministre anglais de 1763 à 1765, il a introduit la taxation directe des colonies

américaines et a parfois été considéré comme la cause immédiate de la Révolution.

[119] Tout ce passage montre combien les points de vue anglais et américains sur les relations entre la mère patrie et ses colonies étaient désespérément divergents. Grenville indique clairement que les Américains n'ont aucune voix dans l'élaboration ou la modification de leurs lois. Le Parlement et le roi devaient avoir un pouvoir absolu sur les colonies. Pas étonnant que Franklin ait été alarmé par cette nouvelle doctrine.

CERF-VOLANT ÉLECTRIQUE

A PETER COLLINSON

[Philadelphie], 19 octobre 1752.

MONSIEUR,

Comme il est souvent fait mention dans les journaux publics d'Europe du succès de l'expérience de Philadelphie pour tirer le feu électrique des nuages au moyen de tiges de fer pointues érigées sur de hauts bâtiments, etc., il peut être agréable pour les curieux d'être informés que la même expérience a réussi à Philadelphie, bien que faite d'une manière différente et plus facile, qui est la suivante : Faites une petite croix avec deux bandes légères de cèdre, dont les bras sont si longs qu'ils atteignent les quatre coins d'un grand et mince mouchoir de soie lorsqu'ils sont étendus ; attachez les coins du mouchoir aux extrémités de la croix, de sorte que vous avez le corps d'un cerf-volant ; celui-ci, convenablement équipé d'une queue, d'une boucle et d'une corde, s'élèvera dans les airs, comme ceux qui sont faits de papier ; mais celui-ci étant en soie, il est plus apte à supporter l'humidité et le vent d'un coup de tonnerre sans se déchirer. Au sommet du bâton vertical de la croix doit être fixé un fil très pointu, s'élevant à un pied ou plus au-dessus du bois. À l'extrémité de la ficelle, près de la main, il faut attacher un ruban de soie, et à l'endroit où la soie et la ficelle se rejoignent, on peut fixer une clé. Ce cerf-volant doit être levé lorsqu'un coup de tonnerre semble se préparer, et la personne qui tient la ficelle doit se tenir à l'intérieur d'une porte ou d'une fenêtre, ou sous un abri quelconque, afin que le ruban de soie ne soit pas mouillé ; et il faut veiller à ce que la ficelle ne touche pas le cadre de la porte ou de la fenêtre. Dès que l'un des nuages d'orage passe au-dessus du cerf-volant, le fil pointu en tire le feu électrique, et le cerf-volant, avec toute la ficelle, est électrifié, et les filaments détachés de la ficelle se détachent de tous les côtés et sont attirés par un doigt qui s'approche. Et lorsque la pluie aura mouillé le cerf-volant et la ficelle, de sorte qu'ils pourront conduire le feu électrique librement, vous verrez qu'il jaillira abondamment de la clé à l'approche de votre articulation. À cette clé, la fiole peut être chargée et, à partir du feu électrique ainsi obtenu, les esprits peuvent être allumés et toutes les expériences électriques peuvent être réalisées, ce qui est habituellement fait à l'aide d'un globe ou d'un tube de verre frotté, et ainsi la similitude de la matière électrique avec celle de la foudre est complètement démontrée.

B. FRANKLIN.

"Vous trouverez qu'il coule abondamment de la clé sur l'approche de votre articulation"

Le père Abraham dans son ÉTUDE.
Extrait du "Discours du père Abraham", 1760. Reproduit à partir d'un exemplaire de la bibliothèque publique de New York.

LE CHEMIN DE LA RICHESSE

(EXTRAIT DU "DISCOURS du père Abraham", formant la préface de l'Almanach du pauvre Richard pour 1758).

On penserait que c'est un gouvernement difficile qui devrait imposer à ses citoyens un dixième du temps qu'ils consacrent à son service. Mais l'oisiveté taxe beaucoup plus beaucoup d'entre nous, si nous comptons tout ce qui est dépensé dans la paresse absolue, ou à ne rien faire, avec ce qui est dépensé dans des emplois ou des amusements oisifs, qui ne représentent rien. La paresse, en provoquant des maladies, abrège absolument la vie. La paresse, comme la rouille, consume plus vite que le travail n'use, tandis que la clé utilisée est toujours brillante, comme le dit le Pauvre Richard. Mais si tu aimes la vie, alors ne gaspille pas le temps, car c'est de cela qu'est faite la vie, comme le dit le Pauvre Richard. Combien plus qu'il n'est nécessaire nous dépensons en sommeil, oubliant que le renard endormi n'attrape pas de volaille, et qu'il y aura assez de sommeil dans la tombe, comme dit le pauvre Richard. Si le temps est de toutes les choses la plus précieuse, le perdre doit être, comme le dit le pauvre Richard, la plus grande prodigalité ; car, comme il nous le dit ailleurs, le temps perdu ne se retrouve jamais ; et ce que nous appelons temps suffisant s'avère toujours insuffisant : levons-nous donc et agissons, et agissons à bon escient ; ainsi par la Diligence nous ferons plus avec moins de Perplexité. La paresse rend toutes les choses difficiles, mais l'industrie toutes faciles, comme le dit le pauvre Richard ; et celui qui se lève tard doit trotter toute la journée, et ne pourra guère rattraper son affaire le soir ; tandis que la paresse se déplace si lentement, que la pauvreté le rattrape bientôt, comme nous le lisons dans le pauvre Richard, qui ajoute, conduis ton affaire, que ce ne soit pas elle qui te conduise ; et se coucher tôt, et se lever tôt, fait un homme en bonne santé, riche et sage.

L'industrie n'a pas besoin de souhaiter, et celui qui vit de l'espoir mourra à jeun.

Il n'y a pas de gains sans souffrances. Celui qui a un métier a un patrimoine ; et celui qui a une vocation a une fonction de profit et d'honneur ; mais alors le métier doit être exercé, et la vocation bien suivie, ou ni le patrimoine ni la fonction ne nous permettront de payer nos impôts. Même si vous n'avez pas trouvé de trésor et qu'aucun parent riche ne vous a laissé d'héritage, la diligence est la mère de la chance, comme le dit le pauvre Richard, et Dieu donne tout à l'industrie. Un jour vaut deux lendemains, et plus loin, si vous avez quelque chose à faire demain, faites-le aujourd'hui. Si vous étiez un serviteur, n'auriez-vous pas honte qu'un bon maître vous surprenne à ne rien faire ? Vous êtes donc votre propre Maître, ayez honte de vous surprendre à être oisif. Tenez bon et vous verrez de grands effets, car les chutes constantes usent les pierres, et par la diligence et la patience, la souris a mangé en deux le câble, et de petits coups ont fait tomber de grands chênes. Je crois entendre quelques-uns d'entre vous dire : "Un homme doit-il se priver de loisirs ? Je vous dirai, mon ami, ce que dit le pauvre Richard : employez bien votre temps, si vous voulez acquérir des loisirs ; et, puisque vous n'êtes pas sûr d'une minute, ne perdez pas une heure. Le loisir, c'est le temps de faire quelque chose d'utile ; ce loisir, l'homme diligent l'obtiendra, mais le paresseux jamais ; de sorte que, comme le dit le pauvre Richard, une vie de loisir et une vie de paresse sont deux choses. Gardez votre boutique, et votre boutique vous gardera ; et encore, si vous voulez que vos affaires soient faites, allez-y ; sinon, envoyez. Si vous voulez avoir un serviteur fidèle et que vous aimez, servez-vous vous-même. Un peu de négligence peut engendrer de grands méfaits : ajoutons que, faute de clou, la chaussure a été perdue ; faute de chaussures, le cheval a été perdu ; et faute de cheval, le cavalier a été perdu, rattrapé et tué par l'ennemi ; tout cela par manque de soin pour un clou de fer à cheval. Voilà pour l'industrie, mes amis, et l'attention à ses propres affaires ; mais à cela il faut ajouter la frugalité. Ce qui entretient un vice élèverait deux enfants. Vous pensez peut-être qu'un peu de thé ou de punch de temps en temps, un régime alimentaire un peu plus coûteux, des vêtements un peu plus fins et un petit divertissement de temps en temps, ne peuvent pas être une grande affaire ; mais rappelez-vous ce que dit le pauvre Richard : "Beaucoup de petites choses font un tas de choses". Prenez garde aux petites dépenses ; une petite fuite fera couler un grand navire ; et encore, ceux qui aiment les friandises seront des mendiants ; et de plus, les sots font des festins, et les sages les mangent. Achète ce dont tu n'as pas besoin, et avant longtemps tu vendras ton nécessaire.

Si vous voulez connaître la valeur de l'argent, essayez d'en emprunter, car celui qui emprunte a de la peine. Le deuxième vice est le mensonge, le premier est l'endettement. Le mensonge est sur le dos de la dette. La pauvreté prive souvent un homme de tout esprit et de toute vertu : il est difficile pour un sac vide de se tenir debout. Et maintenant pour conclure, l'expérience est une bonne école, mais les sots n'apprendront dans aucune autre, et rarement dans celle-ci ; car il est vrai que nous pouvons donner des conseils, mais nous ne pouvons pas donner la conduite, comme le dit le pauvre Richard : cependant, rappelez-vous ceci, ceux qui ne veulent pas être conseillés, ne peuvent pas être aidés, comme le dit le pauvre Richard : et plus loin, que si vous ne voulez pas entendre la Raison, elle vous frappera sûrement les articulations.

LE CHUTEAU

À MADAME BRILLON PASSY,

Le 10 novembre 1779.

Je suis charmé par votre description du Paradis, et par votre projet d'y vivre ; et j'approuve beaucoup votre conclusion qu'en attendant, nous devrions tirer tout le bien que nous pouvons de ce monde. À mon avis, nous pourrions tous en tirer plus de bien que nous ne le faisons, et souffrir moins de mal, si nous prenions soin de ne pas trop donner pour des sifflets. Car il me semble que la plupart des gens malheureux que nous rencontrons le sont devenus parce qu'ils ont négligé cette précaution. Vous demandez ce que je veux dire ? Vous aimez les histoires, et vous m'excuserez d'en raconter une sur moi. Lorsque j'étais un enfant de sept ans, mes amis, à l'occasion d'une fête, remplirent ma poche de pièces de monnaie. Je me rendis directement dans un magasin où l'on vendait des jouets pour enfants ; et étant charmé par le son d'un sifflet, que je rencontrai en passant dans les mains d'un autre garçon, j'offris et donnai volontairement tout mon argent pour en avoir un. Je suis ensuite rentré à la maison et j'ai sifflé dans toute la maison, très content de mon sifflet, mais en dérangeant toute la famille. Mes frères, mes sœurs et mes cousins, comprenant le marché que j'avais fait, me dirent que j'avais donné quatre fois plus pour cet objet qu'il ne valait ; ils me firent penser aux bonnes choses que j'aurais pu acheter avec le reste de l'argent ; ils se moquèrent tellement de ma folie que je pleurai de vexation ; et la réflexion me causa plus de chagrin que le sifflet ne me procura de plaisir.

Cependant, cela m'a été utile par la suite, l'impression restant dans mon esprit ; si bien que souvent, lorsque j'étais tenté d'acheter quelque chose d'inutile, je me disais : "Ne donne pas trop pour le sifflet" ; et j'économisais mon argent. En grandissant, en entrant dans le monde et en observant les actions des hommes, j'ai pensé rencontrer beaucoup, très beaucoup, qui donnaient trop pour le sifflet. Quand j'ai vu quelqu'un trop ambitieux de la faveur de la cour, sacrifiant son temps à l'assistance des levées, son repos, sa liberté, sa vertu, et peut-être ses amis, pour l'atteindre, je me suis dit : cet homme donne trop pour son sifflet. Quand j'en voyais un autre qui aimait la popularité, qui s'employait constamment à faire de la politique, qui négligeait ses propres affaires, et qui les ruinait par sa négligence, il paie, en effet, disais-je, trop cher pour son sifflet. Si je connaissais un avare qui renonçait à toute espèce d'aisance, à tout plaisir de faire du bien aux autres, à toute l'estime de ses concitoyens, aux joies de l'amitié bienveillante, pour accumuler des richesses, pauvre homme, dis-je, tu paies trop cher ton sifflet.

Lorsque je rencontrais un homme de plaisir, sacrifiant toute amélioration louable de l'esprit ou de sa fortune à de simples sensations corporelles, et ruinant sa santé dans leur poursuite, Erreur, dis-je, vous vous procurez de la douleur au lieu du plaisir ; vous donnez trop pour votre sifflet. Si je vois quelqu'un qui aime l'apparence, les beaux habits, les belles maisons, les beaux meubles, les beaux équipements, tout cela au-dessus de sa fortune, pour laquelle il contracte des dettes, et finit sa carrière dans une prison, hélas ! dis-je, il a payé cher, très cher, son sifflet. Quand je vois une belle fille au tempérament doux, mariée à une brute de mari, quel dommage, dis-je, qu'elle doive payer si cher pour un sifflet ! En bref, je conçois qu'une grande partie des misères de l'humanité sont causées par les fausses estimations qu'ils ont faites de la valeur des choses, et par le fait qu'ils donnent trop pour leurs sifflets.

Pourtant, je devrais avoir de la charité pour ces malheureux, quand je pense qu'avec toute cette sagesse dont je me vante, il y a dans le monde certaines choses si tentantes, par exemple, les pommes du roi Jean, qu'heureusement on ne peut acheter ; car si elles étaient mises en vente aux enchères, je pourrais très facilement être amené à me ruiner dans l'achat, et trouver que j'ai encore une fois donné trop pour le sifflet.

Adieu, mon cher ami, et croyez-moi toujours votre très sincère et inaltérable affection,

B. FRANKLIN

UNE LETTRE À SAMUEL MATHER PASSY,

12 mai 1784.

RÉVÉREND SIR,

Il y a maintenant plus de 60 ans que j'ai quitté Boston, mais je me souviens bien de votre père et de votre grand-père, les ayant tous deux entendus en chaire et vus dans leurs maisons. La dernière fois que j'ai vu votre père, c'était au début de 1724, lorsque je lui ai rendu visite après mon premier voyage en Pennsylvanie. Il m'a reçu dans sa bibliothèque, et en prenant congé, il m'a montré un chemin plus court pour sortir de la maison par un passage étroit, qui était traversé par une poutre au-dessus de sa tête. Nous étions encore en train de parler alors que je me retirais, il m'accompagnait derrière, et je me tournais en partie vers lui, quand il me dit précipitamment : " Stoop, stoop ! "Je ne l'ai pas compris, jusqu'à ce que je sente ma tête heurter la poutre. C'était un homme qui ne manquait jamais une occasion de donner des instructions, et sur ce, il me dit : " Vous êtes jeune, et vous avez le monde devant vous ; baissez-vous en le traversant, et vous manquerez de nombreux coups durs. " Ce conseil, qui m'a ainsi été inculqué, m'a souvent été utile, et j'y pense souvent quand je vois l'orgueil mortifié et les malheurs causés aux gens qui ont la tête trop haute.

B. FRANKLIN.

FIN

BIBLIOGRAPHIE

La dernière et la plus complète des éditions des œuvres de Franklin est celle de feu le professeur Albert H. Smyth, publiée en dix volumes par la Macmillan Company, New York, sous le titre The Writings of Benjamin Franklin. L'autre édition standard est celle des Œuvres de Benjamin Franklin par John Bigelow (New York, 1887). La première édition de l'Autobiographie en un volume de M. Bigelow a été publiée par la J. B. Lippincott Company de Philadelphie en 1868. La vie de Franklin en tant qu'écrivain est bien traitée par J. B. McMaster dans un volume de la série The American Men of Letters ; sa vie en tant qu'homme d'État et diplomate, par J. T. Morse, American Statesmen Series, un volume ; Houghton, Mifflin Company publie les deux livres. Un compte rendu plus exhaustif de la vie et de l'époque de Franklin se trouve dans Life and Times of Benjamin Franklin de James Parton (2 volumes, New York, 1864). L'ouvrage de Paul Leicester Ford, The Many-Sided Franklin, est un livre très bavard et agréable à lire, rempli d'anecdotes et parfaitement illustré. Une excellente critique de Woodrow Wilson introduit une édition de l'Autobiographie dans The Century Classics (Century Co., New York, 1901).

Les articles de magazines intéressants sont ceux de E. E. Hale, Christian Examiner, lxxi, 447 ; W. P. Trent, McClure's Magazine, viii, 273 ; John Hay, The Century Magazine, lxxi, 447.

Voir aussi les histoires de la littérature américaine de C. F. Richardson, Moses Coit Tyler, Brander Matthews, John Nichol et Barrett Wendell, ainsi que les diverses encyclopédies. Une excellente bibliographie de Franklin est celle de Paul Leicester Ford, intitulée A List of Books Written by, or Relating to Benjamin Franklin (New York, 1889).

La liste suivante des œuvres de Franklin contient les publications les plus intéressantes, ainsi que les dates de leur première parution.

	Dogood Papers.
1722.	Lettres dans le style du Spectator d'Addison, rédigées pour le journal de James Franklin et signées "Silence Dogood".
	La fouineuse.
1729.	Une série d'essais publiés dans le Philadelphia Weekly Mercury de Bradford, dont six seulement sont attribués à Franklin. Il s'agit d'essais sur la moralité, la philosophie et la politique, semblables aux Dogood Papers.
1729.	Une modeste enquête sur la nature et la nécessité d'une monnaie de papier.
	Préfaces de l'Almanach du pauvre Richard.
1732. à1757 .	Parmi ceux-ci figurent des conseils pour ceux qui veulent s'enrichir, 1737, et un plan pour économiser cent mille livres au New Jersey, 1756.
1743.	Une proposition pour promouvoir les connaissances utiles parmi les plantations britanniques en Amérique. "Ce document semble contenir la première suggestion, sous une forme publique, d'une société philosophique américaine." Sparks.
1744.	Un compte rendu des nouveaux foyers inventés en Pennsylvanie.
1749.	Propositions relatives à l'éducation des jeunes en Pennsylvanie. Contient le plan de l'école qui deviendra plus tard l'Université de Pennsrylvanie.
	Cerf-volant électrique.
1752.	Une description de la célèbre expérience du cerf-volant, d'abord écrite dans une lettre à Peter Collinson, datée du 19 octobre 1752, qui

a été publiée plus tard la même année dans The Gentleman's Magazine.

Plan d'union.

1754. Un plan pour l'union des colonies présenté à la convention coloniale d'Albany.

Un dialogue entre X, Y et Z.

1755. Un appel à s'engager dans l'armée provinciale pour la défense de la Pennsylvanie.

Le discours du père Abraham.

1758. Publié comme une préface à l'Almanach du Pauvre Richard et rassemblant en un seul écrit les maximes du Pauvre Richard, qui avaient déjà paru dans les numéros précédents de l'Almanach. Le discours a ensuite été publié sous forme de brochure sous le titre The Way to Wealth.

Sur les moyens d'amener l'ennemi à la paix.

1760. Un plaidoyer satirique pour la poursuite de la guerre contre la France,

1760. L'intérêt de la Grande-Bretagne considéré, en ce qui concerne ses colonies, et les acquisitions du Canada et de la Guadeloupe.

Réflexions rafraîchissantes sur la situation actuelle de nos affaires publiques.

1764. Un pamphlet en faveur d'un gouvernement royal pour la Pennsylvanie en échange de celui des Propriétaires.

1766. L'examen du docteur Benjamin Franklin, etc., à la Chambre des communes britannique, concernant l'abrogation de la loi américaine sur les timbres.

1766. Règles par lesquelles un grand empire peut être réduit à un petit.

	Une vingtaine de règles satiriques incarnant la ligne de conduite de l'Angleterre avec l'Amérique.
	Un édit du roi de Prusse.
1773.	Une satire dans laquelle le roi de Prusse est amené à traiter l'Angleterre comme l'Angleterre traite l'Amérique parce que l'Angleterre a été initialement colonisée par des Allemands.
1777.	Comparaison de la Grande-Bretagne et des Etats-Unis en ce qui concerne la base du crédit dans les deux pays.
	Un des nombreux pamphlets similaires écrits pour obtenir des prêts pour la cause américaine.
1782.	Sur la théorie de la Terre. Le meilleur des articles de Franklin sur la géologie.
1782.	Lettre censée émaner d'un petit prince allemand et être adressée à son officier commandant en Amérique.
1785.	Sur les causes et le traitement des cheminées enfumées.
1786.	Réplique Courtoise.
	Envoyer des criminels en Amérique.
	Des réponses à la clameur britannique pour le paiement des dettes américaines.
1789.	Discours au public de la Société de Pennsylvanie pour la promotion de l'abolition de l'esclavage.
1789.	Un compte rendu de la plus haute cour de justice de Pennsylvanie, à savoir la cour de la presse.

	Le récit de Martin sur son consulat.
1790.	Une parodie d'un discours pro-esclavagiste au Congrès.
1791.	Autobiographie.
	La première édition.
	Bagatelles.
1818.	Les Bagatelles ont été publiées pour la première fois en 1818 dans l'édition des œuvres de son grand-père par William Temple Franklin. Voici les plus célèbres de ces essais et les dates auxquelles ils ont été écrits :

1774 ? Une parabole contre la persécution.

Franklin a appelé ça le chapitre LI de la Genèse.

1774 ? Une parabole sur l'amour fraternel.

1778   L'éphémère, un emblème de la vie humaine.

Une nouvelle version d'un essai antérieur sur la vanité humaine.

1779   L'histoire du sifflet.

1779 ? La digue.

1779 ? Proposition de nouvelle version de la Bible.

Partie du premier chapitre de Job modernisée.

(1779 Publié) The Morals of Chess.

1780 ? La belle jambe déformée.

1780   Dialogue entre Franklin et la goutte.

(Publié en 1802.)

1802. Une pétition de la main gauche.

1806. L'art de procurer des rêves agréables.

MEDAILLE DECERNEE PAR LES ECOLES PUBLIQUES DU FONDS FRANKLIN

Fin du livre : l'Autobiographie de Benjamin Franklin.
Par Benjamin Franklin